LE CINQUANTENAIRE

DES

GIRONDINS

Reproduction interdite aux journaux qui n'ont pas un traité avec la Société des Gens de Lettres.

Paul THÉODORE-VIBERT

LE CINQUANTENAIRE DES GIRONDINS 1860-1910

Résumé des Conférences
faites à l'occasion des Fêtes du Cinquantenaire
à la Mairie du XVIIe arrondissement à Paris, du 7 au 24 décembre 1910,
sur la Grande Epopée Nationale de Théodore Vibert.

Bien connaître la Grande Révolution,
c'est l'admirer et c'est l'aimer. P. V.

PARIS
SCHLEICHER FRÈRES, ÉDITEURS
8, RUE MONSIEUR LE PRINCE, 8

1913

PRÉFACE

Au milieu de l'été de 1910, un groupe d'amis, de confrères survivants qui avaient connu mon père, Théodore Vibert, avant sa mort prématurée, survenue subitement le 14 avril 1885, et d'admirateurs, avaient résolu de fêter dignement le cinquantenaire de sa grande épopée nationale, des *Girondins*, qui précisément tombait cette année même et c'est ainsi qu'après les démarches préliminaires nécessaires, l'un des promoteurs les plus dévoués du cinquantenaire, mon excellent confrère et ami, M. Olivier de Gourcuff, lançait l'appel suivant qui fut reproduit par la presse de la France entière et de ses colonies :

20 août 1910.

« M.

« En 1860, à l'apogée de la puissance impériale, parut le poème de Théodore Vibert : *Les Girondins*.

« C'est une œuvre généreuse, animée d'un large souffle libéral, une des très rares épopées nationales que la France ait produites.

« Sous la présidence d'honneur de MM. Aulard, professeur à la Faculté des Lettres de Paris, Armand Dayot, inspecteur général des Beaux-Arts et de M. le Maire de

Bordeaux, un comité d'hommes de lettres et de journalistes s'est constitué pour commémorer dignement, à la fin de la présente année, le cinquantenaire de la publication des *Girondins*, de Théodore Vibert. Des conférenciers étudieront le poème et des artistes de nos principaux théâtres en feront valoir les beautés.

« Pour donner plus d'ampleur à la célébration de cet événement littéraire, le Comité se propose de l'encadrer dans une véritable exposition girondine, réunion de portraits, de gravures, de livres, de documents divers, de tout ce qui rappelle le souvenir des grands orateurs, des grands citoyens dont Lamartine a écrit l'immortelle histoire.

« Nous faisons appel, pour l'organisation de cette exposition, au bienveillant concours des municipalités, des conservateurs de musées, des collectionneurs d'objets de la période révolutionnaire.

« La date et le lieu de l'Exposition seront ultérieurement désignés. Le secrétaire du Comité, 19, rue Faraday, Paris (XVIIe) reçoit dès à présent toutes les lettres relatives au sujet.

« Avec l'espoir que vous voudrez bien nous aider dans l'accomplissement de notre tâche, nous vous prions d'agréer, M , l'expression de nos sentiments reconnaissants et dévoués.

« Pour le Comité provisoire,

« OLIVIER DE GOURCUFF.

« Vu et approuvé,

« Paul THÉODORE-VIBERT. »

De toutes parts les adhésions affluèrent ; notre excellent ami et confrère Paul Eudel, mort depuis, nous promit les manuscrits les plus précieux de sa bibliothèque, aussi bien que les pièces les plus rares de sa collection, Aviat, le peintre bien connu, son beau et tragique portrait de Charlotte Corday; Olivier de Gourcuff et moi-même n'avions plus qu'à y joindre nos pièces et nos souvenirs personnels pour être assuré du succès du cinquantenaire des *Girondins*, à ce point de vue, tout à la fois matériel et rétrospectif, de l'exposition. Dès ce moment, le Comité jugeait prudent de contracter à l'*Urbaine* une assurance pour une durée d'un mois « sur objets d'art, gravures, autographes, livres tant à l'assuré qu'à des tiers, déposés pour être exposés dans un local de la Caisse des Ecoles de la Mairie du XVIIe arrondissement, à Paris, rue Truffaut, n° 17 ». Aucun accident, fort heureusement, n'est venu attrister cette belle manifestation artistique et littéraire, organisée à l'occasion de la célébration du cinquantenaire des *Girondins*.

Grâce à l'aimable entremise de mon confrère et ami, Malétra, adjoint au maire du XVIIe arrondissement, le maire, ancien député des Batignolles, M. Cosnard, voulut bien nous accorder une salle et, après de longues négociations, résultant pour la plupart, des difficultés mêmes de la vie si absorbante que l'on mène à Paris, nous pûmes enfin, lancer à toute la presse, aussi bien qu'au monde politique et universitaire, sans oublier l'Institut, l'invitation suivante :

1er décembre 1910.

« M.

« Les conférences commémoratives du cinquantenaire des *Girondins*, le poème national de Théodore Vibert et l'Exposition girondine auront lieu pendant la deuxième semaine de décembre dans la salle de la Caisse des Ecoles du XVIIe arrondissement, 17, rue Truffaut (Batignolles).

« Ces conférences historiques et littéraires, au cours desquelles des artistes diront des extraits des *Girondins*, seront faites :

« Les mercredi 7 décembre, 2 h. 1/2, par M. Jules de Marthold ;

« Vendredi 9 décembre, 2 h. 1/2, par M. Hippolyte Buffenoir ;

« Lundi 12 décembre, 2 h. 1/2, par M. Olivier de Gourcuff :

« Et mercredi 14 décembre, 2 h. 1/2, par M. Théodore Lefèvre.

« L'exposition qui pourra comprendre les portraits, gravures, objets, documents divers se rapportant à la période girondine sera ouverte tous les jours du mercredi 7 décembre au jeudi 15 décembre, de 2 heures à 4 h. 1/2. Les personnes qui voudraient bien prêter des objets, avec toutes les garanties d'usage, sont priées de les déposer ou de les faire parvenir au siège de l'exposition, les dimanche 4, lundi 5 et mardi 6 décembre.

« La présente lettre servira d'entrée aux conférences pour une famille.

« Dans l'espoir que vous voudrez bien nous aider de votre concours et nous honorer de votre présence, nous vous prions d'agréer, M   , l'assurance de nos sentiments les plus dévoués.

« Olivier de Gourcuff.

« Pour le Comité,

« Paul Théodore-Vibert. »

« P. S. — La salle de la Caisse des Ecoles du XVIIe arrondissement se trouve rue Truffaut, derrière la Mairie, et l'on peut s'y rendre par le Chemin de fer de ceinture, gare des Batignolles — par le Métropolitain, gare de Rome — par l'Omnibus, Batignolles-Jardin des Plantes — par les tramways des boulevards extérieurs, etc. »

Mais bientôt Jules de Marthold et M. Théodore Lefèvre tombaient malades et mon vieil ami Hippolyte Buffenoir appelé en province pour des affaires de famille, ne pouvaient plus tenir leurs engagements, à leur grand regret et au nôtre et le programme dut se trouver ainsi modifié :

Les vendredi 9 décembre à 2 h. 1/2, par M. d'Hermilly : *Portraits de quelques Girondins, d'après le poème de Théodore Vibert ;*

Lundi 12 décembre, même heure, par M. Albert Maréchaux : *Devoir filial, devoir social ;*

Mercredi 14 décembre, même heure, par M. Olivier de Gourcuff : *Charlotte Corday, dans le poème de Theodore Vibert ;*

Dimanche 18 décembre, même heure, par M. Louis Ariste : *Souvenirs personnels et anecdotes sur Théodore Vibert et sur son Œuvre poétique.*

Mais au dernier moment, M. d'Hermilly, confrère de province qui s'était offert spontanément dès la première heure, voulut se faire payer, ce qui ne correspondait pas aux modestes ressources du Comité et mon vieux camarade de lettres, à deux générations, Louis-Ariste Passerieu, se trouva retenu à Toulouse, tout à fait dans l'impossibilité de venir faire sa conférence, au jour même où il figurait sur le programme. Ceci donne une bien faible idée des visites, de la correspondance, des démarches, des dépêches, des difficultés, des incidents et accidents de la dernière heure qui assaillirent les membres du Comité et auxquels ils durent parer et faire face, au jour le jour, pendant toute la période d'organisation. Heureusement que les bonnes volontés ne manquaient pas et c'est ainsi que je puis encore aujourd'hui, dans le présent volume, élevé à la gloire du cinquantenaire des *Girondins* de mon père, offrir aux lecteurs des résumés assez complets des conférences de mes excellents confrères et amis, MM. Olivier de Gourcuff, Albert Maréchaux, Adolphe Morel, Jacques Lourbet, Tancrède Martel, Amable Joserey, etc., suivant les notes qu'ils ont bien voulu publier dans la presse, sauf M. Olivier de Gourcuff qui s'est donné la peine de reconstituer la sienne. De son côté, Charles Fuster faisait, à l'Institut Rudy, une conférence, intitulée : *Théodore Vibert : Les Girondins*. Malheureusement il a négligé de m'envoyer son résumé et je ne puis, à mon grand regret, que le rappeler ici.

Malheureusement aussi, le Comité n'avait pas eu le temps de s'assurer le concours d'un sténographe et c'est ce qui explique la reconstitution relativement incomplète de ces fêtes véritablement inoubliables, émotionnantes et je dirai même imposantes, dans leur émouvante simplicité.

Du reste durant les fêtes du cinquantenaire des *Girondins*, les journaux n'ont pas cessé d'en rendre compte avec éloge, comme en témoigne la note suivante que je retrouve dans mes papiers et qui parut dans le *Grand National* le 17 décembre 1910.

« Hier à 3 heures de l'après-midi, a eu lieu, à la mairie du XVIIe arrondissement, la conférence de M. Olivier de Gourcuff sur *Charlotte Corday dans les Girondins*, la grande épopée nationale de Théodore Vibert.

« Devant un auditoire de choix, le conférencier a parlé une heure un quart avec une rare compétence sur l'héroïne girondine et a montré les pièces curieuses qui ont été prêtées par la préfecture de police sur la période révolutionnaire.

« Puis Mlle de Kerden a merveilleusement récité des vers sur Charlotte Corday au moment de sa mort.

« Lundi prochain, à 2 heures et demie, à la mairie du dix-septième, même local, 17, rue Truffaut, aux Batignolles, nouvelle conférence publique et gratuite sur les *Girondins*, de Théodore Vibert, par M. Albert Maréchaux, titre : *Devoir filial, devoir social.*

Nous sommes persuadés qu'il y aura encore beaucoup de monde tout comme hier vendredi. »

Tout ce qui précède est seulement le récit de l'organisation du cinquantenaire par le Comité ; mais je serais incomplet si je ne mettais pas en lumière ici l'inconcevable mauvaise volonté à laquelle ledit Comité ou moi-même, nous nous heurtâmes, toutes les fois que nous eûmes la naïveté de nous adresser aux pouvoirs publics. D'une manière générale, l'on peut même dire que cela dépasse toute vraisemblance, et démontre seulement, hélas, toute question de personne à part, combien est encore profonde, dans les couches officielles, la haine de tout ce qui est vraiment républicain.

Le 17 décembre 1910, le Conseil général de la Seine, nationaliste et en majorité réactionnaire, hélas, comme le Conseil municipal de Paris, refusait de souscrire à la Grande Epopée Nationale : *Les Girondins,* de. Théodore Vibert et passait à l'ordre du jour !

Quand on pense que le poème épique de mon père est en quelque sorte un monument élevé à la gloire de Paris, *se passant presqu'intègralement à Paris,* il y a plutôt motif à se montrer attristé d'une telle délibération. O fanatisme clérical, voilà bien de tes coups ! Sans patrie, tu ne respectes rien, pas même les gloires nationales les plus pures de la France et de la République.

Le 27 février 1911, après plusieurs mois de silence, le Grand Orient de France, c'est-à-dire la M.·. F.·. à laquelle j'ai le grand honneur d'appartenir depuis près de trente ans et sous le drapeau de laquelle j'ai conscience d'avoir toujours vaillamment combattu pour le triomphe de la Libre Pensée, se décidait à m'envoyer la lettre suivante :

« Au T.·. C.·. F.·. Paul Vibert, à Paris,
« T.·. C.·. F.·.,

« Nous avons la faveur de vous informer que, dans sa séance du 15 février courant, le Conseil de l'Ordre a pris connaissance de la pl.·. par laquelle vous lui demandez ce que le Grand Orient compte faire à l'occasion du cinquantenaire des *Girondins*, épopée nationale dont votre illustre père est l'auteur.

« Tout en appréciant les sentiments de piété filiale qui ont inspiré votre démarche, le Conseil n'a pas cru possible de prendre l'initiative d'une manifestation quelconque pour la célébration du cinquantenaire d'une œuvre qui, si intéressante soit-elle, ne présente pas un caractère purement maçonnique.

« Veuillez agréer, T.·. C.·. F.·., avec tous mes regrets, l'assurance de nos sentiments fraternels.

« L'un des Secrétaires du Conseil de l'Ordre,

« Signé : Illisible. »

Sans vouloir dramatiser le débat et en appeler à la postérité, comme Viennet, de poétique mémoire, j'avoue que cette réponse, parmi les mauvaises, me fut la plus douloureuse, non pas pour la grande mémoire de mon père qui est au-dessus de ces petitesses, mais pour la Franc-Maçonnerie elle-même qui, dans l'espèce, ne me paraît pas avoir su discerner avec tact son véritable devoir.

J'ai dit plus haut comment Jules de Marthold n'avait pas pu faire une des conférences du cinquantenaire, étant tombé malade en décembre ; naturellement comme cela était tout indiqué de ma part, en face d'un vieux camarade de lettres dont j'estime infiniment le talent, je lui demandai, après les Fêtes du cinquantenaire des *Girondins*, de bien vouloir prendre la peine de transcrire et de m'envoyer la conférence qu'il devait faire sur les *Girondins* et ce n'est pas sans surprise que j'ai reçu un jour la curieuse et très inattendue missive suivante :

« Mon cher ami,

« Quand, il y a tantôt deux ans, uniquement par sympathie pour vous, je vous ai proposé de parler de votre père, dont j'ignorais absolument les écrits, vous m'avez remis deux exemplaires de ses *Girondins*.

« Aussitôt j'en ai envoyé un à M. de Pawlowski et j'ai lu l'autre en ses dix mille lignes.

« Le 1er janvier 1911, le critique de *Comœdia*, esprit supérieur et clairvoyant dont j'estime le jugement pour définitif, est venu résumer ma personnelle impression que j'espérais n'avoir jamais à vous donner.

« C'est vous dire, mon cher ami, de publier votre livre sans ma collaboration.

« Avec mon vif regret et bien affectueusement votre

« MARTHOLD. »

16 mars 1912.

Je ne veux pas m'attarder à faire remarquer tout ce qu'il y a de plutôt triste dans la décision d'un homme de l'âge de Jules de Marthold qui est obligé de s'en référer au jugement d'un folliculaire quelconque et qui n'a même pas le courage de formuler lui-même ledit jugement — ce qu'il me devait cependant ; mais je veux souligner ici, pour les dénoncer au mépris — je ne dis pas à l'indignation, car le mépris suffit — de tous mes confrères, les procédés plus que discourtois de MM. de Pawlowski et J. Ernest-Charles, celui-là même qui n'a pas pu se faire un nom avec ses trois prénoms, comme disait si spirituellement Lucien Descaves.

Ces deux obscurs folliculaires ne savent que calomnier, diffamer,. insulter, mentir, salir et baver sur tous les hommes de talent — même morts — qui leur portent ombrage, en faisant ressortir leur nullité.

Lorsque l'on se trouve en face d'aussi tristes paltoquets, il n'y a qu'à brûler du sucre... je passe (1).

Je reviens au cinquantenaire des *Girondins* et voici ce qu'un vieil ami, M. G. Doré, ingénieur, m'écrivait au lendemain des fêtes du cinquantenaire, le 26 décembre 1910 ; je pense que c'est d'un plus vif intérêt pour le lecteur que les petites ordures de MM. de Pawlowski et J. Ernest-Charles. Voici la lettre en question :

« Mon cher ami,

« Merci sincèrement pour le beau livre que vous avez eu l'amabilité de m'apporter (2) ; j'ai bien regretté de ne m'être pas trouvé-là, car cette grande époque révolutionnaire est d'autant plus attachante pour moi que j'ai connu des personnes qui l'avaient presque vue, et que mon arrière-grand-père, cousin de Danton, eut à dîner dans son jardin de Charenton, le grand tribun et Robespierre et que les

(1) Le mardi 29 octobre 1912, le *Temps* a eu le triste courage avec la lâcheté de reproduire à son compte les misérables diffamations de J. Ernest-Charles à mon endroit à propos de la candidature du général Lyautey à l'Académie. M. Poincaré avait si peur de me voir recueillir quelques voix contre le grand infirmier du Maroc, qu'il fit exécuter cette besogne d'homme à tout faire par ce malheureux Hébrard que je plains de tout mon cœur.

(2) *Les Girondins* de mon père.

deux amours en terre cuite que vous vîtes peut-être dans mon salon, étaient dans ce jardin.

« Un vieux cousin nommé Durousau faisait aussi la partie avec eux dans un café de la rue de la Loi.

« Mon grand-père naquit cette année de 1793, en pleine Terreur, à la Queue-en-Brie et la raison de sa naissance dans ce petit pays est toute une histoire.

« Danton avait fait acheter une charge d'huissier-priseur à mon arrière-grand-père, rue de la Martellerie et sur le quai, à l'endroit où est la statue d'Etienne Marcel.

« Ses clients étaient les mariniers de Bourgogne qui apportaient sur le quai les produits de leur pays. Un matin mon arrière-grand'mère revenant du marché avec sa bonne, croisa un groupe d'hommes armés dont l'un d'eux dit : « Voici une tête qui serait bonne à couper, elle ressemble à l'Autrichienne ».

« Rentrée chez elle et ayant relaté la chose à son mari, ils envoyèrent chercher une voiture pour quitter Paris, voiture qui stationnait sur le quai. Au moment où ils chargeaient les bagages, on frappe à la porte de la rue de la Martellerie ; ma grand'mère (arrière-grand'mère a voulu dire M. G. Doré) va avec sa tabatière à la main et, reconnaissant ces gens qui venaient pour l'arrêter, jette au premier le contenu de sa tabatière dans les yeux et, pendant qu'il se les frotte, elle verrouille la porte, saute avec son mari dans la voiture et file à la Queue-en-Brie.

« Trois mois après mon grand-père mourait (même observation). Vous pensez si cette époque m'intéresse et combien je suis sensible à votre bonne amitié...

« Ma femme se permettra dans les premiers jours de l'année, si Mme Vibert veut bien lui permettre, de venir lui présenter ses respects.

« Pour moi, je serai bien heureux de vous voir, car,

hélas, au milieu de gens dits intelligents, combien peu on en trouve qui aient ce savoir, cette conversation charmante que vous avez.

« Je devance de quelques jours le moment des souhaits ; mais je vous prie, ainsi que Mme Vibert, de recevoir les nôtres les plus sincères. G. Doré. »

Sauf les compliments trop aimables de la fin, il faut bien avouer que cette lettre est du plus vif intérêt, surtout en ce qui touche Danton et elle ne pourra pas manquer de retenir l'attention de mon vieil ami, Arsène Thévenot, l'historien informé du grand tribun.

« Par une curieuse coïncidence le jour même où j'écrivis ces lignes, sous le coup d'une bien légitime indignation, je publiais dans mon article politique quotidien du *Grand National*, la note suivante, le 18 juillet 1912 :

« Les *Annales Révolutionnaires* voudraient insinuer que Danton aurait reçu de l'argent de la Cour, ce qui est une misérable calomnie et tout ça parce qu'il avait fait quelques économies amplement justifiées par son étude d'abord et son métier d'avocat ensuite.

« Aujourd'hui, il y a des hommes politiques fort riches qui gagnent 300.000 ou 400.000 francs comme avocats et l'on ne dit pas qu'ils sont vendus pour cela. J'ai des amis, à Arcis-sur-Aube, entre autres mon confrère Arsène Thévenot, qui a écrit la vie de Danton, j'ai moi-même été très lié avec la petite-fille de Danton, fille de Mme de Veaujoli, et jamais personne, ni dans sa famille, ni chez ses amis et ses panégyristes ou historiens, n'a mis en doute sa parfaite honorabilité. Et je ne l'ai jamais entendu dire à mon père, à Théodore Vibert qui, ayant écrit la grande épopée nationale des *Girondins*, devait cependant être bien renseigné, puisqu'il avait passé une partie de sa vie à étudier notre immortelle révolution. C'est si facile de calomnier les gens à la légère, surtout quand ils sont morts ! C'est un peu lâche aussi.

« Je n'ai pas un mot à y changer... »

Du reste, c'est triste à constater, mais l'on continue à dire et à écrire une foule d'erreurs et de contre-vérités — pour ne pas dire plus — tous les jours, sur la révolution. Il faut croire que l'on est vraiment bien ignorant de cette époque pourtant encore si près de nous. C'est ainsi que notre excellent ami, M. Vandervelde, le *leader* socialiste belge, le grand et courageux républicain que l'on sait, vient de publier à propos de la *Carmagnole* des lignes absolument stupéfiantes, et voici ce qu'il a osé dire à la tribune de la Chambre belge sur ce chant populaire :

« Dans un pays de culture médiocre comme le nôtre, on sait bien cependant que ce chant date de 1793, époque à laquelle les socialistes n'existaient pas. Ce chant appartient à la basse littérature de l'anticléricalisme bourgeois. Je proteste une fois de plus contre l'attribution qu'on nous fait de la paternité d'une chanson constituant un immondice moral qui ne devrait jamais se trouver dans la bouche d'un socialiste digne de ce nom. »

Ce chant ne date pas de 1793, mais bien du lendemain du 10 août 1792, dont il ne fait que raconter la journée.

Anticléricalisme bourgeois est d'autant plus rigolo, que l'on nous passe ce terme, qu'il n'y en a pas un seul mot dans les treize couplets de la *Carmagnole*. La chanson n'est pas *bourgeoise*, mais populaire, *faubourienne ;* on ne l'a jamais attribuée à un Belge, car si l'on ne connaît pas les auteurs de la musique et des vers, que mon père n'a jamais pu découvrir dans ses dix ans de recherches minutieuses sur la Révolution, il n'est pas contestable qu'elle a été composée spontanément au lendemain du 10 août 1792 — et non 1793 — dans un faubourg de Paris, probablement au faubourg

Saint-Antoine, dans une de ses célèbres sections et par un bon sans-culotte du cru.

« *Tomber sur le cul* est une de ces figures imagées qui vaut, à elle seule, une signature et une identification !

« Sans doute pour donner plus de force à sa démonstration, M. Vandervelde a jugé à propos de nous parler *d'un immondice moral* au masculin !

« Il n'y avait pas de *socialistes* en 1793 dit sans rire M. Vandervelde, qui n'a sans doute jamais entendu parler de Gracchus Babeuf — pour ne rappeler que celui-là — qui vivait cependant de 1760 à 1797 et dont la doctrine, le *babouvisme,* est cependant assez connue, même des socialistes d'aujourd'hui !

« Dans toute cette série d'*erreurs* — soyons poli — que l'on est bien surpris de trouver dans la bouche du socialiste belge, il n'y a qu'une vérité : *Dans un pays de culture médiocre comme le nôtre...*

« Mais, mon cher confrère, si vous aviez pris le soin de mettre la sainte église catholique à la raison chez vous, en votre qualité de socialiste, votre culture ne serait pas si médiocre.

« Cette démonstration, par le fait, de Vandervelde, est vraiment bien amusante... ou bien triste !

« Comme il vous plaira. »

On m'a souvent demandé quelle était la part faite au féminisme dans les *Girondins* et ma vieille et excellente amie, la doctoresse Madeleine Pelletier, dont on connaît les remarquables études sociologiques, a plus particulièrement insisté sur ce point ; j'y ai déjà répondu par avance en racontant, autre part, comment mon père avait rendu, avec un soin jaloux, la touchante figure d'Isma, l'héroïne de la grande épopée et comment il avait *ciselé* — le mot n'est pas de trop — toutes ses paroles, au point d'en retirer le plus d'*R* possible, afin de rendre plus doux son parler. A ma connaissance, du moins, je crois qu'il n'y a jamais eu que Racine et mon père qui aient eu un pareil souci d'adoucir le langage de leurs héroïnes, dans toute la littérature française.

Du reste Théodore Vibert qui possédait à fond l'histoire de la Révolution française, ne pouvait échapper à cette noble et touchante préoccupation, car il savait, mieux que personne, que le féminisme était bien né en France, à Paris même je dirai, dès les premières heures de la révolution. Voilà donc bien près de cent vingt-cinq ans que le féminisme a pris droit de cité chez nous et, quand on y réfléchit, il ne pouvait pas en être autrement, car, en effet, il est bien partie intégrante de l'émancipation humaine, telle qu'on la concevait pendant cette période héroïque de notre histoire.

Qui ne se souvient que, dès 1789, Olympe de Gouges, alors à peine âgée de trente-quatre ans, opposait, avec un courage magnifique, la *Déclaration des Droits de la Femme*, à la fameuse *Déclaration des Droits de l'Homme*. C'est dans ce manifeste éloquent et trop oublié aujourd'hui, que l'on trouve exposé avec une clarté lumineuse, et pour la première fois, le programme des revendications féministes.

Ecoutez cet appel resté si précis et si moderne dans sa forme, d'Olympe de Gouges :

« Comme les hommes, dit Olympe de Gouges, les femmes doivent jouir de tous les droits civils et politiques, puisque comme eux elles participent aux charges de la nation et sauraient comme eux se sacrifier pour le salut public. Et il sied à l'Assemblée Constituante qui, incarnation même de la Révolution, eut à cœur de réparer tant d'injustices, de réparer celle-là encore et de faire de toutes les Françaises des citoyennes comme elle fait de tous les Français des citoyens. »

Ces idées, toutes nouvelles alors, se dressant contre les abjectes théories de l'Eglise catholique qui avait enseigné que la femme n'avait point d'âme et n'était qu'un animal, comme les noirs, furent défendues par la plupart des encyclopédistes, par des philosophes de l'envergure de Condorcet et eurent un énorme écho dans la France entière, assoiffée de justice, de liberté et d'émancipation.

Des sociétés fraternelles composées des deux sexes, se formèrent bientôt à Paris et dans tout le pays pour répandre et vulgariser ce généreux programme émancipateur et l'on peut dire que, dès 1792 et 1793, eurent lieu de véritables manifestations suffragistes en faveur de l'égalité absolue des sexes. Plusieurs fois la Convention nationale ne craignit pas de recevoir dans son sein des députations de femmes réclamant le droit de vote ; mais là se borne sa bonne volonté et sous le fallacieux prétexte qu'elle avait des préoccupations plus graves, elle refusa d'en tenir compte.

Du reste, il faut bien avoir la franchise de le reconnaître, quoique ça ne soit pas à leur honneur, la plupart des révolutionnaires n'étaient pas féministes et sous l'écorce du citoyen de la veille, il n'est pas difficile de retrouver l'homme égoïste et lâche, ennemi plus ou moins avoué de l'émancipation féminine.

Pour la récompense de sa belle et vaillante initiative, en 1793, à peine âgée de trente-huit ans, la pauvre Olympe de Gouges monta sur l'échafaud et les clubs de femmes ne tardèrent pas à être dissous. On a souvent reproché à la célèbre révolutionnaire sa vie privée ; mais il semble que sa mort courageuse et sa superbe *Déclaration des Droits de la Femme* doivent bien lui mériter l'indulgence, que dis-je, la reconnaissance de la postérité, car c'est à elle que reviendra toujours l'éternel honneur d'avoir été en France l'initiatrice du grand mouvement féministe dont nous nous honorons tant aujourd'hui et à juste titre d'ailleurs....

Deux mois plus tôt j'avais, toujours à propos du cinquantenaire des *Girondins*, reçu une lettre véritablement poignante de mon vieil ami Achille Millien, le grand poète nivernais, aujourd'hui âgé de soixante et quinze ans et j'avais cru utile de la faire paraître dans mon article politique du *Grand National*, le 2 novembre 1910, sous le titre : *L'indifférence officielle* ; la voici avec les commentaires qu'elle comportait :

J'ai déjà conté ici même comment le gouvernement a refusé, contre toute vraisemblance, tout bon sens et tout patriotisme, de se mettre cette année à la tête du cinquantenaire des *Girondins*, la grande épopée nationale de mon père. Voici une lettre qui prouve que le mépris du gouvernement pour les lettres et pour les grands écrivains de la France est systématique et voulu.

Du reste, voici la lettre telle que je l'ai reçue il y a quelques jours :

« La *Revue du Nivernais*

« Beaumont-la-Ferrière (Nièvre), 19 octobre 1910.

« Mon cher ami,

« Ne savez-vous pas que depuis un an je suis presque rayé du monde des vivants ? Il me semble cependant qu'à une de vos bonnes lettres, arrivée au cours de la crise aiguë que je traversais, un de mes amis a répondu, alors que j'étais dans l'impossibilité de le faire. Au mois de septembre 1909, en pleine santé, en pleine ardeur de travail, ayant sous presse trois volumes, une ambolie (pensent les médecins), a fait de moi un pauvre hémiplégique, condamné par les médecins à ne pas m'en relever, j'ai pu leur donner tort, mais à quel prix ? Mes yeux sont tellement affaiblis que je lis à grand'peine et j'ai tout le côté gauche gravement engourdi et alourdi. Cependant, j'espère me remettre au travail — consolation suprême — et je me résignerais si, pour travailler, il me restait la liberté d'esprit nécessaire, à l'abri des tracas matériels.

« Ces tracas, je les connaissais depuis quelques années et il semblait que la malechance fût acharnée à me suivre.

« Valide, je luttais de mon mieux ; mais, maintenant, je n'ai plus le moyen de résister et je traverse de dures épreuves. Privé de tout produit de collaboration littéraire, depuis un an, je fais monnaie de tout, je me défais des objets d'art, des meubles anciens auxquels je tenais tant : nécessité fait loi ! Avant de griffonner ces lignes que mes mauvais yeux vous rendront peut-être illisibles (c'est ma main qui guide ma plume un peu à l'aventure) j'écrivais à quelques bons camarades dont l'amitié est plus solide que la bourse, pour leur demander leur aide en vue d'une échéance très prochaine. Peut-être pourront-ils, cent francs par cent francs, m'avancer pour quelque temps la somme impérieusement nécessaire.

« J'ai pu reprendre ma correspondance interrompue pendant de longs mois et vous êtes de ceux auxquels j'allais donner de mes nouvelles. Votre carte a hâté cette lettre de bien peu de jours.

« Vous êtes toujours l'infatigable travailleur dont les ouvrages économiques font autorité. Ne pouvant pas lire, je me fais lire par des amis. Il n'y a pas longtemps que l'un d'eux avait mis la main, dans ma bibliothèque, sur de jolis sonnets de Paul Vibert.

« C'était au bon vieux temps que je me rappelle avec émotion. Je revois cet intérieur hospitalier où j'étais reçu si cordialement par votre excellente famille ; votre père, si bon et si dévoué ; Mme Vibert, votre mère ; je me souviens de votre sœur, encore enfant, et des promenades à Verneuil, chez M. de Bailleul.

« Que c'est loin ! et c'est toujours présent. J'oublie mon mal en revivant ces souvenirs.

« De loin en loin je reçois un numéro de *Latina,* dont vous me parlez. Je savais qu'elle devait donner mon portrait dont la photographie m'avait été demandée. Mais je n'ai pas reçu le numéro où vous l'avez vu.

« Je vous enverrai mes derniers volumes. Pendant une trentaine d'années j'ai parcouru tout le Nivernais et récolté tout ce qui y survivait de traditionnel : chansons, contes, légendes, superstitions, coutumes, etc., la matière de deux gros volumes. Je me réjouissais de mettre tout cela sur pied. J'avais déjà publié deux volumes de chansons (avec les airs notés), le troisième était sous presse, j'espère qu'il paraîtra dans deux mois. Quant au reste, il faut en faire le sacrifice.

« Vous prierai-je, mon cher ami, de présenter mes respectueux hommages à Mme Vibert ? Veuillez toujours me croire votre bien affectueusemeut dévoué

« Achille Millien. »

Ainsi donc, voilà un des grands écrivains du siècle dernier, un poète agreste de premier ordre, qui devrait être de l'Académie et décoré depuis longtemps, qui a rendu les plus grands services à l'histoire littéraire de son pays et que le gouvernement, que son département laissent mourir de faim à soixante et quinze ans, car Achille Millien est né en 1838.

Il ne m'a pas autorisé à publier sa lettre, mais je le fais, sans le prévenir, pour montrer jusqu'à quel point, en France, les pouvoirs publics affichent la haine, le mépris et le dégoût des lettres et des hommes de lettres ; c'est vraiment navrant, et l'on se demande pourquoi la République française dédaigne ainsi la République des lettres.

Depuis, naturellement, le gouvernement n'a tenu aucun compte de mon appel désespéré en faveur de ce grand écrivain, de ce poète de tout premier ordre qu'est Achille Millien et il continue à mourir lamentablement presque de faim. Comme Francisque Sarcey, comme Henri Rochefort, comme Théodore Vibert, il mourra sans même avoir reçu la croix, ce qui est de faible importance : il faut bien la réserver pour les cléricaux militants, pour les réactionnaires de marque, pour les pires conspirateurs contre la République comme Emile Massard que l'on vient de décorer et qui a commis — comment dirai-je ? — la platitude sans nom de l'accepter d'un régime qu'il traine dans la boue tous les jours dans son journal. Il est vrai que chacun a sa façon personnelle de comprendre sa dignité et son honneur — heureusement ! (1)

(1) Pour fermer cette parenthèse, je tiens à citer ici en simple note la lettre ci-dessous de mon pauvre ami, puisque malheureusement il n'a pas pu finir le travail de souvenir sur mon père auquel il tenait tant lui-même :

Beaumont-la-Ferrière, 24 août 1912.

« Mon cher ami,

« Il y a quelque trois semaines, voulant répondre à votre désir, j'ai « recherché dans ma correspondance les lettres de votre père pour les relire « et y trouver, en revivifiant mes souvenirs, les éléments du petit chapitre « que vous désirez. Je comptais sans mes yeux. L'encre a pâli de telle « façon qu'il m'a été impossible d'en lire une page. Un de mes amis qui « devait venir ici m'aurait aidé, mais son voyage a été ajourné. Et voici « que m'arrive le volume annoncé. Je l'ai déjà ouvert, j'y ai lu des pages « fort intéressantes pour l'histoire de la littérature depuis un demi-siècle.

On pourra peut-être m'objecter qu'Henri Rochefort, lui aussi, est bien passé au Boulangisme ; oui certes, mais dans ses écarts les plus grands, il est resté toujours républicain et anticlérical et puis il avait peut-être une excuse : il avait du talent ! Pendant longtemps, on pouvait encore rencontrer des hommes de lettres à l'Institut, à côté des représentants de la défunte aristocratie qui n'étaient pas bien fixés sur le nombre de *c* qui devaient figurer à l'académie !

Il est vrai que de tout temps, l'Académie n'a pas été tendre pour les hommes de lettres de talent ; depuis Bérenger à Emile Zola, on en pourrait citer une foule qui ont dû se contenter du 41e fauteuil, à commencer par mon père.

Lorsque Victor Hugo entra à l'Académie, Alphonse Karr commenta l'élection dans les *Guêpes* :

« Les difficultés qu'a faites l'Académie pour recevoir M. Hugo l'ont fait plus honnir depuis quelques années peut-

« J'y ai trouvé mon nom et je vous suis bien reconnaissant de l'avoir asso-« cié à vos souvenirs. Je vais reprendre ma lecture quand mes yeux ne « seront pas trop éteints et ce que je ne pourrai pas lire moi-même, on « me le lira.

« Je sens, mon cher ami, que j'use rapidement mes dernières forces. Me « voici tout à fait infirme, avec le désespoir de ne pouvoir plus travailler, « alors que je dois me débattre (et il en sera ainsi jusqu'à la fin) dans les « tracas matériels de la vie quotidienne. Pourvu qu'un de ces jours, je ne « sois pas exproprié ! Je voudrais bien mourir dans la petite maison pater-« nelle que vous connaissez. Je pense souvent aux jours de la bonne visite « que vous m'y avez faite il y a 35 ans. Comme c'est loin !

« En vous lisant hier, j'ai revécu les bonnes heures du boulevard Mont-« parnasse et de Verneuil, chez votre père et chez M. de Bailleul. De celui-ci « je n'ai jamais vu son volume publié, mais j'ai une grande quantité de ses « poésies manuscrites, écrites de cette belle ronde dont vous parlez. Et quel « bon souvenir je garde de cet excellent homme !

« Si je le peux, mais hélas ! je ne puis m'engager à rien, je vous enver-« rai quelques pages à propos de votre volume puisque je n'ai pu vous rien « envoyer avant la publication. Excusez et plaignez

« Votre bien affectueusement dévoué,

« Ach. Millien. »

être qu'elle ne l'a jamais été. Les académiciens, du moins le parti Joconde, lui attribuent ces avanies, et l'un d'eux a dit le jour de la nomination : « M. Hugo entre à l'Académie « comme on épouse une fille qu'on a déshonorée ».

Comme l'on voit ce que l'on appelait alors le *parti Joconde*, c'est-à-dire le parti des momies, n'était pas tendre pour le grand poète romantique, simplement parce qu'il avait un grand talent et était un émancipateur libéral et relativement avancé pour son temps.

Puis un beau jour les politiciens, les misérables politiciens qui souillent, salissent et tuent tout ce qu'ils touchent, enfoncèrent les portes.

Il nous restait encore notre professionnelle et bien modeste Société des gens de lettres ; voici les politiciens d'occasion et les parlementaires de pacotille qui l'envahissent, se souciant, comme d'une guigne, des cinq volumes exigés par les statuts. Ces Messieurs veulent rétablir l'ancien régime à leur profit et puis enfin, ils trouveront très talon rouge de signer avec la pointe de l'épée... du concierge du Palais-Bourbon.

Ceci n'est-il pas de nature à expliquer la cruelle indifférence du monde officiel en face de la grande mémoire de Théodore Vibert, en face de la lamentable situation d'Achille Millien. Faut-il s'en indigner ? Que non pas, ce serait faire trop d'honneur aux pygmées sans pudeur qui sont en train de se vautrer dans l'orgie finale qui finira par tuer la République, si les hommes de cœur et d'honneur ne savent pas se réveiller à temps et balayer, comme elle le mérite, cette tourbe de jouisseurs de bas étage.

En attendant des temps meilleurs, en attendant l'avènement de la vraie république, les gens de lettres, vraiment dignes de ce nom, n'ont plus qu'une chose à faire : se retirer dans leur tour d'ivoire et laisser passer la mascarade :

peut-être bien qu'un jour le carnaval des appétits prendra fin, tout de même !

Iago, dans l'*Othello* de Shakespeare, dit cette phrase que certains esprits chagrins sans doute, ont trouvé profonde :

— « Je ne suis plus rien dès que je ne critique pas ». Certes, ce n'est pas mon cas et si je continue à crier casse-cou à mes contemporains, c'est parce que je crois avoir une claire vision du péril que les politiciens font courir à la République et si je déplore cette espèce de mépris dans lequel on tient systématiquement les grands écrivains, c'est qu'une nation qui se désintéresse de la République des lettres est bien près d'être une nation en décadence.

Je parle ici, bien entendu, des véritables hommes de lettres, des écrivains qui méritent ce nom et non pas de ceux qui amusent les foules superficielles avec leurs productions éphémères, plus ou moins faisandées.

Jules Lermina disait en parlant de Tolstoï :

« Voici un an que le grand Tolstoï est mort. Certains instituent sur son nom des discussions tendancieuses faites de mauvaise foi et de rancunes. Tolstoï a provoqué dans le peuple russe un mouvement qui, comprimé aujourd'hui, s'affirmera plus tard irrésistible.

« On cherche à diviser sa vie en deux parties dont l'une, la première, constituerait ses titres à la gloire, tandis que la seconde, en quelque sorte irresponsable de ses chefs-d'œuvre — *La Guerre et la Paix* et *Anna Karenine* — ne serait plus qu'une décadence mystique et révolutionnaire. On veut exploiter le génie de l'adulte pour anéantir l'œuvre du vieillard.

« On n'y parviendra pas : pour qui connaît les livres de Tolstoï, leur unité est frappante. Il a vécu dans le monde et, à mesure que passaient devant ses yeux les hommes et les faits, il notait les iniquités sociales et les posait en pleine lumière.

« Plus tard, quand la fougue de l'imagination se fût apaisée, il médita davantage et rêva de guérir les maux que son diagnostic lui avait montrés.

« Ardemment, courageusement, il se déclara l'adversaire irréductible de toutes les tyrannies et de toutes les injustices, et le Russe qu'il était se rattacha au mysticisme néo-chrétien. L'intolérance le poursuivit, le traqua. Il se refusa à une palinodie dont son intelligence et sa raison lui démontraient la criminalité ; et jusqu'à sa dernière heure, il flagella les méchants, les injustes et les cruels.

« Naturellement aujourd'hui ses adversaires, avocats du despotisme et créateurs de misères, discutent son œuvre, critiquant, s'efforçant d'en amoindrir l'effet par des arguties.

« Tolstoï a rendu et rendra encore d'insignes services à la cause de l'humanité, non seulement par son œuvre, mais encore et surtout par la légende de bonté, de dévouement aux malheureux, de résistance à l'oppression dont il est le centre.

« Jean-Jacques est un bienfaiteur des hommes, moins par ses livres mêmes qu'on peut discutailler, que par la légende qui s'est faite autour de lui.

« Tolstoï est et restera un apôtre du bien et de la justice. Que ses ennemis le sachent, leur rage ne prévaudra pas contre la reconnaissance universelle. »

Rien n'est plus juste ; il ne faut pas voir seulement l'écrivain, le penseur, dans son ambiance, souvent réactionnaire et déformatrice, mais seulement dans son œuvre et surtout *dans les conséquences de cette œuvre* et c'est ainsi que quoi que l'on puisse faire et dire dans le monde parlementaire, toujours plus ou moins clérical et réactionnaire, les *Giron-*

dins de mon père resteront toujours comme la charte, comme l'évangile de la République.

Et puisque Lermina invoque le souvenir de Rousseau n'est-ce pas le moment de rappeler ce cri de poignante détresse qu'il lançait dans ses *Rêveries d'un promeneur solitaire :*

« Me voici donc seul sur la terre, n'ayant plus de frère, de prochain, d'ami, de société que moi-même. Le plus sociable et le plus aimant des humains en a été proscrit par un accord unanime.... Tout est fini pour moi sur la terre. On ne peut plus m'y faire ni bien, ni mal. Il ne me reste plus rien à espérer ni à craindre en ce monde, et m'y voilà tranquille au fond de l'abîme, pauvre mortel ; mais impassible comme Dieu même. Tout ce qui m'est extérieur m'est désormais étranger. Je n'ai plus en ce monde ni prochains, ni semblables, ni frères. »

Et cependant aujourd'hui : Jean-Jacques est un peu plus grand, plus justement admiré et vénéré chaque jour ; ceci est la consolation des écrivains sérieux, de talent et de cœur, qui travaillent et pensent pour leur pays : si les politiciens-jouisseurs occupent les places qui leur sont dues et gardent les bonnes pour eux, ça n'a point d'importance, car pour eux, ces joies malsaines du forum seront heureusement sans lendemain : la postérité n'a jamais aimé les bateleurs et les fumistes.

C'est dans le même ordre d'idées et avec beaucoup de bon sens que mon excellent confrère et ami Jacques Lourbet écrivait dernièrement dans son *Flambeau,* en parlant des penseurs de talent :

« Ils veulent les voir en face. Ils disent avec Guyau : « Voir, c'est peut-être mourir. Qu'importe, ô mon œil, regarde ! »

« C'est que par les yeux de l'esprit ils embrassent la

vaste étendue des intérêts d'ensemble et de longue portée de la civilisation.

« Les hommes d'Etat qui se laissent emporter par le courant des discussions tangentielles ne tracent dans l'histoire aucune marque durable. Ceux-là qui aiment leur pays et l'humanité osent rompre les fils des « logomachies » pour soulever des questions de fond. »

A propos de Gongora, mon confrère Rémy de Gourmont disait dernièrement :

« Il est trois ou quatre noms qu'au cours de mes études on m'apprit à considérer comme des noms de malfaiteurs. Aussi ont-ils souvent attiré ma curiosité. Je suis devenu au cours des années d'une grande indulgence pour ces « corrupteurs du goût », qu'ils s'appellent Marini en Italie, Gongora en Espagne, John Lilly en Angleterre, d'Urfé en France, et leur génie m'a fait passer sur bien des défaillances. C'est peut-être qu'en littérature aussi j'ai perdu la foi et que les dogmes de la critique ne m'offrent plus beaucoup d'intérêt. Qu'est-ce que le goût ? Cette question, bien faite pour leur esprit, est l'objet d'un débat entre Bouvard et Pécuchet. Qu'est-ce que le mauvais goût qui nous séduit ? Qu'est-ce qu'une laideur qui nous plaît plus que la beauté ? N'y aurait-il point autant de goûts que de physiologies, autant de beautés que de désirs ? Et cela n'aurait-il pas aussi quelque relation avec la mode, avec la loi d'imitation qui régit le monde ? Gongora fut pendant plus d'un siècle pour l'Espagne l'expression la plus haute de la beauté lyrique. Cela peut nous paraître paradoxal, mais cela est ainsi. Il a payé cher, il est vrai, cette longue gloire : car il n'en reste plus qu'un mot, qui est encore une injure à la Boileau : gongorisme.

« Les défauts de Gongora ne sont guère que l'exagération de ceux de son siècle, de sa race, de son milieu cordouan : il est tour à tour emphatique et précieux, avec une égale et magnifique inconscience. Il n'en reste pas moins que dans le poème des *Solitudes*, et ailleurs encore, il y a des parties de grand poète, malheureusement un peu difficiles à démêler. C'en est assez pour que soit justifiée la curiosité d'aller voir ce qui se dissimule sous ce nom bafoué : Luis de Gongora y Argote. »

C'est fort joli, mais c'est aussi un peu parler pour ne rien dire ; la vérité toute simple, toute nue, c'est que quelle que soit sa forme, un écrivain reste, s'il a des idées, s'il a fait œuvre utile de sa plume, de son intelligence, de son cœur : *le reste n'est que question d'écriture secondaire*, la forme supérieure de la poésie, à part, bien entendu.

Habent sua fata libelli.

Tous les écrivains sont de mon avis sur ce point.

Au second acte du *Filleul de Pompignac*, Alexandre Dumas fils fait dire à l'un de ses porte-parole habituels : « Depuis que le monde existe, on a dit cinq ou six choses vraies, au commencement, tout au commencement. Les autres les ont répétées, chacun dans sa langue ».

C'est possible, mais encore est-il qu'il faut les dire et les trois quarts des écrivains meurent parce qu'ils n'ont ni la *forme*, ni *l'idée*.

Je n'ai point la prétention de donner des conseils après Boileau que mon père adorait, à juste titre; mais j'aurai bien le droit de dire que l'écrivain ne doit s'occuper que de deux points : *la beauté de la forme* et *la pensée* ; le reste, gloire, honneur, succès importent peu.

On connaît le refrain populaire du maçon :

Allons, du cœur à la tâche,
Sois heureux d'être ouvrier,

Vas-y donc et gâche ! gâche !
Ça rentre dans ton métier.
Nos conseillers, nos édiles,
Sont aussi forts pour gâcher
Les affaires de la ville.....

Ainsi fait le bon ouvrier de la plume et de la pensée qui travaille sans relâche, *nulla dies sine linea.* Comme disait Zola, en suivant simplement les règles qui lui sont dictées par sa conscience.

Mais alors comment fait-il pour gagner sa vie, me dira-t-on, peut-être ?

Ma réponse sera simple :

S'il veut gagner de l'argent, qu'il fasse un autre métier ; sinon, s'il a la foi, qu'il se revêtisse d'un triple airain contre les contingences du dehors (1).

N'est-ce pas Alfred de Musset qui a dit :

Le bien a pour tombeau l'ingratitude humaine.

Eugène Manuel a exprimé la même idée avec moins de concision, lorsqu'il disait :

Il faut que le lutteur affirme la justice
Il faut pour le devoir qu'il s'offre en sacrifice
Et qu'il soit le plus pur, s'il n'est pas le plus fort.

Ce qui doit arriver arrive à l'heure dite, a dit le poète, et mon père qui avait parcouru une grande partie de l'Europe à pied, en deux grands voyages, ce qui était rare alors, avait

(1) N'est-ce pas Augier Gaillard, maître-charron de Rabastens en Albigeois, qui a dit fort sagement :

Pour me glorifier, je n'ay point fait ce livre,
Ni pour penser aussi mon nom esterniser ;
Je l'ai fait seulement pour voir et adviser
Si l'estat de rimeur me donneroit à vivre.

rapporté de ses voyages une grande philosophie et un esprit de souriante tolérance :

> Je suis un citoyen du monde
> En tout lieu où la vie abonde
> Le sol m'est doux et l'homme cher.

Et il concluait :

> Naguère ainsi je dépensais
> Sur l'univers mon cœur français
> J'en suis maintenant économe.

Et volontiers il eut ajouté, avec Méléagre :

« O étranger ! Nous habitons une seule patrie, le monde. Un seul chaos a engendré tous les mortels. »

Comme Ernest Renan, mon père pensait que « la vie n'est qu'un rêve ; on ne lui donne quelque réalité qu'en se vouant à la défense de tout ce qui est bon, honnête, juste, droit et fier. »

Mon excellent confrère Paul Hervieu disait dernièrement, en parlant de je ne sais plus quel homme de lettres : « qu'il était naturellement d'une politesse minutieuse, même dans la plus stricte intimité. C'est un caractère qu'on a remarqué plus d'une fois chez les hommes de tempérament agressif qui, toujours sur la brèche, ont pris l'habitude de toujours se surveiller. »

Certes on aurait pu appliquer ces paroles à Théodore Vibert dont la fermeté dans les convictions n'excluait pas la plus courtoise des tolérances.

Comme le disait spirituellement Eugène Godin, l'aimable bibliothécaire de la rue de Richelieu : « il est plus aisé de supprimer les malades que la maladie » et il savait bien que si tous les cocardiers, nationalistes, patriotards, hypocrites cléricaux du vrai patriotisme, ne lui pardonneraient jamais le libéralisme de ses idées, il serait difficile de supprimer cette *maladie* qui n'a rien à voir avec *l'amour sacré de la Patrie,* tel que le comprenaient nos pères, cette maladie qui, depuis tantôt un demi-siècle a été des *blouses blanches*, de sinistre mémoire, aux musiques militaires qui encombrent inutilement nos rues...

Mais n'est-ce pas encore Eugène Godin qui a dit:

« Le pot de terre cacha dans son sein une bombe et, l'ayant allumée, il fut pot de fer à son tour. »

Aujourd'hui nous pouvons espérer que nous assistons aux dernières convulsions des successeurs inconscients des Blouses Blanches, tandis que la grande Epopée Nationale des *Girondins* de mon père reste debout et apparaît plus que jamais comme le modèle du patriotisme viril, comme la charte vivante et éloquente de la troisième République.

Je coupais dans un journal l'année dernière les lignes suivantes :

« L'élection de M. Branly a été une juste récompense accordée, beaucoup trop difficilement, à un savant justement réputé. Le nom de Branly est, on le sait, inséparable de celui de télégraphie sans fil. Pourquoi M. Branly ne siégeait-il pas déjà à l'Institut, tandis qu'en Italie, les Italiens élèvent une statue à Marconi, qui n'eût peut-être rien fait sans la découverte du savant français ? Mystère. Ce sont là les fameuses intrigues. Ce qui est indéniable, c'est qu'il existait un petit clan qui ne voulait pas de M. Branly... »

Ce petit clan clérical et réactionnaire ne voulait pas de M. Branly, parce qu'un savant est toujours un serviteur fidèle de la liberté de pensée et de l'émancipation humaine ; le même *petit clan* — redoutable encore, quoi que l'on dise — cinquante ans plus tôt, avait fait une guerre de peaux rouges en délire aux *Girondins* qui sont bien restés comme le plus grand monument élevé par un poète et par un penseur en l'honneur de la liberté ! A quoi tout cela leur a-t-il servi ? si la *maladie* catholique existe encore, hélas, ces *malades* de mauvaise foi sont morts depuis longtemps et rien n'a pu empêcher les fêtes du cinquantenaire des *Girondins* d'avoir lieu, il y a trois ans. Si ce ne fut pas encore l'apothéose, ce fut du moins le commencement des justes réparations, malgré les quelques grenouilles de bénitier ou la poignée de chiens de sacristie qui purent encore aboyer. Alors quoi ? Où donc est le premier homme qui empêchera la vérité d'être la vérité et de triompher un jour ?

*
* *

En dehors de la correspondance que j'ai échangée avec mon père de 1872, époque où j'ai quitté Montfort-sur-Risle, au début de l'année, où il était modeste juge de paix pour vivre, jusqu'au jour de sa mort, le 14 avril 1885, à Mer, dans le Loir-et-Cher, où il est décédé subitement à cinquante-neuf ans, correspondance se rapportant à peu près uniquement à ses grands travaux historiques et aux notes que j'allais prendre pour lui dans les bibliothèques — et que je publirai un jour, si je ne suis pas mort moi-même avant — les lettres de mon père sont assez rares et s'il en reste encore beaucoup dans la famille ou chez ses derniers amis survivants ou leurs familles, je l'ignore et, en tous cas, n'ai pas pu les réunir ; c'est pourquoi je crois intéressant de donner les trois lettres intimes et familiales de lui que j'ai retrouvées à la mort de ma tante Angélique Vibert, dans ses papiers. Mlle Angélique Vibert, sa sœur aînée, âgée de dix années de plus que lui-même, était née à Paris, comme toute la famille Vibert, rue Saint-Jacques, en 1815, et est morte en 1900, à l'âge de quatre-vingt-cinq ans.

Elle a laissé elle-même de nombreux manuscrits sur des

sujets religieux et dogmatiques que j'ai cru de mon devoir d'offrir, à sa mort, à la bibliothèque de la ville de Paris, de la rue de Sévigné, étant donné qu'elle était, avant moi, l'avant-dernier représentant, très certainement de la plus vieille famille historique de Paris.

Ceci dit voici, sans plus de préambule, la première des trois lettres retrouvées de mon père, par ordre de date, adressée à M. Célestin Brunet, originaire de Toulouse, mari de la seconde sœur de mon père, Francine Vibert, ancien chef ou sous-chef du cabinet du préfet de police, à Paris, et décédé lui-même, relativement encore assez jeune, vers 1886 à 1888, deux ou trois ans après mon père, âgé de 67 à 68 ans, si j'ai bonne mémoire :

« Mon cher frère,

« Hier nos femmes et Angélique se sont entendues pour nous retrouver dimanche à la fête des Loges — et elles ont si bien pris leurs mesures qu'il nous est impossible de nous rencontrer aux heures fixées par elles pour notre rendez-vous. D'abord, si Angélique veut venir par chez nous, il lui faut absolument qu'elle vienne samedi soir ou qu'elle ne vienne pas — autrement elle arriverait après notre départ — ce qui ne l'avancerait peut-être pas beaucoup — ensuite nous partirons de Verneuil (1) par le train de 9 h. 10 — nous serons à Saint-Germain à 10 heures ou à 11 heures au plus tard — à 10 heures si nous arrivons assez à temps pour rencontrer la voiture du chemin de fer, à 11 heures si nous la manquons — nous descendrons à l'embarcadère —

(1) Verneuil-sur-Seine (Seine-et-Oise) où mon père venait d'acheter une petite maison de campagne.

si vous ne vous y trouvez pas — nous irons sur Saint-Thomas (1) où nous vous attendrons.

« Tout à vous, votre frère et ami,

« Th. VIBERT.

« Ma femme et Paul vous embrassent ainsi que ma sœur et Angélique. »

Verneuil ce 1er septembre 1853.

Mes parents s'étaient mariés à Grandrieux, dans le département de l'Aisne, un vendredi-treize, en 1849, et mon oncle et ma tante Brunet avaient dû, je crois, se marier environ deux ans plus tard, l'année de ma naissance. J'étais donc à cette date, âgé de deux ans et demi.

Mon oncle Célestin Brunet était alors attaché à l'inspection générale des prisons, avec des camarades et des collègues qui devaient, pour la plupart, faire leur chemin dans le monde : Constant Lefébure, qui devait devenir l'éminent directeur de Sainte-Pélagie et jouer un rôle pendant les deux sièges, comme directeur de la prison de la Santé. Les communards voulurent alors le fusiller et il n'échappa à la mort que grâce à la reconnaissance de l'un d'eux ; Réty qui est mort rédacteur au *Figaro ;* Poignet qui est mort chef de bureau d'une mairie de Paris ; un neveu du général Fleury, mort jeune et qui, je crois, s'appelait Wolff ; Léopold Guillois qui prit sa retraite comme chef de bureau à la préfecture de police, etc., etc., tous morts aujourd'hui, hélas, tant passent vite les générations !

Ceci dit, voici la seconde lettre de mon père, également adressée à mon oncle Célestin Brunet, un an après qu'il avait

(1) Où allèrent habiter mes grands parents, à Saint-Germain-en-Laye.

été nommé juge de paix à Montfort-sur-Risle, dans le département de l'Eure :

« Mon cher frère,

« Nous participons au chagrin que vient de vous causer la perte de votre mère. C'est là le vilain côté de la vie ; on n'arrive pas à se l'avouer, mais la réalité vient, terrible, nous réveiller, et il faut bien nous résigner, et puis le temps qui est le meilleur des philosophes, nous console d'abord par l'espérance et puis, petit à petit, par le temps lui-même.

« On n'oublie pas, mais enfin, sans savoir comment, la douleur disparaît et laisse en nous un sentiment mélancolique qui n'est même pas sans charme, ni sans attendrissement, quand nous venons à reporter notre pensée sur les personnes qui nous ont aimés.

« Toute la famille vous embrasse et moi je vous serre la main. Nous embrassons tous Francine. Compliments à Angélique. Rassurez-la sur nos coqueluches — dites-lui que le cidre n'y est pour rien — ici tout le monde doit avoir la coqueluche une fois dans sa vie — car on ne l'a jamais deux. Cela tient au pays froid et humide — la coqueluche n'étant qu'une névrose des voies respiratoires, sans danger, mais très douloureuse et très désagréable, durant de six semaines à six mois. Blanche va beaucoup mieux et elle est dans la phase décroissante, mais Paul est en plein dans le fort. Nos enfants ont gagné cette maladie des petits Léthorey (1) qui l'ont depuis deux mois. Mon procureur impérial est aussi

(1) Léthorey était notaire, adjoint au maire, suppléant du juge de paix, de mon père, et capitaine des pompiers de Montfort-sur-Risle.

affecté dans ce moment (1) ; j'ai eu peur un instant de la gagner, mais je n'y pense plus trop maintenant.

« Tout à vous,

« Th. VIBERT. »

Montfort, 10 janvier 1868.

Enfin voici la lettre, sous forme de sonnet, que mon père adressait à sa sœur aînée, alors qu'il était juge de paix à Mer, dans le département de Loir-et-Cher, moins de cinq ans avant sa mort :

Le 10 octobre 1880

A Mademoiselle Angélique Vibert

Quand l'arbre accablé d'ans, par la foudre est fendu,
Que son front dégarni, par le vent de l'orage,
Près d'un siècle a bravé les hivers et leur rage,
Il penche sur le sol son crâne tout tordu !

La terre qui nourrit, dans les airs suspendu,
Plein de nids gazouillants, son éternel ombrage,
Embrasse avec amour ce vaillant d'un autre âge,
Ce vieux tronc desséché par la douleur mordu !

C'est ainsi qu'est fait l'homme, au déclin de la vie,
Il aime à ressaisir les jours de son berceau,
Que les malheurs du temps dorent d'un gai pinceau.

Et moi, quand l'autre soir, l'âme toute ravie,
Je me pressais à table, auprès de toi, ma sœur,
Mon enfance disait un chant plein de douceur !

22 octobre 1880. Th. VIBERT.

Ainsi tout jeune encore, à cinquante-cinq ans, mais se sentant atteint d'une maladie de cœur qui devait l'empor-

(1) J'ai retrouvé ce procureur, dont le nom m'échappe en ce moment, député au lendemain de la guerre, à Paris, mais sans éclat et pendant peu de temps, si j'ai bonne mémoire.

ter en cinq minutes, le 14 avril 1885, avant même ses soixante ans révolus, mon père avait comme la prescience de sa fin prématurée et c'est ce qui explique le sentiment de douloureuse et touchante résignation de ce beau sonnet, Là on sent que le poète est doublé d'un philosophe.

On a dit avec raison que la vieillesse n'est terrifiante que pour celui qui n'en sait pas goûter la douceur résignée et pour cause ; n'est-ce pas Ernest Renan qui a écrit si finement quelque part :

« Age charmant que celui de l'Ecclésiaste, le plus propre à la sereine gaîté où l'on commence à voir, après une journée laborieuse, que tout est vanité, mais aussi qu'une foule de choses vaines sont dignes d'être longuement savourées. »

Combien vrai.

C'est Alphonse de Lamartine qui a tracé ces jolis vers, tout à la fois si poétiques et si profonds :

Le livre de la vie est le livre suprême
Qu'on ne peut à son gré lire plus d'une fois,
On voudrait revenir à la page où l'on aime,
Et la page où l'on meurt est déjà sous nos doigts !

Combien cette idée est plus aimablement formulée que par Alfred de Musset qui s'écriait un jour, dans un accès de désespérance maladive :

Le néant ! Le néant ! vois-tu son ombre immense
Qui ronge le soleil sur son axe enflammé ?
L'ombre gagne et s'étend... l'éternité commence !

C'est la fable éternellement jeune du phénix : le néant n'existe pas pour l'homme de bien qui a conscience d'avoir accompli son œuvre le mieux possible durant son passage sur la terre et qui se couche dans la mort, certain d'avoir servi son pays, d'avoir été utile à ses contemporains autant qu'il l'a pu et de laisser le souvenir de sa mémoire dans le cœur de ceux qu'il a aimés, qui l'ont aimé, aussi bien que dans le cœur des générations futures qui le liront toujours.

Ne sera-ce pas le cas de Théodore Vibert dont l'œuvre est assurée de vivre autant que l'on parlera et comprendra le français sur la terre.

Mon père est mort à cinquante-neuf ans, le 14 avril 1885 et me voici aujourd'hui moi-même dans ma soixante-troisième année.

Si dans un beau mouvement oratoire et poétique, Victor Hugo a dit dans ses *Chants du crépuscule* :

> Pas d'outrage au vieillard qui s'exile à pas lents,
> C'est une piété d'épargner les ruines,
> Je n'enfoncerai pas la couronne d'épines,
> Que la main du malheur met sur ses cheveux blancs.

Je suis de ceux qui supportent la vie avec philosophie et la vieillesse sans terreur, puisqu'il n'y a pas moyen d'éviter l'inévitable ; mais cependant je dois dire qu'il y a toutes sortes de manières d'être philosophe et j'avoue humblement que je ne saurais l'être à la manière un peu brutale et sceptique de ce brave de Pasquière qui avait fait transcrire sur son tombeau l'épitaphe suivante :

> Ci-gît le seigneur de Pasquière,
> Qui, philosophe à sa manière,
> Donnait à l'oubli le passé,
> Le présent à l'indifférence,
> Et pour vivre débarrassé,
> L'avenir à la Providence.

Plus j'approche du terme final — pourquoi fatal? — et plus je revis avec une joie mélancolique, avec les souvenirs du passé, le souvenir surtout de ceux qui m'étaient chers. Ce n'est pas à un homme qui a comme moi, quarante et des années d'ardentes, incessantes, quotidiennes batailles derrière lui pour défendre et faire triompher ses idées que l'on pourra jamais faire croire seulement à la possibilité de l'indifférence ! L'indifférence? ce n'est point une forme de la philosophie, mais bien seulement une manière de mort anticipée et, pour mon compte, cela ne me touche point du tout !

Quant à l'avenir, je lui lègue avec confiance l'œuvre énorme de mon père et ce que j'ai fait moi-même, au cours d'une existence laborieuse qui, du moins, n'a jamais eu que ses convictions et l'amour de son pays pour guide et si la lecture de nos œuvres pouvait encore faire quelque bien aux jeunesses futures, nous n'aurons pas perdu notre vie et cette espérance doit suffire à l'ambition d'un écrivain...

Oui, certes, au fur et à mesure que l'on avance dans la vie, que l'on vieillit, en un mot, on sent combien l'on vit de plus en plus dans le passé, combien l'on est de plus en plus ressaisi par ses souvenirs. Pour le journaliste, le polémiste, l'économiste, le sociologue, pour l'écrivain qui reste toujours sur la brèche, cela s'explique, en dehors de toute sentimentalité maladive, car n'est-ce pas encore pour nous le meilleur instrument de comparaison et comme la mise en œuvre de son expérience personnelle ?

C'est à peu près ce que disait M. Joseph Méton, un jeune poète paraît-il, dans le sonnet suivant qu'il a intitulé *L'Ancêtre* :

Mais que le front est lourd de ce qui fut pensé
Par tous les disparus obstinés à revivre !
Ils infiltrent en moi, par le sang, par le livre,
Le cauchemar vital toujours recommencé.

L'impérieux passé s'installe en nous pour vivre,
Et quand nous le montons le cheval est lancé !
Par d'antiques couleurs mon sort est nuancé,
C'est toujours en troupeaux qu'à la vie on nous livre !

Notre cerveau contient les êtres d'autrefois,
Ils sont en nous avec leurs actes et leurs fois,
Et leur destin défunt au nôtre s'enchevêtre !

Or, pour nous consoler dans les magiques nuits,
Sur des espoirs divins nous couchons nos ennuis,
Nous rêvons vaguement d'avoir Dieu pour ancêtre.

Ce phénomène au point de vue purement intellectuel, s'était produit pendant des années pour mon père, lorsqu'il préparait les matériaux pour son épopée nationale et plus tard enfin passait à l'exécution, de 1856 à 1860, en écrivant *Les Girondins*. Il vivait littéralement pendant notre grande révolution et revivait cette grandiose, tragique et sublime époque. Et j'ajouterai que, jusqu'à un certain point ma mère et moi, avons aussi vécu pendant des années, par l'imagination, au milieu des héros de la révolution qui, pour nous, étaient devenus pour la plupart, des amis familiers de chaque jour !

Mais cela n'empêchait pas mon père, surtout sur la fin de sa trop courte existence, à Mer, dans le Loir-et-Cher, de vivre très modestement, pris entre ses devoirs de juge de paix, ses travaux historiques, — il terminait *la race chamitique,* encore inédite, et ses affections de famille et il aimait à me dire ces vers si tendres de Jacques Delille :

Heureux qui dans le sein de ses dieux domestiques
Se dérobe au fracas des tempêtes publiques,
Et, dans un doux abri, trompant tous les regards
Cultive ses jardins, les vertus et les arts !

J'ai dit ailleurs comment mon père, à diverses reprises, avait refusé de transiger avec sa conscience, soit pour écrire dans la presse, soit pour plaider sous certaines conditions ; comme à Chateaubriand, à qui l'on reprochait d'avoir touché de l'argent par l'intermédiaire de Savary, sur la cassette impériale — ce qui n'est pas prouvé — on ne pourra jamais faire un semblable reproche à Théodore Vibert.

Napoléon aurait dit d'après Mme de Rémusat : « Mon embarras n'est point d'acheter M. de Chateaubriand, mais de le payer ce qu'il s'estime » (Rémusat, *Mémoires*, II, 391).

Pour ne pas mourir de faim tout à fait, mon père est mort, modeste juge de paix, et il n'avait jamais accepté les présents d'Artaxerxès, de quelque côté qu'ils vinssent.

Il cultivait avec soin ses amis et rien ne lui était plus sensible qu'une séparation brusque imposée par les nécessités et les hasards de la vie et, à ce propos, je veux citer un joli sonnet que je retrouve dans mes papiers :

A Monsieur le Commandant Michau
Officier de la Légion d'honneur

et à Madame Michau

Vous regrettez Sézanne et sa noire Superbe,
Ce fleuve d'une toise, ennemi des poissons ;
Dont les fertiles bords offrent d'amples moissons
De ronces desséchées, ou bien d'insipide herbe !

Pourquoi ?... la fleur au champ n'embaume pas la gerbe.
En vain, fille d'amour, la terre dit : Croissons !
Tout s'éteint : plante et fruit. La vigne et ses boissons
N'échauffent notre sang que d'un esprit acerbe !

Délicieuse perle, au sein d'un vil métal,
Enchassée un matin par un joailler brutal,
La cité meurt de honte en sa campagne vide !

Madame, ce n'est pas, vous le redire est doux,
Ce bijou que je pleure et son écrin livide ;
Ce sont deux cœurs aimants, je le jure, c'est vous !

Théodore VIBERT.

Du reste j'ai eu souvent l'occasion de l'écrire, mon père a

beaucoup souffert toute sa vie de cette sensibilité exquise, souvent dépaysée dans notre monde moderne.

Me voici arrivé au terme de cette préface qui m'a forcé à remuer tant de souvenirs charmants et trop souvent douloureux pour moi ; j'espère, du moins qu'elle aura donné, à ceux qui ne les connaissent pas encore, le désir de lire *Les Girondins,* la grande Epopée Nationale de Théodore Vibert, de mon cher père, dont je vénère la mémoire, tout à la fois comme un fils chéri, comme un élève respectueux et comme un disciple reconnaissant.

Jules Janin, un confrère et un contemporain, un peu plus âgé, de mon père qui avait infiniment d'estime pour son caractère et son talent, possédait, comme l'on sait, un grand respect et un grand amour des livres et c'est lui qui a écrit quelque part ce quatrain justement célèbre :

Pour peu qu'il soit tenu loin du chaud et du frais,
Qu'on y porte une main blanche et respectueuse,
Que le lecteur soit calme et la lectrice heureuse,
Un livre est un ami qui ne change jamais !

C'est le vœu que je forme, chère lectrice, lorsque vous aurez en mains *Les Girondins*, l'émouvante épopée de notre grande Révolution.

Un jour, en arrivant du fond de sa province à Paris Pierre Dupont, pour forcer la porte de Victor Hugo, déposa ces jolis vers chez sa concierge :

Si tu voyais une hirondelle
Un jour d'hiver, te supplier,
A la vitre battre de l'aile,
Demander place à ton foyer ;

Si tu voyais une anémone,
Languissante et près de mourir,
Te demander, comme une aumône,
Une goutte d'eau pour fleurir ;

L'hirondelle aurait sa retraite,
L'anémone, sa goutte d'eau..
Que ne suis-je, pauvre poète,
Ou l'humble fleur, ou l'humble oiseau !

Faites de même, aimables lectrices ; imitez le grand poète et accordez une petite place à cet humble volume, auprès, tout près de votre cœur, en souvenir de mon père...

Paul VIBERT.

Conférence de M. Olivier de Gourcuff

Le 16 avril 1911, mon excellent confrère et ami, M. Olivier de Gourcuff, président du *Souvenir Littéraire Français*, chef de service au Syndicat central des agriculteurs de France, m'adressait sa conférence, avec le mot suivant :

« Cher confrère et ami, j'ai pu enfin, profitant de quelques heures de répit, mettre au net ma conférence du 16 décembre. C'était presque une improvisation. Mais c'est, je crois, à peu près ce que j'ai dit. Malheureusement, mon petit garçon a renversé un verre d'encre sur les feuillets que je n'ai pas le temps de transcrire.

« Excusez-moi et croyez-moi tout à vous.

« Olivier de Gourcuff.

« Je vous adresserai mardi le *Bulletin du Syndicat central* du 15 août où j'ai parlé de votre *Italie*. »

Voici la conférence de M. de Gourcuff :

« Mesdames, Messieurs,

« Si les choses se passaient dans l'ordre, Paul Vibert devrait présider la séance d'ouverture du cinquantenaire des *Girondins* de son père et donner la parole au conférencier. Mais notre ami est en proie à une profonde douleur ; il vient de perdre une parente chérie, une sœur de sa femme et qui vivait dans son intimité. Il a fait violence à son chagrin pour venir ici ; mais seule sa piété filiale a pu le décider à venir. Car Vibert est un fils admirable ; il a voué le meilleur d'une vie consacrée à la défense de ses idées politiques et sociales, à la mémoire de ce père si digne d'affection et d'admiration.

« Il n'a pas voulu que le cinquantième anniversaire de la publication de l'œuvre maîtresse de Théodore Vibert passât inaperçu. « On a fait le cinquantenaire de la *Légende des siècles,* s'est-il dit, je ferai le cinquantenaire des *Girondins,* la seule épopée républicaine et une des rares épopées nationales que la France possède ». Y a-t-il réussi ? Votre présence prouve au moins qu'il n'y a pas échoué.

« Mais en dehors de ce deuil récent qui aurait pu faire naufrager au port le navire portant les nobles rêves de notre ami, que d'obstacles se sont dressés sur la route, paralysant les efforts, retardant les initiatives et les réalisations ! Quelques-uns de ces obstacles sont nés de l'indifférence ou de l'insouciance des puissants du jour. Paul Vibert les a rappelés dans la préface, spirituelle et mordante, qu'il a mise en tête de la belle réimpression des *Girondins*. Insistons sur le mérite de cette édition nouvelle, définitive, qui sans faire rentrer dans l'ombre les éditions anciennes chères aux bibliophiles, donne à l'œuvre du poète l'aspect, la forme sous lesquels la retrouveront les lecteurs de l'avenir. La préface du fils succédant à l'immuable préface du père, quelques notes et variantes, des lettres et fragments d'articles signés de noms connus et attestant la valeur du poème, composent une partie critique d'une mesure parfaite.

« Je reviens aux obstacles qui, depuis six mois environ, depuis que Paul Vibert est venu me faire part de son projet, se sont accumulés et auraient brisé bien des courages. On nous a fait de belles promesses qui n'ont guère été tenues; la presse nous a prêté quelque appui, mais le public intelligent, lettré, que nous avons eu peut-être le tort de ne pas pressentir plus directement, s'est désintéressé d'une entreprise qui méritait un meilleur sort. Nous avons constaté, avec tristesse, que les Français d'aujourd'hui ne vibraient guère à la sublime évocation des Français d'autrefois. « C'est loin les Girondins », nous disait-on avec froideur. Vous ne l'avez pas jugé ainsi, mesdames et messieurs. Ce nous est un réconfort de vous remercier ; grâce à vous, il demeurera une trace de ce que nous avons voulu faire. N'eussions-nous qu'esquissé le geste, le geste aura existé. Par l'étude d'un épisode de ce poème de dix mille vers, je vais essayer de vous montrer que votre attention est pleinement justifiée.

« Lorsque Paul Vibert m'a fait l'honneur de me demander l'une des conférences du cinquantenaire, je n'ai pas hésité quant au choix du sujet ; je lui ai demandé de parler de Charlotte Corday, qui fut l'âme et le cœur de la Gironde dans l'histoire, dans la poésie et dans l'œuvre de son père.

« Dirai-je que ce choix était dicté par des raisons personnelles ? Dans les dernières années de l'empire, la ville de Nantes, que j'habitais alors, organisa une Exposition des Beaux-Arts. J'étais tout enfant, mais je garderai à jamais l'impression que fit sur mon esprit de collégien la *Charlotte Corday* du grand peintre Baudry, peinte de la veille, exposée là après le Salon de cette même année, pour la première fois. Je restai à bien des reprises en contemplation admirative devant cette superbe figure de femme qui me rappelait les Romaines de Corneille, et je n'étais pas le seul à éprouver cette admiration qu'une brave paysanne traduisit, à côté de moi, par ce mot naïf : « Elle avait de l'audace, cette femme-là ».

« Et le mot m'est revenu aux oreilles, à l'esprit, quand devenu homme, devenu écrivain, j'ai essayé de comprendre et d'expliquer à mon tour, avec une fidélité respectueuse à mes souvenirs d'enfance, la personne et le geste de Charlotte Corday. Pour en finir avec moi-même, il me sera permis de rappeler que j'ai fait représenter à l'Odéon, voici bientôt quinze ans, un *Rêve de Corneille* où je montrais le génie du Créateur de notre théâtre armant le bras de son héroïque petite nièce — et dans une mairie de banlieue, au cours d'une fête des Hugophiles, *Une Lecture de Corneille,* épisode d'histoire révolutionnaire, nouvel hommage à Corneille et à celle que Lamartine a baptisée « l'ange de l'assassinat ». Les noms de mes deux Charlotte, Mlle Rose Syma, Mlle Valérie Havard méritent d'être associés aux pièces qu'elles interprétèrent brillamment.

« Avant Théodore Vibert, auquel j'ai hâte d'arriver, Charlotte Corday avait eu son cortège de poètes et d'artistes. Si David, ami de Marat, la chassa de ce tableau admirable et froid qui n'a voulu être qu'une apothéose artistique de l'Ami du Peuple mort, elle est l'âme du tableau de Baudry, une des perles du musée de Nantes et d'une autre émouvante composition consacrée au même drame par un peintre que nous espérions voir aujourd'hui parmi nous, M. Jules Aviat. Elle anime de sa présence des scènes moins tragiques dues au pinceau de M. Tony Robert Fleury, de M. Girardet. Elle a surtout inspiré les poètes. Le premier de tous, par la date et le génie, était son contemporain, André Chénier, qui a écrit en son honneur quelques-uns de ses plus beaux vers, des vers où l'éloquente admiration pour la patriote, la républicaine, la sœur d'Harmodius et d'Aristogiton, voile, peut-être, l'expression d'un sentiment plus tendre pour la jeunesse et la beauté. Vous me permettrez de lire ces vers ; notre poésie n'en compte pas de plus nobles et de plus touchants. »

(Le conférencier lit les vers d'André Chénier que soulignent des applaudissements).

« Je tais plusieurs mélodrames écrits pour ou contre Charlotte Corday pendant un demi-siècle, pour arriver à un poème analogue, aux beaux vers de Mme Louise Colet et à la tragédie de Ponsard, qu'une coïncidence heureuse fit représenter en 1848, comme si le poète, à cette heure solennelle, eût voulu à la fois flétrir la Terreur et exalter la République dans le portrait d'une républicaine idéale. C'est bien ce qu'a fait le grave et doux Ponsard dans une œuvre qui ne devrait jamais quitter le répertoire et dont chaque reprise à la Comédie-Française, renouvelle le succès. Les morceaux de *Charlotte Corday* sont classiques ; on cite souvent la scène des triumvirs (Danton, Robespierre, Marat) ou la rencontre de Charlotte et des Girondins sur la route de Caen. Un des monologues de l'héroïne me semble plus caractéristique encore. »

(Le conférencier lit le monologue qui termine l'acte III de la *Charlotte Corday* de Ponsard).

« Ponsard n'a pas été le dernier en date des poètes de Charlotte Corday. Je pourrai citer un sobre et puissant drame lyrique d'Armand Silvestre, avec musique d'Alexandre Georges. Plus récemment encore, M. Darmont a écrit, sous l'influence de Ponsard, mais avec des pensées et des expressions qui lui sont propres, une scène qu'une jeune artiste de talent, bien connue pour son dévouement désintéressé à la cause des lettres, Mlle Marguerite de Kerven, va interpréter devant vous. »

(Le conférencier donne la parole à Mlle de Kerven qui

déclame dramatiquement et fait applaudir la scène de M. Darmont).

« J'ai hâte d'arriver, mesdames et messieurs, au poème de Théodore Vibert. Mais comme l'auteur des *Girondins* ne prend l'héroïne qu'à son départ de Caen pour Paris, il me faut, pour l'intelligence même du texte, vous dire encore quelques mots de Charlotte Corday avant ce départ.

« Marie-Anne-Charlotte de Corday d'Armont naquit dans un village du pays normand, à Saint-Saturnin, d'une famille noble, pauvre et nombreuse, appartenant à celle du grand Corneille. On l'envoya achever son éducation à Caen chez une vieille cousine, Mlle de Pretteville, qui habitait le Grand Manoir. Là elle dévora les écrits des philosophes, de Rousseau surtout et se fit un idéal de vertu stoïque, de morale indépendante. La Révolution naissante n'eut pas de plus fervente adepte ; républicaine elle le devint à ce point que, dans un repas familial, elle refusa de lever son verre au roi captif du peuple. Avec cela intelligente à miracle et d'une beauté blonde que tous ses contemporains ont célébrée à l'envi. « On n'était pas jolie femme, au XVIIIe siècle, sans un brin de coquetterie et la vertueuse Charlotte devait être sublimement coquette, quand elle se coiffa pour aller chez Marat, quand elle demanda avant de mourir qu'on fit son portrait ». Je n'ai pas le courage de le lui reprocher ; pour moi ces traits la complètent. Mais je n'anticipe pas sur les événements ; j'arrive au moment où sa vocation se prononce, où Théodore Vibert voyant en elle l'incarnation de la Gironde, la prend pour héroïne du sixième chant de son poème.

« Buzot, Guadet, Barbaroux et Louvet arrivèrent à Caen au commencement de juin 1793, dans le but de soulever la Normandie et d'entraîner vers Paris, pour anéantir la Terreur, la petite armée confédérée que commandait Wimpfen.

Dans les clubs, Charlotte entendit le beau Barbaroux, frémissant d'indignation, prononcer des discours comme celui que Vibert a écrit sous la double influence de son génie intérieur et de la rhétorique enfiévrée de l'époque :

Laisserons-nous régner ces noirs comédiens,
Ces barons de la mort qui trônent sur des tombes,
Et qui font de Paris de vastes catacombes ?
Voyez-les l'œil en feu, les regards affamés !
Que veulent-ils ? du sang ; seront-ils désarmés ?
Non pas ! du sang ! du sang ! encore du sang, vous dis-je ?
Ils nous dévoreront jusqu'au dernier vestige.
Ils aiguisent leurs dents pour engloutir leurs fils,
Quand du peuple, rongé, manqueront les débris.
Cent mille fronts déjà roulant dans la poussière
Ont à peine alléché leur flamme carnassière.
Marat, cet homme-tigre, est leur infâme roi.
Du palais de la mort sa plume est le beffroi.
Du fond de son journal ses foudres mugissantes
Ecrasent chaque jour mille âmes innocentes.
Quand le monstre est gorgé par les meilleurs morceaux,
Il jette à ses valets les restes en lambeaux.
Longtemps sa faim horrible avait sur la noblesse
Assouvi ses ardeurs, obtenu son ivresse,
Mais un jour à ses vœux les cadavres manquant,
Dans la Convention sur chaque front marquant,
Sa hache burina le mot de boucherie
Que les siens ont traduit par le mot de patrie.
Duchâtel, Le Hardy Carra, Viger, Brissot,
Beauvais, Duprat, Genlis, Gardien, Boyer, Vergniaud
Et bien d'autres encor, déplorable hécatombe,
Attendent frémissants que s'entr'ouvre leur tombe.
Citoyens, levez-vous ! Arrachant à la mort.
Tous nos concitoyens, secondez notre effort !...

« Je tenais à citer entièrement ce morceau oratoire. Il prouve avec quelle conscience, quelle conviction aussi Théodore Vibert s'était imprégné de l'esprit révolutionnaire. Des harangues de ce genre, on en trouve dans le *Moniteur*, tombées de la bouche de ces hommes qui jouaient la tragédie au naturel et parlaient la langue de la tragédie romaine de Corneille et de Voltaire. Le poète anglais Coleridge, auteur d'une *Mort de Robespierre* écrite au lendemain du 9 thermidor, est le seul avec Vibert qui ait osé faire parler ses personnages comme ils ont parlé dans l'histoire. Ce morceau des *Girondins* nous intéresse à un autre titre ; il nous donne dans un dénombrement homérique les noms de quelques-uns de ces Girondins de second plan, dont le grand peintre David a fixé les traits expressifs, dans ces puissants dessins à la plume que notre ami M. Paul Eudel, présent à cette réunion, a bien voulu détacher de sa collection pour les exposer ici.

« Un tel discours enflamme l'âme ardente de Charlotte Corday, qui se voit déjà frappant « l'homme-tigre » qui réplique par ces simples mots :

> Pour délivrer la France il suffit d'une femme
> Il ne faut qu'une main...

« Et le poète de lui faire écho :

> Sa bouche est frémissante et lorsqu'elle s'est tue
> On écoute toujours vibrer sa voix émue...

« Barbaroux (c'est de l'histoire), Barbaroux la regarde avec admiration.

« Il a tremblé pour elle, il lui dit :

> ...Insensée,
> Que l'heure de ta mort ne soit pas devancée.
> Conserve à tes amis... — Ne pleure pas sur moi ;
> Il est beau de mourir quand on meurt pour sa foi.
> Je ne tremblerai pas, fille du grand Corneille,
> Aux récits des hauts faits mon âme se réveille.
> Quand mon front tombera sanglant sur l'échafaud,
> Vous pourrez applaudir, j'aurai sauvé Vergniaud,
> J'aurai sauvé la France et dans l'ignominie
> J'aurai plongé Marat, cet infernal génie !...

« Toutes considérations seront impuissantes à détourner Charlotte de son but. « Morte la bête, mort le venin », se dit-elle ; tuer Marat, en qui se personnifie la Terreur, n'est pas un meurtre, c'est un acte de vertu civique et qui sauvera la France. Le poème la montre s'échappant de Caen (sans rappeler, et nous pouvons le regretter, sa sublime lettre d'adieux à son père), arrivant à Paris et visitant de sa propre initiative le conventionnel normand Duperret, demi-Montagnard, demi-Girondin, qui lui donna (ici la fable se mêle à l'histoire) l'adresse de Nicole, le Girondin idéal sorti tout armé de l'imagination de Vibert. Entrevue de Nicole et de Charlotte avec de très beaux vers comme ceux-ci mis dans la bouche de « la citoyenne de Caen » :

...Pour dompter la tempête,
Doit on hésiter dans le choix des moyens ?
Non il faut avant tout sauver les citoyens !
Nicole vous tremblez. Eh bien ! je saurai seule
Arracher le pays à la sanglante meule ;
Je saurai vous sauver même en dépit de vous,
Et faire palpiter le monstre sous mes coups.
Et si mon action est noble ou criminelle,
Ceignez mon front de honte ou de gloire éternelle...

« Sur ces mots, elle fuit, mille éclairs dans les yeux. Elle fuit, et elle entre chez Marat.

« Elle aurait voulu accomplir son acte en plein Champ de Mars, devant le peuple assemblé ; mais l'*Ami du peuple* ne sort plus. Il se terre, en bête malade, dans sa maison de la rue de l'Ecole de Médecine. C'est là seulement qu'on peut le voir, en usant d'artifices. Elle est entrée chez Marat.

« Ici se place une scène capitale du poème de Vibert, scène dramatique, réaliste aussi, et que je m'en voudrais de ne pas citer entière car elle fait honneur à la main qui l'a écrite, au cerveau qui l'a imaginée.

Marat, depuis un mois accablé de souffrance,
Promettait avant peu de délivrer la France ;
Ce n'était plus le tigre aux regards affamés
Qui rongent chaque jour mille fronts renommés.
L'œil morne maintenant, la lèvre pantelante,
Sa tête à se mouvoir était et lourde et lente.
Aux cris de sa douleur tout son corps frémissait,
Le sang qu'il avait bu sans cesse l'étouffait
Et les feux du remords embrasaient sa poitrine,
En vain il reniait la justice divine,
La douleur en grinçant l'attestait dans son sein ;
Les flammes de la honte éclairaient son destin,
Et le jour et la nuit la justice éternelle
Ecrasait de son pied sa tête criminelle.
Il demandait en vain à la fraîcheur des eaux
Quelques moments d'oubli pour ses chairs en lambeaux.
Mais les eaux s'embrasaient ; leurs ardeurs vengeresses
Prodiguaient à ses flancs d'infernales caresses.
Dans son esprit en feu le flambeau du remords
Sur l'onde miroitait tout un peuple de morts.
L'eau, qui jadis lava les ulcères du monde
Demeurait sans vertu sur cette tête immonde !
— Quoi ! disait le tyran, les verrai-je toujours,
Ces fantômes cruels, empoisonner mes jours ?
Fuyez, fuyez au loin ! Ah ! c'est pour la patrie
Qu'un jour je fis mugir ma sincère furie.
— Non pas, monstre, non pas ! s'écriait dans son sein
Une voix qui grondait comme un glas de tocsin.
Cent mille fronts broyés répondaient en cadence :
— Non pas ! monstre, non pas ! Qu'as-tu fait de la France ?
— Non, reprenait la voix, c'est par ambition
Que tu t'es abattu sur cette nation.
Tu voulais te former un trône par tes crimes,
Et qui dominât tout sur cent mille victimes,
Gémis donc à ton tour, et le chœur reprenait :
— Expie ! expie, infâme ! un immense forfait.
Et le chœur décharné, martelant sa poitrine,
A ce tigre attestait la justice divine !
— C'est affreux, c'est affreux ! vienne, ô vienne la mort
Qui me délivre enfin de mon funeste sort !
— Mais, reprenait le chœur, nous poursuivrons ton âme
Maudite après ta mort d'une éternelle flamme.

— L'âme, murmurait-il, l'âme, je n'y crois pas.
Ah ! que je meure enfin et je nargue vos pas !
Et la voix répondait : — Tu ne crois pas, impie ?
Vois ces fronts dépecés par des mains de harpie !
Ils sont bien morts, pourtant, et vois-les sur mon sein,
Comme de la justice, ils sonnent le toscin !
Et le chœur reprenait sur ses flancs qu'il martèle :
— Viens danser avec nous une ronde éternelle.
Le tigre, vainement, protégeait de ses doigts
Des yeux habitués à triompher des lois...

« Je n'ai rien retranché. En ces cinquante vers d'une rare puissance, Marat, peint par Vibert, nous fait penser à tel personnage de Shakespeare, criminel devenu la proie des remords, à Macbeth, plus encore, à Richard III que poursuit, la veille de la bataille de Bosworth, le chœur de ses victimes avec ce sinistre refrain : Désespère et meurs !

« L'action suit son cours, moins émouvante — il faut l'avouer — dans la poésie que dans l'histoire. Fidèle narrateur, Vibert a reproduit jusqu'au texte du billet de Charlotte à Marat ; mais le poète reprend ses droits quand il décrit l'arrestation :

...Les bras de l'héroïne
Sont par un chanvre vil cloués à sa poitrine.
La vierge, l'air hautain, le regard assuré,
Fait baisser plus d'un front sous son œil acéré,
Et la foule croit voir tant son âme est troublée,
Un brillant messager de la voûte étoilée ..

« Si Théodore Vibert a glissé sur le dernier acte du drame, sur la scène de l'échafaud, ne montrant que sous un fugitif éclair le « beau front livré à l'acier montagnard », nul ne lui refusera, pour tant de beaux vers et de nobles pensées, une des premières places parmi les poètes de Charlotte Corday.

« J'ai terminé, mesdames et messieurs, et m'excuse

d'avoir longtemps retenu votre attention. Mais, comme le disait Charlotte d'elle-même, la cause était belle et c'était pour moi un devoir très doux d'essayer de vous familiariser avec l'un des chants de la plus nationale de nos épopées. Très digne de son père, Paul Vibert nous permettra de le féliciter encore de sa piété filiale qui est le trait essentiel de son excellent cœur. »

Conférence de M. Albert Maréchaux

Voici la conférence de mon ami Albert Maréchaux, telle qu'il l'a résumée lui-même, après l'avoir faite, quelques jours plus tard, dans le *Journal de Seine-et-Oise,* le 24 décembre 1910.

« Mesdames, Messieurs,

« Je devais faire cette conférence il y a huit jours. Vous savez par quel événement douloureux, nous avons été contraints de la remettre. Aussi mes premières paroles seront-elles pour exprimer à mon pauvre ami Paul Vibert ma profonde et affectueuse sympathie pour le deuil immense qui est venu assombrir pour longtemps son foyer. Et, en disant cela, ma pensée va à la noble et vaillante compagne de sa vie que j'associe à lui dans mes sentiments de profonde affection.

« J'ai déjà eu l'occasion de rendre hommage aux qualités multiples de Vibert. Il en est une — une très grande — qui a toujours fait mon admiration : c'est la place qu'il a faite, dans son cœur, dans ses écrits et dans toute sa vie, à la mémoire vénérée de son père, c'est son respect filial. Je connais peu d'hommes sachant s'effacer comme lui devant leur père et reportant à celui-ci leurs propres mérites.

« Son père est un culte pour lui : son père a dit ceci ; son père a écrit cela ; son père pensait ainsi, si bien qu'il semble vivre, écrire et penser pour faire revivre son père, le lire et l'écouter.

« Lisez ces articles où il évoque avec tant de bonheur et d'exactitude les souvenirs de son enfance et de ses débuts littéraires, où il parle de sa jeunesse et de son berceau et vous y verrez son père à la place d'honneur.

« Les hommes que fréquentait son père, les familiers de Verneuil sont restés dans sa mémoire comme des hommes remarquables et je le soupçonne de rappeler leur souvenir pour avoir l'occasion de parler de son père.

« Vibert ne signe pas un livre sans ajouter à son prénom celui de son père.

« Il fallait donc s'attendre à voir un jour ce bon ami dresser à son père un autel et y célébrer son culte.

« Admirable et sainte dévotion !

« Au surplus les matériaux ne lui ont pas manqué, Théodore Vibert a laissé de nombreux ouvrages où, bien certainement, Paul Vibert a puisé ses premières impressions. Mais, parmi ces ouvrages, il en est un qui brille d'un éclat spécial, tant par l'importance du sujet que par la facture : je veux parler de son grand poème national en douze chants, *les Girondins,* qui représente, je crois, dix mille vers.

« Cette œuvre est un monument, et l'on s'étonne que la France, si fière des œuvres de ses fils, n'ait pas fait à celle-ci la place qu'elle mérite, ni à son auteur celle à laquelle il a droit.

« Dans la préface que Vibert a écrite sur l'édition du cinquantenaire des *Girondins,* il raconte avec une certaine amertume et une ironie cinglante les démarches qu'il a faites auprès des pouvoirs publics et de la grande presse, pour les associer à l'hommage légitime qu'il voulait faire rendre à son père, et auquel il avait le droit d'espérer voir le Gouvernement s'associer.

« — Bah ! il a écrit l'histoire des Girondins ? le beau mérite ! En vers ? Et après ? Qu'est-ce pour un poète ! Que de gens l'auraient écrite s'ils en avaient eu le temps ! et en vers, s'ils l'avaient pu !

« Il a mis en relief les hommes de la Révolution française ; il a conté par le menu et dans un style admirable cette fiévreuse époque, et ce, avec un tel bonheur de figures, une telle vigueur de plume et une telle sincérité scrupuleuse, que cette époque semble avoir été vécue par l'auteur au milieu de ses sujets. Mais où est le mérite, puisqu'il a pu le faire ? Ah ! si nous lui devions de nous avoir fait connaître des hommes que, sans lui, nous aurions toujours ignorés, très bien ! Mais depuis cent ans on ne parle que de ces hommes ! Alors ? Et puis nous n'avons pas d'argent et nous n'avons pas le temps !

« Vibert a souffert de cette indifférence, non pour la mémoire de son père qu'un discours officiel ne saurait grandir ni consacrer, car l'œuvre est là et tôt ou tard sonnera l'heure de la réparation ; mais pour lui : ce fils pieux est atteint dans le culte de toute sa vie, dans son orgueil filial.

« Et c'est pour cela qu'à défaut de ministres, ce sont des amis qui viennent honorer le poète. C'est moins solennel, mais c'est sûrement plus sincère.

« Voilà pour le *devoir filial*.

« Après tout, si personne, dans ces temps positifs, n'a jugé à propos de se déranger pour saluer au nom de la France un Français qui a ajouté un fleuron à la glorieuse couronne de nos œuvres nationales, Vibert aura seul le mérite du geste qui sera repris plus tard.

« Il aura donné un bel exemple aux hommes de son époque un peu enclins, en général, à croire que le monde date du jour de leur naissance et que les ténèbres se feront le jour de leur rentrée dans le néant !

« Et c'est ici que commence le *devoir social* pour ceux qui s'emploient à l'amélioration intellectuelle de leur pays. Car, sans éducation et sans l'instruction, quelque soin que l'on prenne de la culture des hommes, on n'améliorera que des bêtes humaines, mais on n'en fera jamais des êtres conscients et utiles aux autres.

« En faisant revivre la mémoire de son père, en relevant ce magnifique monument dressé à la gloire immortelle des *Girondins*, Paul Vibert a fait revivre, en même temps, cette heure inoubliable de notre histoire nationale où le cœur de la France battit pour toute l'humanité, où notre noble pays dota le monde des libertés indispensables à la personnalité humaine. Il a fait revivre, au milieu de ces cohortes, altérées de gloire pure, les plus belles figures de la Révolution se ruant à l'immortalité, comme a dit le poète.

« Je viens de relire cette œuvre et, à chaque page, que dis-je ! à chaque ligne, j'ai éprouvé une émotion intense et j'ai été pénétré d'une admiration infinie. Quels hommes ont porté plus haut le culte de toutes les vertus civiques, sociales, privées ? Quels hommes ont donné les plus éclatants exemples de la probité politique la plus scrupuleuse ? Personne autre que les Girondins n'eut au plus haut point le sentiment de la droiture ; personne ne se montra plus brave, plus désintéressé, plus patriote, — non dans l'esprit de gloriole, mais dans celui du sacrifice ; personne ne flétrit avec plus de mépris les vils calculs personnels, les ambitions malsaines, les popularités suspectes ; personne ne sourit avec plus de fierté ni de stoïcisme à la mort.

« Lisez cette histoire, troublante tant elle vous transporte et vous élève ! Voyez ces pensées généreuses dont étaient frappés tous leurs actes ; voyez leur haute conception du devoir, leurs larges vues sur la solidarité humaine ! Et demandez-vous si cela ne répond pas à l'idéal de justice sociale et de bonté que nous rêvons.

« Je me rappelle toujours ce souvenir de ma jeunesse, quand nous parvint à Versailles, la nouvelle de la proclamation de la République, à Paris. Quel enthousiasme sincère et touchant ! Nous ne pensions même plus à nous réjouir du châtiment mérité que les événements imposaient à l'homme de Sedan. Comme les jeunes gens de mon âge, je me sentais allégé tout à coup de mes sentiments de haine de la veille contre l'autorité impériale, emporté, saisi par l'image radieuse que le mot République faisait briller à mes yeux. J'en oubliai pendant quelques heures la guerre et les Allemands ; et, quand je me remis à songer à l'invasion, ce fut avec fierté et bravoure. N'avions-nous pas la République avec nous pour combattre et nous aider à vaincre ? On se serrait les mains, dans les rues, on s'accueillait avec grâce, comme transfiguré. On était si heureux d'être libre ! Et l'on pensait avec joie aux iniquités sociales qui allaient disparaître, au bonheur dont chacun aurait sa part, aux choses solennelles qu'on allait voir, aux grandes explosions de patriotisme qui allaient faire trembler le sol, à la jeunesse s'enrôlant pour se couvrir de gloire ! Mourir pour la Patrie ! Non la gloire du conquérant, mais la gloire dans la guerre sainte pour la défense de la Patrie ! Ces heures, au souvenir desquelles mes soixante ans palpitent encore, je les ai vécues à nouveau en lisant cette superbe histoire des *Girondins*, rehaussée par une poésie imagée, douce, fière, alerte et vigoureuse, tout à la fois, tombée de la plume de Théodore Vibert. Ah ! comme j'ai compris, alors, l'admiration du fils pour le père !

« Elle arrive à son heure, l'évocation de ce grand souvenir. Quelle plus sublime page peut-on trouver dans l'histoire de tous les peuples, que cette époque où, pour la première fois, la conscience humaine brilla de tout son éclat !

« Ecoutez Vergniaud allant à l'échafaud :

« Citoyens, en greffant l'arbre nous l'avons tué. Il était trop vieux. Robespierre le coupe, sera-t-il plus heureux que nous ? Non. Ce sol est trop léger pour nourrir les racines de la liberté civique, ce peuple est trop enfant pour manier ses lois sans se blesser ! Nous nous sommes trompés en naissant et en mourant pour la liberté du monde ; nous nous sommes crus à Rome et nous étions à Paris ! Mais les révolutions sont comme ces crises qui blanchissent en une nuit la tête d'un homme ; elles mûrissent vite les peuples. Le sang de nos veines est assez chaud pour féconder le sol de la République. N'emportons pas avec nous l'avenir et laissons l'espérance au peuple en échange de la mort qu'il nous va donner. »

« Voyez quel superbe et généreux esprit inspirait Vergniaud et ses amis ! Et quelle leçon pour nous, Messieurs, car ces paroles viriles de l'homme qui va mourir pour la République de son rêve sont encore à méditer, après plus d'un siècle.

« Mais, hélas ! les temps sont changés ! Alors qu'on se battait pour des idées, on se bat aujourd'hui pour des intérêts. On recherchait alors le pouvoir pour appliquer ses principes ; on se le dispute aujourd'hui pour en jouir. L'échafaud politique a été abattu mais, s'il est remplacé par des engins de mort moins barbares, son œuvre de mort n'en est pas moins continuée. A la guillotine, le sabotage, le boycottage et la calomnie n'ont-ils pas succédé ? Le sabotage et le boycottage qui ruinent, la calomnie qui tue ? Pivotant autour du veau d'or, la lutte cesse d'être noble pour rester basse et vile. Le peuple a pris des passions terribles qui l'ont rendu indifférent ; de plus il se désintéresse des luttes politiques où son intérêt n'est pas seul en jeu et qui ne lui ont rapporté jusqu'ici que des déceptions et des charges nouvelles. Sous le prétexte de le protéger, on lui rogne tous les jours un peu de liberté. Les Jacobins n'envoient plus à la guillotine mais la Confédération Générale du Travail, caricature grotesque des comités de salut public, fait la chasse aux renards. Robespierre est mort, et nous n'avons plus que M. Pataud.

« C'est bien à cette heure qu'il est nécessaire de se rappeler la Révolution et de faire passer sur la France le souffle puissant des *Girondins !*

« Le vieil arbre de Vergniaud qu'a coupé Robespierre n'est pas mort ! Mais il ne donne pas de majestueux rameaux : les gourmands grugent sa sève. Il faut l'extirper de ce vieux sol français qu'il épuise, en retourner la terre trop légère, nourrir chaudement cette terre pour qu'elle devienne forte et féconde, y planter un autre sujet sur lequel on greffera des sujets sains et vigoureux, c'est-à-dire qu'il faut refaire l'éducation populaire et préparer la nation à vivre au grand air de la liberté, en pleine concorde, en plein bonheur.

« Le sang de nos veines est assez chaud, l'âme de la France est assez noble pour féconder la République ! Mais ayons le courage de porter le fer rouge sur toutes les plaies.

« Faisons une République heureuse, où la justice sera égale pour tous, où les mères joyeuses et confiantes recevront avec joie les tendres caresses de leurs enfants, où les vieillards sûrs d'une fin tranquille souriront, où le travail, libre, sera honoré, où le peuple sera juste et bon, où tout ce qui est faible sera protégé, où la liberté de chacun n'aura d'autre limite que celle de tous, une République fraternelle, paisible et forte où il y ait pour tous une part de bonheur !

« Cette République, digne de la France émancipée des superstitions, affranchie de l'ignorance, nous la pouvons dresser demain, aujourd'hui même, triomphante, fière et digne devant les trônes chancelants du vieux monde.

« Mettons-nous à l'œuvre ! il n'appartient à personne de confisquer l'avenir à son profit. Donnons au peuple — qui ne songe plus à nous donner la mort — l'espérance d'un état social basé sur la justice, le respect, le droit, la liberté, l'égalité et la fraternité ! Et rappelons-nous que les Girondins nous ont donné une suprême leçon quand, au moment où leur tête allait rouler sur l'échafaud, ils ne voulaient pas désespérer de l'avenir de la Patrie.

« Cette grande leçon se dégage du livre de Théodore Vibert. Elle me suffit pour compter que viendront tôt ou tard les réparations attendues. C'est pour cela que je salue très respectueusement la mémoire de Théodore Vibert et que je remercie son fils de m'avoir associé, pour une bien modeste part, à cette manifestation d'admiration et de reconnaissance (1). »

(1) Mon pauvre ami Albert Maréchaux est mort le 3 août 1912 presque subitement, bien dégoûté par les palinodies et les lâchetés des politiciens du jour. P. V.

Conférence de M. Adolphe Morel

De son côté M. Adolphe Morel, rédacteur en chef de la *Rénovation Morale*, faisait, au moment du cinquantenaire des *Girondins*, une série de conférences en province et plus particulièrement en Bretagne, dont il publiait le résumé suivant dans la *Rénovation Morale* du 10 mars 1911 :

« De même que l'Angleterre possède *Le Paradis Perdu* de Milton ; l'Italie, *La Jérusalem délivrée* du Tasse ; le Portugal, *Les Lusiades* de Camoëns ; de même que l'Allemagne possède *La Messiade* de Klopstock, la France elle aussi possède un grand poème épique en douze chants et en plus de dix mille vers, une magnifique Epopée Nationale : *Les Girondins*, parus en 1860 et dont on a fêté cette année, avec un léger retard, le cinquantenaire.

« Oh ! cette cérémonie ne sera peut-être pas présidée par un ministre, ni organisée par une grande association littéraire, ni patronnée par les grandes revues parisiennes. « Les pauvres ministres sont si occupés par la politique générale » ; les associations littéraires (genre *Publicistes Français*) préfèrent organiser des excursions ou des banquets ; quant aux grandes revues parisiennes, elles ne marchent que contre espèces sonnantes et trébuchantes. Il leur faut... bien de l'argent, encore de l'argent, toujours de l'argent.

« En outre, trop peu d'années se sont écoulées depuis la

mort de Théodore Vibert, survenue en 1885, et puis celui-ci n'était pas du Midi. Il n'était que *Parisien*, et s'il faut en croire M. Dujardin-Beaumetz, c'est un cas d'infériorité. Claude-Théodore Vibert, appartenait en effet à une vieille famille de Parisiens, établis dans le quartier Saint-Jacques, plusieurs siècles avant la Révolution. Les Vibert s'étaient tous, dès le règne de Louis XVI, avec les encyclopédistes : d'Alembert, Diderot, Voltaire, Montesquieu, Rousseau... fait remarquer par leurs idées républicaines. Théodore Vibert, lui-même, né en 1825, après avoir été élevé dans deux pensions laïques, avait complété ses études par la lecture des œuvres de Montaigne, de Rabelais, de Pierre Charron, puis de Jean de Lamarck, enfin d'Ernest Haeckel, plus tard, vers 1875, à l'époque où notre excellent ami Paul Vibert, avec ses modestes ressources d'employé à la *Société Générale*, achetait les livres, qui lui permettaient d'accorder à son père, magistrat de province, une collaboration féconde et qui leur a fait à tous deux le plus grand honneur. Il y a cinquante ans, on croyait encore possible l'union de l'Eglise et de la Démocratie, cette union que Pie X a définitivement ruinée par la condamnation du *Sillon*. Démocrate ardent et élève de Lamennais, Théodore Vibert ne pouvait être que démocrate-chrétien. Il n'appartenait d'ailleurs à aucun parti politique, ni à aucun groupement littéraire, et il en donne lui-même les raisons dans la *Préface à Zoïle*, qu'il plaça en tête des *Girondins*.

« Le monde de la Presse, celle que, par ironie sans doute, pour souligner sa bassesse, on a surnommée *grande*, n'a pas oublié ce manifeste, à la fois sévère et verveux, où Théodore Vibert, après l'exquise parabole de Sannazar sur la petite plante, appelée *invidia*, répondait par avance aux principales critiques qui pourraient être formulées sur son ouvrage. Il y justifiait celui que Jacques Lourbet flétrit du nom d'*amateur*, c'est-à-dire l'artiste de lettres, qu'il ne faut pas plus confondre avec le manœuvre littéraire, que le sculpteur avec le tailleur de pierre. Il y bafouait un peu aussi les politiciens, et nos « ministres intègres » le lui pardonneront difficilement. En quelques pages bien intéressantes il exposait en somme toute une *théorie* philosophique, morale et politique sur la royauté démocratique et la république aristocratique ou bourgeoise, le premier gouvernement menant à l'*égalité*, tandis que le second affectionne particulièrement la *liberté*, une liberté dont la bourgeoisie semble avoir le monopole. Et, ces considérations nous aident à comprendre l'esprit même du poème : La Gironde, être multiple, s'appuyait sur la bourgeoisie ; donc elle était républicaine ; — Robespierre, individualité, s'appuyait sur le peuple ; donc il tendait à la royauté. Malheureusement, au lieu d'être un Auguste, cet homme fut un Néron. — Mais, me direz-vous, n'y a-t-il pas place entre les deux gouvernements 'pour une république démocratique ? — Divine folie ! répond Théodore Vibert. On serait presque fondé d'affirmer que la république ne peut être qu'aristocratique, puisque l'on n'a encore qu'un exemple d'une république démocratique, dans la république juive... L'auteur se défend d'ailleurs d'avoir voulu faire œuvre politique ; il a dû prendre les hommes de l'époque tels qu'ils étaient. Et nous savons que Théodore Vibert, pour composer cette épopée grandiose, avait lu toutes les archives et toutes les discussions de toutes les assemblées politiques du temps et tous les procès-verbaux de séances. Il était donc plus que le familier de ses héros ; il s'était vraiment substitué à eux, en vivant leur vie propre.

*
* *

« *Les Girondins* viennent donc de paraître, chez Schleicher frères, 8, rue Monsieur-le-Prince, Paris, en une nouvelle et luxueuse édition — l'édition du cinquantenaire — qui contient un portrait de Théodore Vibert et une préface de son fils, notre éminent collaborateur, Paul Vibert. L'on peut définir l'œuvre de Théodore Vibert par ces quelques mots : *drame historique en vers*.

« C'est Gérard de Lacaze-Duthiers (1) qui a écrit que « les poètes ne sont — des poètes qu'à la condition de rester dans la vie, la beauté et le rêve, l'illusion et les chimères — l'éternelle bonté dans l'éternelle beauté ».

« Voilà pourquoi Théodore Vibert est un poète : son œuvre, c'est la vie elle-même, la vie d'une époque, prouvant ce qu'elle contient de poésie vivante, de poésie féconde, d'enthousiasme et de générosité. Il a compris sa mission, puisqu'il a découvert dans la vie des Girondins la joie, le rire, les larmes, la douleur, la bonté, la justice — la pensée et le rythme de ses vers.

« Comme historien, Théodore Vibert appartient à cette période, où pour la première fois, on recherchait dans les vieux actes autre chose que le fait constaté ou la formule extérieure ; on y découvrait l'esprit même du temps. Au lieu d'un morne musée de roides portraits sans physionomie, estampillés d'une date, d'un nom et d'une sèche légende, nous avons ici une véritable résurrection des hommes de la Révolution. Ils se sont levés avec leurs traits, leurs costumes, leurs passions et sont venus prendre leur place dans le drame. Ce n'est plus de l'histoire morte, c'est de l'histoire vivante, et donc poétique (2).

« L'unité d'action du drame réside en Nicole, ce héros du

(1) *Découverte de la Vie.*— Librairie Ollendorf (1907).

(2) Voir Emile Souvestre, *Causeries littéraires*, chez Henry Paulin (Paris, 1907).

poème, peut-être Nicole de Ladevèze, un publiciste patriote. On a reproché à Vibert d'avoir sacrifié ce personnage aux autres héros révolutionnaires. Pouvait-il vraiment en diminuer aucun à son profit. C'est qu'autour de lui évoluent, dès le début :

« Louvet de Couvray, le bouillant Barbaroux, Pétion, Buzot, Louvet, Ducos, Fonfrède, Guadet, Vergniaud et Condorcet, lesquels subissaient le charme de la noble Roland,

Au port d'impératrice, à l'œil étincelant;

enfin Chabot l'infâme, qui pour compromettre Nicole lui envoie une enfant jeune et belle, Isma de Narbonne, fille d'un royaliste, qui bientôt sera unie à Nicole par un amour réciproque. Cependant, encouragé par Vergniaud et malgré les conseils perfides du capucin, Nicole n'oublie pas son devoir et se bat courageusement, à la première émeute, avec les défenseurs des lois.

« C'est en vain que l'*officieux* de Chabot tente de l'assassiner (Chant I).

« Nicole ayant été arrêté pour un article hostile au Comité de Salut Public est sauvé par Danton, qui prononce un vigoureux discours en faveur de la liberté de la Presse. Mais Isma, trompée par Chabot, a pris en prison la place de sa mère, et malgré Vergniaud, les propositions de Danton sont repoussées par les Girondins, et la discorde excite la jalousie de Roland contre son ami Barbaroux, qu'il provoque en duel.

« Danton, à cause de ses avances aux Girondins, est regardé comme suspect par les Jacobins, qui, d'autre part, rejettent sur ceux-là la responsabilité de la trahison de Dumouriez. Les Girondins s'irritent et attaquent Robespierre, Chabot, Danton et surtout Marat, qu'ils traduisent devant le *Tribunal Révolutionnaire*.

> . . . . Aussitôt l'Assemblée
> Honteuse qu'on la joue, enfin désaveuglée,
> Contre l'homme maudit, fulminant un décret,
> Décide que Marat sera mis au secret ;
> Et que le tribunal purifiant son glaive,
> De cet homme de sang devra briser le rêve.
>
> (Chant III).

« Zoïle a reproché à l'auteur de discuter avec complaisance, comme des membres du bureau, qui plaident par devant la cour assemblée. » Mais la majorité de ses personnages sont en effet des avocats, et Théodore Vibert n'a fait que traduire fidèlement leurs discours à la Convention et les articles de Presse des Conventionnels.

« Après la lecture de ces trois premiers chants, bien que l'intérêt n'ait pas faibli un seul instant, on reprocherait volontiers à l'auteur de manquer un peu de naturel. Mais n'oublions pas que nous sommes à une époque extraordinaire, et que Chabot ne pouvait causer à son officieux Brutus sur le même ton que Jaurès à son valet de chambre.

« D'ailleurs, Théodore Vibert, selon sa jolie image, ne vient que d'enfourcher Pégase, un terrible animal qui ne s'emporte qu'à partir du IIIe chant. En vain l'auteur se démenait, serrait les cuisses, tirait les brides, plus il serrait, plus il tirait, plus il criait, plus l'infernale bête courait. Et rochers, maisons, arbres, torrents, montagnes, cieux, terres, disparaissaient avec une effroyable rapidité.

« Sous le ventre de l'impétueux animal fuyaient d'affreux précipices, des crocs, du sang, des épées, des échafauds...

« Ce sont les journées des 25, 27, 28 et 31 mai ; c'est surtout le coup d'état du 2 juin.

Danton, pour effacer les taches de sa gloire,
Au peuple rejeta l'horreur de la victoire ;
Et l'on dit qu'au milieu des bravos, du transport,
Apparut dans les airs le spectre de la Mort,
Qu'une hache à la main, planant sur l'Assemblée,
Il sillonna cent fronts et reprit sa volée.

(Chant IV).

« Pour sauver Nicole, la jeune Isma consent à se livrer corps et âme à l'ignoble Cordelier, au capucin Chabot. Heureusement un peu de merveilleux vint atténuer l'horreur de la tragédie. Ici les dieux sont la Discorde, l'Espérance, la Liberté, l'Egalité ou la Fraternité.

(Chant V).

« Le VIe chant, assurément le plus beau, est consacré à Charlotte Corday :

Par une nuit d'été, telle on voit dans les cieux
Une étoile inconnue embraser sa carrière,
Et se perdre aussitôt au sein de l'atmosphère,
Telle apparut Charlotte aux yeux du Girondin.

« Sublime dans son dévouement, la jeune fille tue Marat, dont Vibert nous trace le portrait, de main de maître. Mais elle-même, sans crainte, marche vers la mort :

Que m'importe la mort ? Ma mission finie
Ne vient pas disputer au fer son agonie ;
De la France j'ai vu le sang couler à flot,
Et mon cœur a gémi dans un morne sanglot,
J'ai vu sur tous les seins gronder les cris de guerre
J'ai vu sur tous les fronts planer le cimeterre,
J'ai vu la mort monter ; et j'ai dit en mon cœur :
Marat, prêtre du mal, à toi, monstre, malheur !

« Puis c'est la guerre civile, avec les exécutions en masse ; c'est la ridicule cérémonie, merveilleusement décrite par

Théodore Vibert et dans laquelle la Raison pure est représentée par la danseuse Maillard (chant VII).

« Cependant Nicole se bat comme un démon ; il triomphe de Chabot et venge ainsi Isma (chant VIII) et après son séjour dans l'île enchanteresse, où la volupté l'avait entraîné par séduction (chant IX), après la chute de Danton et les derniers soupirs des Girondins (chant X), revenu à lui, ce héros conduit le peuple contre le Comité de Salùt Public (chant XI), mais, ainsi que le lui avait prédit la sorcière Catherine Théos, à la suite de la chute de Robespierre, le 9 Thermidor et quand il a sauvé l'assemblée au 1er Prairial, il tombe sous le poignard de Brutus.

« En somme des portraits inspirés peut-être par le tableau de Delaroche, qui date de 1856 ; des allégories splendidement tracées ; des narrations sans prétentions, mais sans banalités. Le lecteur se sent entraîné à la suite des personnages, comme par un film magique, et après le dernier tableau, quand

> Dans un nuage d'or, émergeant mille flammes
> France offre une couronne aux magnanimes âmes,

il se sent heureux et étonné comme au sortir d'un bon spectacle, heureux parce qu'il a *vécu* des heures passionnantes, étonné parce que les hommes qu'il retrouve autour de lui ne valent, ni en bien, ni en mal, ceux de la Révolution.

« Ajoutons, en terminant, que le philosophe, qui avait écrit *Edmond Reille,* ne pouvait qu'enrichir son poème de pensées morales d'une haute inspiration.

*
* *

« Tout le mouvement intellectuel d'une époque, disait

Emile Souvestre, dans une de ses causeries littéraires, est produit par une triple impulsion : celle de la *philosophie,* qui systématise les principes, de l'*histoire,* qui les applique aux faits, de la *poésie* qui préside à la mêlée de sensations, de sentiments ou de rêves, qui s'agitent entre les faits et les principes.

« L'épopée nationale des *Girondins,* qui appartient à la philosophie, à l'histoire et à la poésie, est le monument intellectuel le plus gigantesque que nous ait laissé le XIXe siècle.

« La France se devait à elle-même de célébrer dignement son cinquantenaire et d'honorer la mémoire de Théodore Vibert. »

Conférence de M. Tancrède Martel

De son côté, M. Tancrède Martel, le critique bien connu, résumait en ces termes, la conférence qu'il avait bien voulu consacrer aux *Girondins,* dans le *Petit Méridional* de Montpellier, en date du 14 janvier 1912 :

« Quand on a rendu justice aux romanciers et aux historiens, signalé leurs efforts, expliqué et analysé le caractère de leur talent et de leurs œuvres, on se hâte d'accomplir le même devoir à l'égard des poètes, et cela, d'autant plus volontiers que, par la nature toute particulière de leurs travaux, ils ont beaucoup plus de difficultés à arriver jusqu'au grand public.

« Pourtant, si riche et variée que soit la poésie contemporaine, il convient de saluer l'œuvre et le nom des poètes qui ont précédé notre jeune génération lyrique. C'est ainsi que M. Paul Théodore-Vibert nous donne une nouvelle édition de l'épopée nationale en douze chants, publiée en 1860 par son père, le regretté poète Théodore Vibert. Cette épopée a pour titre *Les Girondins,* et la nouvelle édition, par une touchante attention filiale, porte le titre d'édition du cinquantenaire.

« Il convenait, en effet, d'accorder l'auréole d'une nouvelle publicité à ce poème, écrit dans une langue solide, forte, pleine de la tradition classique, mais à laquelle Théodore Vibert sut ajouter une réelle originalité, *Les Girondins* ont été, au moment de leur apparition, accueillis avec succès, loués, consacrés en quelque sorte par nombre d'écrivains remarquables. Jules Simon, Joseph Autran; Mistral, Joséphin Soulary, Emile Deschamps s'empressèrent de féliciter l'auteur. Théodore Vibert, à qui son rôle de magistrat n'interdisait point les vastes études littéraires, méritait ces éloges. Il mourut en 1885, avant d'avoir atteint l'âge de soixante ans. Mais son fils veille jalousement sur sa mémoire et ses œuvres, et il nous offre aujourd'hui *les Girondins* dans toute leur intégralité, précédés d'une préface de l'auteur, qui fit grand bruit en 1860.

« Cette préface, pleine de mouvement, d'images et d'idées originales, ironiquement dédiée à Zoïle, est un morceau de littérature de combat et l'une des plus crânes attaques qu'on ait infligées aux détracteurs de la poésie et de l'idéal. L'éditeur des *Girondins*, M. Paul Théodore-Vibert a fait lui-même précéder d'une préface l'œuvre paternelle, et il nous initie, avec un soin pieux, aux procédés de travail, aux études, au caractère et à la façon dont Théodore Vibert comprenait l'art littéraire, en particulier l'épopée.

« Je ne puis que m'incliner devant l'œuvre et l'homme. Je ferai simplement une réserve. Quel que soit son mérite, et il est incontestable, le poème des *Girondins* n'est point précisément la seule épopée que possède la France. Je laisse de côté quantité d'œuvres manquées, ou ridicules, ou déclamatoires comme la *Pucelle*, de Chapelain ; la *Franciade*, de Ronsard ; la *Henriade*, de Voltaire, pour m'en tenir à l'admirable *Chanson de Roland*, notre première épopée en date, et à tous ces vastes poèmes du moyen âge : *Renard, Tristan, Girard, de Vienne,* qui constituent le trésor épique de notre nation. Ceci dit, je dois reconnaître que *les Girondins*, de Vibert constituent un rare effort littéraire et méritent de retenir l'attention du public par le souffle démocratique qui les anime et la forte versification dont ils sont un modèle.

*
**

« La donnée sur laquelle repose l'épopée de Vibert est connue de tous puisqu'elle est empruntée à l'histoire de la Révolution. Le caractère des Girondins et des Montagnards, les gigantesques événements au milieu desquels leurs passions se débattent, la Patrie en danger, la sanglante entrevue de Charlotte Corday et de Marat, la lutte pour la Liberté et la Patrie, — tous ces thèmes grandioses ont bien inspiré l'auteur. Son vers est toujours plein, sonore, fortement forgé, et par-dessus tout, régulier et classique. Ce qui n'empêchait point Vibert d'admirer Victor Hugo et l'école romantique.

« L'auteur des *Girondins*, s'est profondément imprégné de son sujet. On sent qu'il a fouillé les archives, les mille volumes avant d'écrire ses douze chants, de façon à bien connaître la mentalité et la véritable physionomie historique de ses personnages. J'aurais beaucoup de citations à faire, mais le sixième chant me paraît être un des plus intéressants et peut-être celui qui donne le mieux l'idée de la manière de l'auteur. Jamais la souffrance physique de Marat n'a été mieux rendue que dans ces vers réalistes, mais on sait qu'un poème épique admet toutes les couleurs :

Ce n'était plus le tigre aux regards affamés,
Qui rongeait chaque jour mille fronts renommés :
L'œil morne maintenant, la lèvre pantelante,
Sa tête à se mouvoir, était et lourde et lente,
Aux cris de sa douleur tout son corps frémissait...
Il demandait en vain à la fraîcheur des eaux
Quelques moments d'oubli pour ses chairs en lambeaux :

Mais les eaux s'embrasaient ; leurs ardeurs vengeresses
Prodiguaient à ses flancs d'infernales caresses ;
Dans son esprit en feu le flambeau du remords,
Sur l'onde miroitait tout un peuple de morts...

« On voit que le procédé de composition se conforme ici aux traditions classiques du dix-septième siècle. Mais il faut dire, et je crois être dans le vrai, que l'auteur des *Girondins* l'a fait à dessein, puisque cette rhétorique fut en honneur jusqu'à la fin du dix-huitième siècle.

« Il y a des vers non moins rapides et saisissants dans le terrible épisode de l'assassinat :

Marat, le cœur percé, n'avait pu de sa bouche
Exhaler en mourant qu'un hurlement farouche ;
L'on accourt à ce cri qui n'a plus rien d'humain.
On s'empresse, on s'agite, on arrache du sein
Désormais sans terreur la lame formidable
Qui, par un faible bras, punit un front coupable.
La nouvelle s'étend comme un rapide éclair.
Les échos d'alentour en troublent cent fois l'air.
Le peuple vient en foule ; on pleure la victime,
On maudit l'assassin, on veut punir le crime.
Mille bras vers sa tête ont fait gronder la mort...

« Homme d'inspiration et de conscience, Vibert écrivit *les Girondins* avec toute la fougue de la sincérité et de l'impartialité. Il n'a aucun système. Il s'est contenté de refléter dans son œuvre une des phases les plus typiques de la Révolution. Un labeur aussi considérable ne saurait laisser les lettrés indifférents, car on doit un salut et un respectueux souvenir à tous les fervents de la Poésie.

*
* *

« L'épopée de Théodore Vibert me conduit naturellement à parler de deux autres poètes, jeunes tous deux et en plein talent ; M. Sébastien Charles Leconte, l'auteur du *Masque de fer*, et M. Henri Allorge, dont un recueil de poèmes, l'*Essor éternel*, a proclamé l'habileté et la souplesse lyrique.

« Les vers de M. Leconte rappellent la magnifique maîtrise de Leconte de Lisle et de José Maria de Hérédia. Il est, comme eux, imprégné de philosophie et se montre un chantre toujours bien inspiré, des mystères de l'âme, des destins de l'humanité. Le pessimisme l'effleure souvent, sans réussir à l'empêcher d'être tendre, lumineux, affectueux, comme dans ces beaux vers consacrés au berceau d'un enfant :

Petite étoile de ma joie,
O merveille de mon amour,
Dont la blonde clarté flamboie
Sous tes boucles couleur de jour;

Petite flamme de ma vie,
Miracle de mes yeux, si pur
Que le bleu crépuscule envie
Tes claires prunelles d'azur;

Petite lampe de ma veille,
Unique rayon de mon soir
Et des flots où, seul, appareille
Mon navire au pavillon noir...

« Dans l'*Essor éternel*, M. Henri Allorge se montre un poète habile en son art, d'un lyrisme ardent, réfléchi, que souvent, il traduit par des vers d'une rare délicatesse.

« Le poème que M. Allorge intitule *Humble fierté* est une œuvre admirable, conçue et pensée, en sa concision éloquente. A lui seul, il mérite de consacrer la réputation de l'auteur. Il est impossible de ne pas applaudir à ces strophes, pour peu qu'on ait le sentiment de l'Idéal et de la Beauté :

Poète, que déçoit plus d'un songe illusoire
Et qu'affaiblit le poids de l'organisme humain,
De quel droit rêves-tu ce néant qu'est la gloire,
Et veux-tu que ton nom vive encore demain ?

Contemple autour de toi la vie universelle,
Pense à ceux dont jamais nul ne s'est souvenu,
Et qui se contentaient d'être une humble parcelle
Du grand Tout que dans l'ombre anime l'Inconnu !

« Combien d'autres beaux poèmes j'ai pu lire dans cet *Essor éternel,* ne serait-ce que celui d'*Orphée,* où Henri Allorge atteint sans peine aux hauteurs de la grande, de l'éternelle Poésie ! Je ne saurais trop louer aussi en lui l'habileté du rythme, la souplesse de la facture, qui donnent à ses moindres vers l'harmonie et font valoir si heureusement la pensée. »

Conférence de M. Amable Joserey

HOMMAGE DES JEUNES

Extrait de la conférence sur *Les Girondins* de Théodore Vibert, faite au groupe « Education et Action » à Paris, par M. Amable Joserey, ce jeune écrivain qui a su par ses « critiques littéraires » conquérir l'élite du public français. Son juvénile talent semble s'affirmer aujourd'hui dans le Roman ; successivement il a fait paraître *L'Etude Trébuchet, La Filleule de Suzon* — de délicieuses idylles parisiennes —, *L'Instigatrice,* grand roman populaire.

... « Je vous avoûrai en toute humilité que je n'ai jamais éprouvé autant d'émotion, mêlée de quelque crainte, comme devant ce spectacle grandiose qu'offre à nos yeux étonnés la Révolution française dans son entier ; épisode unique au cours de notre histoire, où le génie, la bravoure et la terreur se ruent à l'assaut de la gloire et de la puissance, où se trament déjà à l'ombre des institutions nationales, établissant dans un mouvement de folie, cet état inconcevable pour tout être doué de raison, l'ordre dans la tyrannie, dont Alfieri a dit à propos : « l'ordre dans la tyrannie est une vie sans âme », et au milieu des contradictions multipliées, des gestes impulsifs, de l'aberration de certains esprits, se conduisent avec sûreté les intrigues qui vont précipiter dans l'inconnu mystérieux des hommes vertueux ; symboles impérissables d'une tradition dont nous sommes aujourd'hui encore les tributaires ; scandales qu'un siècle et demi plus tard devait répéter avec toute la ruse et l'hypocrisie de la férocité repue que concrétise — pour notre honte — le bas arrivisme qui s'est installé au pouvoir sous le masque de la Troisième République.

... « On ne saurait sans un serrement de cœur bien légitime, qu'approuver la dure sentence que prononça Anatole France dans son *Ile des Pingouins*, « la vie d'un peuple n'est qu'une suite de misères, de crimes et de folies », tant notre lamentable odyssée politique durant ces années troubles, où cependant, se dessinait l'aube bienfaisante non seulement de la race latine, plus particulièrement l'avenir de la nation française, mais encore allait jaillir l'étincelle gigantesque qui devait embraser bientôt l'univers de ses feux, portant en eux-mêmes ce germe immortel de Pensée féconde et de Liberté vraie, caractérise l'état d'esprit de l'Assemblée qui régnait alors, substituée à l'antique régime, après avoir mis à mort le roi et aboli les privilèges des nobles par la proclamation de la République. C'est du reste de cet état permanent de dissensions parmi les membres de la Législative, de troubles intérieurs provoqués, à coup sûr, par la différence de méthode comme d'Idéal politiques, mais que les Girondins ne surent pas dans la pratique assez définir et appuyer d'une attitude virile égale en tous temps, qu'est née la *Légende des Girondins* due à l'esprit de casuiste que fut Edmond Biré ; un écrivain contemporain, non sans talent, M. Pierre Lasserre, disait dans le *Mercure de France* — 16 août 1907 —, faisant l'éloge de cet ouvrage : « Il n'y a pas de doctrine girondine, d'Idéal girondin opposés à la mentalité montagnarde » ; pour preuve, ajoutait-il, c'est que les appellations dont on se servait à leur égard étaient les mêmes qui désignaient les membres de la « Montagne ». « Il n'y a pas un constitutionnalisme girondin et un radica- « lisme ou démocratisme montagnard. Les hommes du « parti Brissot se montrent en tout plus « avancés », et tout « ce qui s'est proposé ou accompli de plus « révolution- « naire » depuis l'ouverture de la Législative jusqu'à leur « chute, ils se sont montrés fort jaloux d'en prendre ou d'en « partager l'initiative ». En résumé, non seulement les Girondins n'ont pas péché par modérantisme, fait observer M. P. Lasserre, mais au contraire, ils ont commis cette faute sans rémission d'avoir voulu gagner de vitesse sur les Jacobins dans l'abjection, par le crime.

« Eh bien non, gardons notre sang-froid, que nulle agitation factice ne vienne entraver notre impartial jugement par lequel nous devons conclure ; aussi rappelons les faits historiques sans y mêler aucune considération politique, contés avec tant d'énergie par Théodore Vibert dans *Les Girondins* à qui on ne saurait faire l'injure de croire, ou de soupçonner même, qu'il ait exprimé ce qui ne pouvait être inattaquable par la vertu de ses actions, car « exprimer ce qu'on ne pense pas, c'est mensonge et trahison ».

« Un témoignage plein de vérité de Paganel dans son *Histoire de la Révolution*, vient éclairer d'un jour particulier ce parti tant décrié par quelques-uns, et montre la valeur morale de cette âme généreuse, étrangère à toute ambition personnelle, ne parlant jamais que lorsque une conviction profonde et les dangers de son parti lui en faisaient une loi : Vergniaud qu'Hébert désigna au moment du procès des Girondins comme le Sphinx. Paganel dit : Représentez-vous un homme que d'autres hommes entourent et entraînent, qui ne cherche pas une issue pour s'échapper, mais qui resterait là si le cercle se rompait et le laissait libre. Tel était Vergniaud parmi les Girondins.

« Mais il est fâcheux pour l'histoire de ce groupe, appelé à jouer un rôle plus éclatant au sein de l'Assemblée, qu'il ait failli dans diverses occasions, entraîné par les besoins, disons les excès, auxquels était poussée la populace hurlante, au point de commettre une lâcheté, puisque au faîte de leur puissance, lorsque la popularité de la Montagne s'accroissait, les Girondins parurent approuver les crimes et les fureurs causés par le parti Robespierre, en opposition pourtant avec les principes girondins, ainsi que l'affirment des biographes de l'époque non suspects de républicanisme.

« D'autre part la situation politique qu'occupèrent les Girondins dans la Convention ne leur permit pas de déployer plus d'activité, et ce serait méconnaître le fait historique que de prétendre que parce que républicains démocrates, ils se rangeaient du coup avec la Montagne pour les excès dont la Révolution fut le théâtre pendant quelques mois, en portant atteinte au pouvoir du roi, car un document irrécusable apporte toute la lumière sur le fait du régicide dont on ne saurait les blâmer que de s'être laissés abuser par la Montagne, politique d'indécision comme le prouvent dans leur vote Vergniaud et Mailhe, dont voici le texte authentique : « J'ai voté pour que le décret fût soumis à la sanction du peuple. Dans mon opinion, les principes et les considérations politiques de l'intérêt le plus majeur en faisaient un devoir à la Convention. La Convention nationale en a décidé autrement. J'obéis : ma conscience est acquittée. Il s'agit maintenant de statuer sur la peine à infliger à Louis. J'ai déclaré hier que je le reconnaissais coupable... il ne m'est pas permis aujourd'hui d'hésiter sur la peine. La loi parle : c'est la mort ; mais en prononçant ce mot terrible, inquiet sur le sort de ma patrie, sur les dangers qui menacent même la liberté, sur tout le sang qui peut être versé, j'exprime le même vœu que Mailhe, etc..., c'est-à-dire que l'exécution en fût différée. »

« Cet acte de courage en même temps que de civisme est un hommage à la mémoire du grand Girondin, en le méconnaissant ne serait-ce pas une injustice indigne d'un historien ?

« Leur foi n'est-elle pas pour instruire leur vertu que magnifie notre poète immortel lorsqu'il met dans la bouche de Vergniaud :

Non ! Non ! Quand l'infamie à l'échafaud nous mène
Je m'écrie : en mon âme il existe un domaine
Où l'homme, après sa mort, rencontrera le prix
Des larmes, des vertus ou des crimes commis (chap. VIII, p. 177).

« Leur œuvre ? Ne peut-on s'écrier avec transport : « Les fondateurs de la Révolution tentèrent pour la première fois de transformer les hommes et les sociétés au nom de la raison. Jamais entreprise ne fut abordée avec autant d'éléments de succès, et pourtant malgré son pouvoir, malgré les succès des armes, malgré les lois draconiennes, malgré les Coups d'Etat répétés, la Révolution accumula — hélas ! — bien des ruines et ne put empêcher une dictature... ». Cette période fut trop souvent à la merci des caprices d'ambitieux et d'une foule ivre de liberté. Elle fut l'œuvre d'un jour, alors qu'au contraire l'autorité d'une Démocratie ne peut que prendre ses assises dans un effort commun qui ne soit ni l'inertie, ni l'immobilité, mais un progrès qui ne rompe pas la chaîne de la Tradition dans ce qu'elle a de généreux.

... « Il m'appartenait plus à défendre l'œuvre de Théodore Vibert que de vous le faire connaître. Son œuvre magnifique m'en dispenserait si je n'avais cependant le désir impérieux de vous exprimer mon sentiment personnel.

« Théodore Vibert dans *Les Girondins* est plein d'un intérêt attendrissant. A certains moments il est supérieur à lui-même, tant il trouve des accents pathétiques qui jettent une heureuse variété et plus de chaleur dans son poème. Les figures allégoriques y jouent un rôle discret qui permet ainsi de faire ressortir davantage les héros, tout en distinguant parfaitement le nœud, c'est-à-dire l'obstacle que celui-ci surmontera, faisant appel en lui-même au foyer d'énergie vitale que recèle son âme ardente et vertueuse.

« Il est des tableaux déchirants où l'horreur le dispute au délire qu'inspire tour à tour la « Montagne ». Le merveilleux y tient une place respectable dont l'effort tend à donner à l'ouvrage un accent de vérité plus grand, comme de soutenir l'envolée vers les hautes sphères de ces glorieux humains que l'histoire nous a transmis pour notre édification.

« En résumé c'est l'œuvre indestructible d'un patriote vrai, d'un sincère amant de la liberté qu'a servi une Muse fidèle. Si ce grand poète ne peut prétendre à l'hommage respectueux d'un gouvernement républicain, il trouvera en nos cœurs, en gage de sympathie, l'impérissable souvenir que nous inspirent sa vie et son immortel ouvrage. »

Conférence de M. Jacques Lourbet

Enfin, mon excellent confrère et très érudit ami, M. Jacques Lourbet, voulut bien faire sur *Les Girondins* des conférences dans le Midi de la France qu'il résumait fort heureusement ainsi qu'il suit, dans le *Flambeau*, de Saint-Girons, revue littéraire dont il est le rédacteur en chef, sous la date du 21 mars 1912.

THÉODORE VIBERT, *Les Girondins*, poème national en douze chants. Édition du cinquantenaire 1860-1910, Schleicher frères, Paris, 1910, 1 vol. 7 fr. 50.

J'ai donné une analyse, ici-même, du récent volume de mon excellent confrère et ami Paul Vibert, *l'Italie contemporaine* et l'on sait le bien que j'en ai dit.

Aujourd'hui, j'ai à parler du magnifique volume qu'il a fait éditer à la gloire de son père, Théodore Vibert, mort en 1885, auteur de plusieurs ouvrages très estimés — poésies, romans, érudition.

Cet ouvrage a pour titre : *Les Girondins*. Il est orné d'un beau portrait hors texte de Théodore Vibert et préfacé de façon très remarquable par le brillant et souple écrivain Paul Vibert.

Et je ne sais ce qu'il faut le plus admirer : la tendresse filiale, élevant l'enthousiasme jusqu'aux rêves de sublime et immortelle célébrité, ou l'imagination prodigieuse jonglant, élégante et agile, avec les idées les plus belles, les chefs-d'œuvre les plus notoires de tous les temps et de tous les peuples, les rassemblant sans effort et en composant un bouquet de lyrisme, de ferveur esthétique et d'amour effréné de la gloire dans lequel il fait entrer joyeusement avec une conviction généreuse et touchante, l'œuvre de son père.

« Depuis de longs siècles avant la Révolution, les Vibert étaient établis dans le quartier Saint-Jacques comme entrepreneurs de menuiserie, et mon grand-père, Jacques Emmanuel Vibert, le père de mon père, était devenu un grand entrepreneur de travaux publics. Or les Vibert et leur famille s'étaient très nettement jetés dans la Révolution dès la première heure. Aussi mon père avait-il été élevé dans deux pensions laïques successivement. Mais mon grand-père était mort très jeune d'un coup de sang alors que mon père avait entre les quatorze ou quinze ans, vers 1837 à 1840 et les deux sœurs aînées de mon père, âgées de quelques années de plus que lui, avaient voulu terminer ou diriger ses études avec une orientation plus religieuse. Du reste, à cette époque, la lutte n'était point devenue aiguë comme aujourd'hui et il y avait encore de fort bons esprits qui croyaient, comme Lamennais, à l'union possible de l'Eglise et de la démocratie. »

. . . .

« Plus tard, j'apportai de Paris à mon père qui avait été juge de paix de Montfort-sur-Risle, dans l'Eure, après avoir quitté le barreau des avocats de Paris, de 1867 à 1874, puis de Sézanne dans la Marne, de 1874 à 1879 ou 1880, puis de Mer dans le Loir-et-Cher, de cette époque à sa mort en 1885, les œuvres principales d'Ernest Hæckel et plus particulièrement ses traités d'embryogénie et d'embryologie comparées. Et dès lors je puis dire que l'enquête que mon père avait ainsi menée avec une entière bonne foi pendant un quart de siècle, avait amené des conclusions complètement contraires aux doctrines religieuses. Lui aussi avait salué la loi inévitable de l'évolution chez tous les penseurs et tous les savants qui recherchent la vérité pour elle-même et je puis me flatter, je crois, d'avoir exercé une certaine influence sur son esprit, dans cet ordre d'idées, pendant les dernières années de sa vie.

« C'est que nous menions, mon père et moi, lorsque je revins seul à Paris, mes études terminées, au lendemain de la guerre, en 1872, alors qu'il restait modeste magistrat de province, la vie intellectuelle la plus intime que l'on puisse imaginer. Nous nous écrivions fréquemment, mon père me tenait au courant, au jour le jour pour ainsi dire, de ses découvertes historiques et de ses découvertes de philologie comparée lorsqu'il écrivait *La race sémitique* et ensuite *La race chamitique* qu'il n'a pas pu achever, mais que je vais publier telle qu'elle ; et moi, de Paris, avec mes modestes ressources d'employé à la « Société générale », je bouquinais passionnément pour lui envoyer tous les ouvrages d'orientalisme dont il avait besoin pour ses travaux. Epoque de collaboration purement morale, mais féconde, avec le meilleur des pères, avec le grand savant et le grand historien qu'était Théodore Vibert, je ne puis t'évoquer sans voir repasser sous mes yeux les plus belles années de ma jeunesse studieuse et sans me sentir encore les larmes me monter aux yeux, après plus d'un quart de siècle écoulé, car voilà vingt-cinq ans que mon père vénéré n'est plus, et en écrivant ces lignes, encore toutes pleines de lui, il me semble écrire notre testament littéraire et philosophique à tous deux...

. . . .

« Lorsque *Les Girondins* parurent, les hommes appartenant aux partis les plus divers et en pleine période impériale, l'année même où Rouher signait les fameux traités de commerce avec l'Angleterre, firent des articles enthousiastes et adressèrent des lettres de chaudes félicitations à Théodore Vibert sans s'occuper de ses opinions... »

. . . .

« M. Ledru qui était un avocat célèbre à cette époque, dans son ouvrage sur *le Passé, le Présent* et *l'Avenir de l'humanité*, disait : « M. Vibert n'a pas voulu suivre le barreau. Il reste modeste magistrat. Tous ceux qui aiment Dante, Shakespeare, Ossian, le Camoëns, ont aimé et aimeront à lire cette belle épopée qui fait frémir et pleurer. L'intérêt y est toujours palpitant et à la hauteur des idées philosophiques. C'est une œuvre capitale, actuelle, que n'étouffera pas toujours la conspiration du silence, qui essaie vainement de se faire autour de cette création... »

Je n'essaîrai pas de résumer en quelques lignes ce poème immense — dix mille vers ! — ; mais les citations que je viens de faire donneront je pense à mes lecteurs et à mes lectrices le désir d'acquérir *Les Girondins* et de les lire.

L'édition est très belle. Il est regrettable qu'il y ait d'assez nombreuses coquilles. Par sympathie d'art j'en signale quelques-unes à mon distingué confrère et ami dont je sais l'amour de la perfection littéraire : il a été imprimé :

P. xxviii, « Saint-Georges de Bouhilier, le beau-frère de René Viviani... » au lieu de « Bouhélier ».

De même p. xxix-p. xxx, « Les misérables qui « voyent » dans les lettres, au lieu de « voient » ; « le Nazarien » au lieu de « le Nazaréen ».

P. xxxvi, « et qui ne voyent » au lieu de « ne voient ».

P. xxxvii, « qui n'étouffera pas » au lieu de « que n'étouffera pas ».

P. 7, « gradés » au lieu de gradués ».

P. 10, « Shakespear » au lieu de « Shakespeare », etc.

P. 14, Nous/apprenons que trop combien l'esprit descend.

P. 15, Enfant, rassurez-vous, ces vains mots que j'ai lus
Ne saur*ait* altérer le feu de votre étoile.

P. 27, Les erreurs que le temps, ce cultivateur traître.
A se*mé* dans l'esprit de n'importe quel maître.

P. 35, Nouveau palladium, presse(s) il faut t'exalter.

P. 159, Livrèrent autrefois aux célest(r)es phalanges, etc.

Voilà qui justifie ce que je disais en ma dernière causerie sur les « coquilles ».

Paul Vibert croit à la nécessité des statues pour perpétuer la gloire.

S'il ne s'agissait, dans sa verveuse préface, d'un sentiment — noble et respectable entre tous — tout pénétré de vénération pour la mémoire de son père, je l'entreprendrais à propos de ces signes fragiles, en marbre ou en bronze, que l'on dresse sur les places publiques afin de glorifier les grands écrivains. L'immortalité des écrivains supérieurs est dans la puissance sympathique et la vitalité de leurs œuvres : elle n'est pas, elle ne peut pas être ailleurs. Du reste la statue fixe un génie comme une borne, tandis que par l'œuvre de sentiment et de pensée il vit et fraternise sans fin avec de nouveaux esprits.

L'immortalité esthétique est essentiellement ailée, multiple, diverse, et, par l'imagination, universelle. A quoi bon l'immobiliser sur les boulevards ?

Jacques Lourbet.

Mon excellent confrère et ami Jacques Lourbet a mille

fois raison, mais qu'il me permette de le lui dire, il a fort mal interprété ma pensée, à moins que ce soit moi qui ai manqué de précision dans ladite préface.

Quand je constatais que mon père, historien, philosophe, poète, philologue, savant encyclopédiste aux connaissances universelles, n'avait jamais reçu une décoration et ne possédait ni une statue ni un boulevard à Paris, sa ville natale, portant son nom, je constatais un fait : voilà tout. Et il faut croire que ce fait a étonné plus d'une personne, puisque mon distingué confrère, Paul Fleurot, m'adressait spontanément le 11 avril 1912 la lettre suivante :

« Cher Monsieur Vibert,

« Je regrette beaucoup que le nom de Théodore Vibert n'ait pu être attribué à une rue de Paris ; mais il y a des centaines de noms qui attendent !

« Il faut, en effet, trouver des rues nouvelles, ce qui est assez rare, et, de plus, être d'accord avec le conseiller municipal du quartier intéressé.

« J'espère que nous aurons plus de chance à l'avenir, et vous prie de croire, cher Monsieur, à l'assurance de mes sentiments dévoués.

« Paul Fleurot »,
Conseiller municipal,
7, Avenue des Gobelins, 7. Paris.

Ceci dit, pour bien poser cette fois, la question ; du moins, je l'espère. Je suis entièrement de l'avis de Jacques Lourbet : les décorations et les statues ne signifient absolument rien, n'ont aucune espèce d'importance et si la noble et grande mémoire de mon père est à mille coudées au-dessus de ces puérilités misérables, il n'en est pas moins certain qu'elles existent, qu'elles sont devenues la plus lamentable des monnaies électorales, presque toujours, qu'elles vont aux plus indignes qui ont de l'argent, beaucoup d'argent et qu'elles sont l'agent de corruption politique le plus puissant et le dissolvant le plus méprisable que l'on puisse imaginer. Que dis-je ? il n'en est pas moins certain que ces puérilités misérables en arrivent à compromettre la République elle-même, en la faisant rouler dans la boue, grâce aux compromissions et aux complaisances sans nom des Parlementaires.

Eh bien, mon cher ami, si tous les honnêtes gens, en situation de le faire, agissaient comme moi et protestaient contre l'ignoble *galvaudage* des distinctions honorifiques sous toutes les formes : décorations, statues, monuments, etc., il faudrait bien que l'on en arrive à ce dilemme : ou les supprimer, ou les donner seulement aux plus dignes, car il serait enfantin de se le dissimuler plus longtemps, cette ploutocratie du ruisseau finira par conduire la République aux abîmes.

— Vous savez bien que cette réforme est impossible ; le temps des résolutions héroïques est passé.

— C'est aussi mon avis.

-- Alors ?

— Alors j'ai une troisième solution infiniment plus simple et que je défends dans la presse depuis de longues années : vendre toutes les décorations nationales et tous les titres de noblesse, suivant un tarif très élevé, à un guichet du Ministère des Finances, à tous ceux qui voudraient bien les acheter, en montrant un casier judiciaire vierge.

De la sorte, étant donné la bêtise humaine et l'esprit de gloriole imbécile des parvenus, l'Etat récolterait chaque année de nombreux millions pour assurer le service de retraites ouvrières suffisantes et une des grandes sources de la corruption politique disparaîtrait du même coup...

Je sais bien que vous allez peut-être encore me dire que cela n'a aucun rapport avec l'érection d'un monument ou d'une statue ? Pardon, quand un comité se forme pour élever un monument à un illustre inconnu dont la famille riche fait en général les frais, c'est pour que tous ses membres, le jour de l'inauguration, récoltent une pluie, si j'ose dire, de rubans : on n'honore plus la mémoire des morts, en ce jour, quand il y a de l'argent derrière et des croix à recevoir ! on bat la grosse caisse sur son cadavre et son cercueil sert de tréteaux, que dis-je, de tremplin, aux arrivistes de bas étage qui ont organisé la manifestation ; c'est là précisément où gît tout le mal et il est temps d'y remédier, si nous ne voulons pas être un jour emportés par cette maladie, peu respectable, en vérité.

Albert Dauzat, dans son volume : *Mers et Montagnes d'Italie*, raconte l'histoire lamentable et tragique de Frédéric Hiest qui a « soixante-dix-neuf ans et trois campagnes, vétéran de Crimée et d'Italie, engagé volontaire en 1870, le héros obscur et perclus de Solférino », le tambour héroïque qui a battu la charge sur sa caisse à Solférino pendant douze heures ! Il va mourir, il attend la croix, mais il ne l'aura pas, puisque les Parlementaires ne trouvent aucun profit politique à la lui faire donner !

Pauvre France ! Pauvre République, dévorées l'une et l'autre par les passions malsaines, cyniques et mortelles un jour prochain, des financiers et des politiciens sans scrupules...

NOTES ET SOUVENIRS

Deux types curieux de la Révolution

Momoro et le marquis de Saint-Huruge. Deux victimes du cléricalisme

I

L'Imprimeur

A Georges Dangon, maître imprimeur.

Mon cher ami, si je vous dédie cette courte étude sur deux hommes de la révolution, bien oubliés — injustement — aujourd'hui, ce n'est pas seulement parce que le premier, ayant été imprimeur, je pense que le sujet est de nature à vous intéresser, mais c'est aussi pour vous faire toucher du doigt, une fois de plus comment, au fond, sous la révolution, les vaincus, la plupart du temps, ne furent que les lamentables victimes de l'église catholique qui continuait à exercer ses vengeances, en se servant, comme instruments, des malheureux républicains qui ne se rendaient pas compte des suggestions réactionnaires auxquelles ils obéissaient inconsciemment pendant cette période terriblement troublée de notre histoire.

Paul Deschanel disait dernièrement, avec la douloureuse mélancolie de l'expérience :

« C'est la misère de notre dur métier, à nous autres politiques, que la complexité des situations et des problèmes crée à certaines heures des manières de voir différentes, dont il est impossible à des consciences délicates de ne point souffrir. »

Combien c'était encore plus vrai à cette époque ! Et puis, au fond, ça n'a pas encore beaucoup changé, même aujourd'hui et il semble bien que les dossiers secrets de M. le préfet de police, dressés par ordre de l'église catholique contre les hommes politiques républicains et anti-cléricaux soient là pour démontrer d'une façon saisissante et sinistre la vérité de ce que j'avance en ce moment.

On peut le vérifier tous les jours.

A ce point de vue spécial, je ne dirai pas nouveau, mais encore ignoré, même de beaucoup d'historiens de bonne foi, on ne saurait citer deux figures tout à la fois plus curieuses et plus sympathiques que celles de Momoro et du ci-devant marquis de Saint-Huruge.

Mon père qui connaissait si intimement, je puis dire, tous les hommes de la révolution, grands et petits, alors que j'étais encore tout enfant, m'en parlait souvent et c'est pour moi comme un double devoir de piété filiale et de conviction politique de venir en causer un instant avec vous dans les courtes pages qui vont suivre.

Antoine, François Momoro, que la plupart des historiens et des annalistes qualifient bien à tort de révolutionnaire, sans doute parce qu'il était libre-penseur et libertaire, était né à Besançon, alors capitale de la Franche-Comté, en

1756 ; sorti d'une vieille famille espagnole du temps de l'occupation de la province, comme son nom même l'indique, ses parents lui firent donner une bonne éducation et, ses études terminées, il vint habiter Paris et ne tarda pas à s'y établir imprimeur-libraire.

Ses relations ne tardèrent pas à l'amener à épouser la fille du graveur Fournier qui était un artiste de beaucoup de talent, Mademoiselle Sophie Fournier. Il ne faut pas confondre cet artiste de valeur avec Claude Fournier-Lhéritier dit Fournier l'Américain qui, lui, était un véritable révolutionnaire.

L'exemple est contagieux ; Momoro se mit aussi à faire la gravure des caractères et il ne tarda pas à devenir un imprimeur et même un graveur fort adroit.

A peine âgé de trente-trois ans, dès 1789, cet artisan-artiste, tout comme mes ancêtres, les Vibert, qui, eux-mêmes étaient des commerçants de Paris, comme je l'ai indiqué par ailleurs, Momoro se jeta avec le bel enthousiasme de l'époque dans le grand mouvement qui réveillait la France tout entière et prit crânement le titre de *Premier imprimeur de la Liberté !*

La vertu ne s'enseigne pas. Elle s'acquiert par l'expérience, par l'exercice personnel de la liberté.

A écrit quelque part Gabriel Compayré et l'on peut dire que ce fut bien le cas pour ce brave Français Momoro.

Il ne tarda pas à entrer au club des Cordeliers et rédigea même son journal du 28 juin au 4 août 1791. Cet homme avait vraiment trop d'initiative, il fallait l'immobiliser et c'est ainsi qu'il fut arrêté en 1791, comme étant soi-disant l'un des promoteurs de la manifestation républicaine du Champ de Mars ; mais comme il n'y avait pas là de quoi fouetter un chat, on fut obligé de le relâcher peu de temps après.

Le 10 août 1792 nous le retrouvons combattant très courageusement dans les rangs des patriotes et il fut nommé membre de la commission administrative de Paris pour remplacer ce que l'on appelait alors le directoire du département.

C'est en cette nouvelle qualité qu'il fut chargé de l'organisation des fêtes publiques et ce fut lui qui fit inscrire partout ce qui devait devenir notre belle devise républicaine : Liberté, Egalité, Fraternité, qu'il avait déjà trouvée et formulée dès 1791 et qui depuis ne devait pas tarder à devenir et à rester la devise nationale de la France elle-même.

Le 29 août 1792 le conseil exécutif l'envoya en mission dans le Calvados et dans l'Eure, c'est-à-dire en Normandie et le 11 mai 1793 en Vendée auprès des armées ; il lui avait également confié des missions délicates pour surveiller, organiser et activer l'arrivage des subsistances et l'on peut ajouter qu'il s'en acquitta toujours avec un courage, un patriotisme et une activité dignes de la reconnaissance du gouvernement, si ce sentiment pouvait exister dans le monde politique !

Toujours sur la foi des pamphlétaires de l'époque, dont beaucoup étaient à la solde secrète de la réaction cléricale, l'on a prétendu qu'il était partisan des lois agraires ; rien au monde n'est moins prouvé et puis il faudrait encore s'entendre et savoir comment il prétendait défendre les fameuses lois, si tant est qu'il ait jamais eu velléité de le faire. Car enfin il y a des nuances dans le monde sociologique qui constituent des fossés profonds entre telle et telle théorie, si je puis dire.

Ainsi j'ai passé ma vie à défendre *la nationalisation du sol* dans les mains de l'Etat, suivant la formule de Colins ; c'est une théorie spéciale et précise et si l'on venait, après ma mort, m'accuser d'être partisan des lois agraires, ce serait tout aussi fantaisiste.

Tout ce que l'on peut dire avec certitude de ne pas se tromper, c'est qu'il avait des idées, très avancées, très hardies pour son temps, très sages et très justes aussi et qui avaient, *anticipativement* — pardon pour ce néologisme — des ressemblances parfois frappantes et toujours curieuses avec les théories des écoles socialistes d'aujourd'hui, ce qui le faisait placer, comme on l'a dit justement cette fois, avec un groupe assez restreint d'amis, à l'avant-garde du parti révolutionnaire d'alors.

Si je m'en rapporte à ses théories que j'aurais volontiers faites miennes, si j'avais eu l'honneur de vivre pendant cette grande et sublime époque, le but de la grande crise que l'on traversait, *devait être la disparition de toutes les religions,* de toutes les aristocraties et, comme conséquence naturelle, l'établissement de l'égalité, aussi absolue que possible, entre tous les citoyens. Il était donc logique avec sa propre maxime.

Pour mon compte, je ne vois pas, dans ce programme, des idées révolutionnaires, mais bien plutôt des idées prophétiques, simplement en avance sur son temps, car, pour n'en reprendre que la première partie, il me semble que nous assistons enfin, suivant la forte expression de l'ex-abbé Jules Claraz, *à la faillite de toutes les religions.*

Mais comme je n'ai cessé de le dire et de le constater, en semblable occurrence, il ne pouvait naturellement que se servir des armes, des raisonnements et des idées, résultant d'une mentalité façonnée suivant l'ambiance du moment, c'est pourquoi nous le retrouvons avec Chaumette, le journaliste et l'orateur populaire, Anacharsis Cloots, baron d'origine prussienne et peut-être le plus emballé de tous et Hébert lui-même, le trop fameux directeur du *Père Duchesne*, sous la bannière duquel il s'était enrôlé, peut-être un peu légèrement, comme l'un des principaux promoteurs du mouvement contre le culte catholique et l'un des organisateurs des Fêtes de la Raison.

Sa femme, dont les traditions de grâce et de beauté sont arrivées jusqu'à nous, figura même dans ces fêtes patriotiques et surtout *émancipatrices* dans l'esprit de leurs initiateurs, sous les emblèmes et la physionomie de la déesse de la Liberté et de la Raison.

Ces premières fêtes symboliques n'étaient pas du tout des orgies comme se plurent à le dire les pamphlétaires à la solde de l'église catholique, pleine de rage, en constatant son irrémédiable effondrement et si l'on peut reprocher peut-être à Momoro ses relations et ses amitiés, il est facile de répondre qu'il n'était guère facile de les choisir pendant cette période de la grande épopée révolutionnaire.

L'ex-marquis Maximilien de Robespierre dont la figure continue à rester en partie énigmatique, quoi que l'on en puisse dire, agent conscient ou inconscient de la réaction cléricale, arrêta ce mouvement anti-religieux et en fit proscrire les instigateurs et c'est ainsi que le pauvre Momoro fut arrêté avec ses amis le 14 mars 1794, jugé incontinent et condamné à mort par le tribunal révolutionnaire, en même temps que le général Ronsin, Vincent et Hébert, le terrible substitut du procureur de la commune, sans en compter d'autres, et fut exécuté le 24 mars de la même année, soit le 4 germinal, an II (1).

(1) Certains historiens indiquent la date du 24 avril 1794 ; ils ont dû se tromper et confondre germinal avec floréal, du reste des erreurs de ce genre sont assez fréquentes chez ceux qui se sont occupés de l'histoire de la Révolution et s'expliquent non seulement par le trouble de l'époque, mais aussi

Le plus honnête et le plus convaincu de tous, certainement, Momoro monta à l'échafaud avec une admirable fermeté qui impressionna même la foule imbécile qui venait assister à son supplice.

Maintenant, mon cher ami, laissez-moi me souvenir que vous êtes tout à la fois vous-même imprimeur et journaliste et vous rappeler ici, succinctement les travaux de cet homme trop oublié, pour ne pas dire méconnu et qui fut certainement une victime des machinations secrètes des agents encore plus secrets de l'église catholique pendant cette période troublée de la révolution.

Momoro a laissé beaucoup d'articles, avec le style enflammé de l'époque, souvent éloquent, et peut-être plus imagé encore, à cause de ses origines espagnoles, dans *Le journal des Cordeliers, les Révolutions de Paris* et autres journaux de la même époque ; il a publié à part diverses brochures politiques du plus vif intérêt, entre autres un *Rapport sur les évènements de la guerre de Vendée* (1794), *Réflexions d'un bon citoyen sur la liberté des cultes religieux* (in-8°). Il ne faut pas oublier que Momoro a été exécuté à trente-huit ans et que cependant, il a trouvé le moyen de laisser sur l'imprimerie des ouvrages qui sont encore fort estimés aujourd'hui et que l'on peut lire avec profit. Ces ouvrages sont : *Epreuves d'une partie des caractères de ma fonderie* (1787, in-16) ; *Manuel des impositions typographiques* (1789, in-12) ; *Traité élémentaire de l'imprimerie* (1793, in-8° avec 36 planches).

Comme vous le voyez la révision des grands faits de la révolution commence seulement à pénétrer aujourd'hui dans l'esprit des hommes instruits et ça restera l'éternel

par la confusion que provoquait parfois l'emploi simultané des deux calendriers.

honneur de mon père d'avoir été l'un des premiers à entreprendre cette nécessaire révision, poursuivie depuis, avec tant d'éclat et de succès, par notre ami Alphonse Aulard.

Et maintenant, si vous avez l'amabilité de me suivre encore un instant, je vais vous entretenir d'une figure non moins curieuse, je veux dire du marquis de Saint-Huruge qui fut également une malheureuse victime des passions cléricales qui agissaient dans l'ombre et d'autant plus dangereuses qu'elles étaient secrètes et inconnues de leurs victimes.

II

Le demi-compatriote savoyard

Après avoir parlé de François Momoro, le typographe, dont l'éternel honneur sera d'avoir formulé le premier notre belle devise républicaine : Liberté, Egalité, Fraternité, ce qui doit suffire à le faire passer à la postérité, laissez-moi m'étendre un peu plus sur le portrait étrange et merveilleux d'un demi-compatriote à vous, d'un grand propriétaire en Savoie, qui, par son passé et par le rôle tout à la fois romanesque et tragique qu'il a joué sous l'ancien régime et sous la révolution, semble résumer, en sa personne, d'une manière admirable et dramatique, cette angoissante et sublime époque de transition que furent surtout les premières années de notre immortelle révolution.

Aussi bien, comme je vous l'ai déjà dit, je ne fais que traduire ici les sympathies que mon père, en écrivant *Les Girondins*, avait toujours éprouvées pour ces deux figures : Momoro et de Saint-Huruge, reléguées par l'histoire, bien injustement dans la pénombre de je ne sais quel arrière-plan, sans doute immérité.

Ceci dit, j'arrive de suite à mon second modèle, Victor-Amédée La Fage, marquis de Saint-Huruge, né en 1750 à Mâcon, qui devait devenir le chef-lieu du département de Saône-et-Loire et qui se trouvait à cette époque dans la partie de la province de Bourgogne que l'on désignait plus volontiers sous le nom de Mâconnais, du nom même de la ville. Les historiens l'ont tous plus ou moins désigné, étiqueté sous le vocable de *révolutionnaire français* : c'est vite dit et j'espère vous démontrer facilement que ce n'était qu'un homme, lui marquis de vieille souche, indigné et écœuré par les abus et les crimes de l'ancien régime, ce qui n'est pas du tout la même chose. Il appartenait à la noblesse authentique de Bourgogne et descendait d'une très ancienne famille du pays.

Son père qui possédait dans le Mâconnais les immenses domaines qui formaient le marquisat de Saint-Huruge, avait aussi de fort belles terres en Savoie et comme il était fort bien vu à la cour de Charles-Emmanuel, duc de Savoie, roi de Sicile et de Sardaigne, titre auquel sa maison avait droit depuis 1713 et 1720, presque *persona grata*, il obtint la grande faveur que le fils de son gracieux souverain de Savoie, Victor-Amédée, fut, par délégation, ce qui était peu commode à une époque où les moyens de transport étaient difficiles, le parrain de son fils.

Voilà pourquoi, mon cher ami, votre demi-compatriote s'appelait *Victor-Amédée*.

Grand, vigoureux et beau garçon dès son jeune âge, ayant eu de bons maîtres à danser, de bons maîtres de maintien, tout comme le petit comte de Grignon, suivant le vœu de sa grand'mère, Mme de Sévigné, parce que c'était la mode sous l'ancienne monarchie et que ça suffisait à la cour, du moment que l'on avait une belle figure et de bonnes manières, le jeune marquis Victor-Amédée de Saint-Huruge prit du service à l'âge de treize ans et obtint le grade de major avant d'avoir atteint sa vingt-quatrième année.

Mais bientôt mis en possession d'une fortune considérable par la mort de son père, il ne tardait pas à quitter ce que l'on appelait alors le service du roi, car ce n'était pas encore l'armée de la France, de même qu'il n'y avait pas encore de patriotisme sous la monarchie, au sens élevé que nous accordons à ce mot et qui devait être l'œuvre de la Révolution ; puis il se mit à voyager pour son plaisir et pour achever son instruction, ce dont, avec sa rare intelligence, il éprouvait le besoin bien légitime.

Par la suite, lorsqu'ils le virent verser dans les idées nouvelles et se jeter carrément dans la révolution, les biographes royalistes du temps ne manquèrent pas, avec la bonne foi qui a toujours distingué les tristes congénères du père Loriquet, de l'accuser, de s'être, à cette époque, livré à une dissipation sans seconde, d'avoir dilapidé une partie de sa fortune et d'avoir ainsi provoqué tout naturellement son incarcération.

Le marquis de Saint-Huruge a protesté avec la plus légitime des indignations contre une accusation qui, non seulement, était mensongère, mais encore invraisemblable à une époque où la noblesse française tout entière s'effondrait dans la noce, la vie à grandes guides, la débauche, les dettes et les usuriers, ce qui paraissait tout naturel et ne choquait personne, au contraire.

La vérité est tout autre, bien plus curieuse, bien plus romanesque et bien plus, je ne dirai pas seulement tragique, mais douloureuse pour lui et c'est ce que précisément je vous demande la permission de venir vous conter ici avec les quelques développements que mérite une histoire aussi palpitante, on peut dire sans exagération. Jugez-en.

Ce qui fut hélas vrai, pour le malheur de sa vie, c'est que se trouvant à Lyon en 1778, il eut la faiblesse et l'imprudence, bien excusables à son âge, puisqu'il n'avait que vingt-huit ans, de s'éprendre violemment d'une actrice, Mlle Mercier, qui n'avait aucun lien de parenté, je crois du moins, avec Louis-Sébastien Mercier, le conventionnel et le célèbre auteur du *Tableau de Paris*.

Elle ne manquait pas de valeur et son incomparable beauté et ses manières ensorcelantes doublaient encore l'impression que l'on avait de son très réel talent. Par ses feintes, ses résistances enjôleuses et ses retraites savantes et simulées, elle arriva si bien à réduire à sa merci le pauvre marquis qu'il se décida à l'épouser, ne trouvant pas d'autre moyen pour arriver à la posséder et à consommer sa flamme, comme l'on disait alors...

On écrirait des volumes sur ce sujet charmant, comme disaient nos grand'mères, sans jamais arriver à pouvoir l'épuiser. Sully-Prud'homme qui est resté lui-même, toute sa vie, sous le coup et les regrets d'un amour malheureux, a écrit ces vers douloureux :

On dit que Raphaël aimant la Fornarine
Assez pour désirer des nuits sans lendemains,
Laissa le souffle pur de sa jeune poitrine
Fuir sous l'oppression de baisers surhumains.

Et comme le marquis était jeune et ardent, encore grand seigneur à cette époque, il n'était pas loin de penser comme Alfred de Musset :

Il faut dans ce bas monde aimer beaucoup de choses
Pour savoir après tout ce qu'on aime le mieux !
Les bonbons, l'océan, le jeu, l'azur des cieux,
Les femmes, les chevaux, les lauriers et les roses.

Le coup de tocsin devait changer toute cette mentalité superficielle et *poudre de rizé*, si j'ose dire, un jour prochain et suivant la forte image d'Edmond Thiaudière, en amitié, comme en amour, combien de tendresses postiches... Mais, hélas, en 1778, de Saint-Huruge n'était pas à un âge où l'on est capable de réfléchir sérieusement, quand on est sous le coup de la passion.

Ce fut pour lui le désastre de sa vie, car Mlle Mercier, avant sa venue sur une scène lyonnaise, avait été connue à Paris, sous le nom de Laurence, et avait même été, ô honte suprême, inscrite sur ce que l'on appelait alors, par un aimable euphémisme, les registres de la police ! Comment s'y prit-elle ? Eternel mystère qui prouve que l'amour est toujours aveugle et que le plus galant homme est capable des pires folies quand il est blessé par le démon malicieux, toujours pour parler le langage du temps ! Toujours est-il qu'elle sut cacher ses antécédents, plutôt déplorables, avec tant d'art, qu'elle ne tarda pas à devenir très authentiquement, par-devant M. le curé — le mariage civil n'existait pas encore — Mme la marquise de Saint-Huruge !

Vous me direz que l'aventure est banale ; je le veux bien au premier abord ; mais pas tant que cela quand on songe à l'époque, aux circonstances et au côté psychologique vraiment curieux et empoignant de l'aventure.

Il faut, pour arriver à considérer ce cas comme une véritable entité des folies amoureuses, en l'espèce — ce qui est la vérité — s'en rapporter à la requête que le marquis de Saint-Huruge adressa en 1787, c'est-à-dire neuf ans après sa première entrevue avec la terrible sirène à Lyon, au Parlement, précisément à propos de son mariage avec Mlle Mercier.

Il faut voir en quels termes, tout à la fois ardents et cruels, haineux et passionnés, il y décrit lui-même sa flamme, que dis-je, cette femme possédant une beauté à laquelle personne ne pouvait, n'avait pu résister, cette femme artificieuse, intrigante, misérable dans tous les sens du mot et cependant possédant toutes les qualités apparentes, toutes les belles manières des personnes les plus distinguées. les mieux élevées du monde et de la cour, comme il le dit lui-même ; mais le morceau est si savoureux que je lui cède la parole pour bien vous faire toucher du doigt comment il parlait d'elle dans cette étonnante requête : « Je ne crois pas qu'il y ait dans notre siècle un être plus terrible qu'une jolie femme qui se livre sans mesure au libertinage ; la mienne joint à une beauté rare un esprit délié et une représentation telle que l'ont les femmes de qualité les plus intéressantes. Personne n'a plus de talent pour séduire et pour mettre à profit les circonstances. Personne n'est moins délicat sur le choix des moyens ».

Il y a dans ce mémoire, au point de vue de la passion, au point de vue purement psychologique un monument peut-être unique dans l'histoire du cœur humain ; quelle plus belle démonstration de ce que peut être la puissance insensée de l'amour, de cette terrible passion, comme je le disais plus haut, même au bout de neuf ans de possession et peut-être à cause de ces neuf ans de possession (1). Jamais on n'était descendu aussi profondément dans les replis, dans les secrets mystérieux du cœur humain qu'à la lecture de cette émouvante supplique et ce qui achève la stupéfaction du lecteur, c'est que certainement le pauvre marquis de Saint-Huruge ne s'en est pas douté lui-même, en l'adressant au Parlement.

(1) Sur ce point on n'est pas bien fixé et ce serait peut-être, au contraire, une abstinence forcée, une viduité prolongée qui l'auraient conduit à cette

A chaque ligne on sent la colère, la haine, le désespoir, oui, certes ; mais derrière chaque ligne aussi, plus fort que tout, que sa volonté, que ce qu'il croit penser et croire de sa femme, il y a la passion qui déborde, l'amour qui transperce, le culte frénétique de l'idole renversée, mais toujours adorée et c'est ce qui donne vraiment un caractère d'immortelle grandeur à cette requête, tout à la fois simple et sublime aux yeux du philosophe et du penseur. On semble palper une étoffe tissée par les Euménides en fureur, mais dont la trame secrète et cependant rayonnante serait l'œuvre tout entière du fils de Vénus ! Tant il est vrai que la haine n'est le plus souvent que la doublure de l'amour !...

Dans de telles conditions, on se doute bien que le bon accord entre les deux époux ne devait pas durer bien longtemps : six mois à peine.

Appelé à Paris pour régler des affaires urgentes, de Saint-Huruge ne tarda à apprendre le passé plutôt équivoque, pour ne pas dire plus, de sa femme et quel genre de vie elle avait mené à Bruxelles, à Spa, partout, en un mot, où elle avait vécu et mené la vie à grandes guides. A cette époque les bâtons de chaise n'avaient pas encore la mauvaise réputation dont ils devaient jouir plus tard ; c'est pourquoi je ne me sers pas de la comparaison en ce moment.

exaspération contre l'objet aimé – style du temps — le problème psychologique n'en devient que plus intéressant. La revoyait-il ou non ? Ce serait le point palpitant à éclaircir, quoique la chose paraisse peu vraisemblable.

L'idée de ne plus voir les gens qui vous pèsent est pour quelque chose dans le plaisir d'un voyage.

dit la *Vie Parisienne* ; était-ce le cas du marquis ?

Nous avons dans cette rencontre
Plaidé le pour, plaidé le contre
Et rien n'est encor résolu !

Au lecteur à poursuivre son enquête ; la solution du problème en vaut bien la peine pour un psychologue !

Sur le même temps, il fut, grâce aux savantes indiscrétions d'amis maladroits ou de femmes jalouses, complètement édifié sur la conduite présente que menait sa femme, car son aimable tempérament n'avait pas tardé à lui faire perdre toute prudence et toute retenue.

Les bons amis pour accomplir cette misérable besogne ne devaient pas faire défaut et comme l'a si bien constaté Jean Lorrain :

On rencontre de telles misères et de telles iniquités que tout le mal qui arrive aux riches vous paraît mérité, tant la chance d'autrui vous semble du bien volé.

De Saint-Huruge était jeune, beau et riche ; les amis félons ne devaient pas manquer sur son chemin. Le contraire n'aurait pas été humain !

Comme le disait le marquis lui-même : elle avait laissé tomber le masque et elle avait bientôt repris sa vie galante et facile d'autrefois, sans même prendre le soin des plus élémentaires prudences, le souci des apparences, ce qui, pour un esprit indulgent plaiderait peut-être en faveur de sa franchise.

Mais du moins avec le flair particulier qui la distinguait, avec sa haute intelligence, elle avait su profiter, incontinent (1), de sa haute situation nobiliaire pour se créer de puissants, de très puissants protecteurs, entre autre le ministre d'Etat Amelot, dont on a perdu jusqu'au souvenir aujourd'hui et qui cependant était l'homme tout-puissant de son époque (2).

(1) Garder la tournure adverbiale, s. v. p.

(2) C'est bien cet Amelot, alors ministre de Louis XVI et secrétaire d'Etat au département de Paris, qui fit ouvrir en 1777, sur les fossés des anciens remparts — chemin de la contrescarpe, enceinte de Philippe-Auguste — la rue qui porte son nom encore à l'heure actuelle. Pour plus amples renseignements, on peut consulter Gustave Pessard.

Elle avait si bien embobeliné le ministre dans ses rets amoureux qu'elle ne tarda pas à obtenir de lui une lettre de cachet contre son mari, sous le fallacieux prétexte qu'il avait aidé un de ses gardes à tuer un paysan, fait absolument mensonger, à peine est-il besoin de le dire et que le pauvre marquis a toujours nié avec la plus vive et la plus sincère indignation.

Par un raffinement de cruauté la marquise avait obtenu de l'infâme Amelot que de Saint-Huruge fut enfermé avec les fous, à Charenton, pensant s'en débarrasser ainsi plus vite et plus facilement.

A ce propos, il convient de relever ici une grave erreur, que je veux croire involontaire et commise par Alphonse de Lamartine dans son *Histoire des Girondins,* qui le fait enfermer à la Bastille.

Le marquis resta ainsi enfermé pendant trois ans, du 4 juillet 1781 au 7 décembre 1784 et ce n'est qu'au bout de deux ans, lorsque Amelot eut enfin quitté le ministère, qu'il lui fut permis de communiquer avec sa famille et qu'il obtint, grâce à l'intervention puissante de ses deux sœurs, d'être transféré du quartier des fous et des épileptiques où il se trouvait enfermé à Charenton, dans celui des prisonniers pour dettes.

Après ce premier et bien léger adoucissement, ses deux sœurs continuèrent inlassablement leurs démarches libératrices et au bout d'un an de pressantes sollicitations et de prières de chaque instant auprès du pouvoir le plus pourri, elles obtinrent enfin qu'il fut remis en liberté.

Mais ce ne fut pas sans condition et lui, la lamentable victime de son infâme épouse, on l'obligea à signer une pièce en due forme, par laquelle il assurait une pension de 6.000 livres, somme considérable pour le temps, à la marquise, la laissant entièrement libre de vivre à sa guise, et de plus, cette ignoble pièce le faisait *consentir* — le mot est joli dans son hypocrisie — à rester en exil dans ses terres, sous la main de l'autorité.

Etait-ce en Mâconnais ou en Savoie ? Comme je n'ai pas la pièce sous les yeux en ce moment, il m'est malheureusement impossible de préciser ce point d'une certaine importance pour nos amis savoyards.

Toujours est-il qu'à peine libre, de Saint-Huruge, protesta avec la dernière énergie contre l'acte misérable qui lui avait été extorqué, le couteau sur la gorge, l'on peut dire sans exagération, car l'aimable marquise n'en aurait pas été à un crime près, exécuté par ses amants, sur un signe de ses beaux yeux !

De Saint-Huruge retrouva ses vastes domaines mis au pillage par sa femme pendant sa longue détention ; non seulement ils étaient dans un complet état d'abandon, mais la malheureuse créature n'avait pas craint d'en aliéner une grande partie.

L'infâme Amelot était bien parti, mais son successeur, M. le baron de Breteuil, originaire de l'Eure ou de l'Oise, je ne sais plus au juste et le préfet de police Lenoir, qui ne valait pas mieux, ne cessèrent pas d'entourer le marquis de la surveillance la plus tatillonne et la plus exaspérante, toujours à l'instigation de sa femme.

Ce Jean-Charles-Pierre Lenoir, né en 1732, mort en 1807, lieutenant de police à Paris de 1775 à 1785, jouit d'une réputation certainement usurpée. Il établit le Mont-de-Piété, poursuivit l'éclairage des rues et contribua dans une certaine mesure à l'abolition de la torture, c'est vrai en partie, mais il avait bien l'âme policière, comme la plupart de ses congénères et le pauvre de Saint-Huruge fut une de ses innocentes victimes. Pour un homme qui voulait soi-disant abolir la torture, ce n'était peut-être pas très logique et encore moins honorable. Passons.

Le marquis, poussé à bout, exaspéré, se décida à fuir en Angleterre qui était déjà la terre classique de l'hospitalité et de la liberté et c'est alors qu'il adressa au Parlement la longue requête, datée de 1787, dont je vous ai entretenu tout à l'heure, à propos de sa femme. Il avait, en même temps, choisi le conseiller d'Espréménil, comme devant être son défenseur.

Mais à cette époque de corruption générale qui caractérisait si lamentablement la fin de la monarchie, agonisante dans l'universelle débauche, ces affaires, délicates et politiques tout à la fois, étaient conduites avec la plus navrante des lenteurs et j'ajouterai des lenteurs voulues et calculées quand des gens haut placés, comme des ministres et des lieutenants de police s'y trouvaient mêlés ou compromis.

Naturellement le malheureux n'était pas content et il faut avouer qu'il y avait bien de quoi ; à chaque ligne il laissait percer des dissentiments profonds. Ce n'était pas seulement le pamphlet douloureux contre sa femme que j'analysais plus haut, au début de cette étude, c'était encore, c'était surtout un réquisitoire violent et énergique contre l'ancien ministre d'Etat Amelot, contre son successeur en infamie, le baron de Breteuil, et contre un certain sieur Robiquet, homme à tout faire, espèce de maître Jacques-louche, agent plus ou moins secret des deux ministres, et contre le trop fameux lieutenant de police, contre Lenoir, dont il ne craignait pas de citer des lettres fort compromettantes. L'on peut dire que cette défense, énergique et aggressive en même temps par certains côtés, démontre à quel point les mauvais traitements qu'il avait subis pendant tant d'années l'avaient justement aigri et exaspéré contre un régime où de telles infamies, que dis-je, de tels crimes étaient possibles...

Cela aurait pu durer encore longtemps et il est même probable qu'on l'aurait coffré encore de nouveau, avant et plutôt que de lui rendre justice quand, fort heureusement pour lui, la révolution éclata, subitement, comme un coup de tonnerre pour le peuple, normalement, logiquement, tout naturellement pour les philosophes, les penseurs et les encyclopédistes qui l'attendaient avec impatience depuis longtemps.

*
* *

Maintenant, mon cher ami, nous allons entrer de plain-pied dans un monde nouveau, dans la révolution, et après ce que nous venons de voir du long martyre de Saint-Huruge, vous ne doutez pas un instant qu'il va s'y jeter à corps perdu, comme l'on court vers l'oasis, après le désert décevant. Il ne tarde pas à venir réclamer lui-même contre tous les vieux et cruels abus de la monarchie, de ce que l'on ne devait pas tarder à appeler *l'ancien régime,* très clérical, très débauché et très hypocrite, avec l'effroyable colère et la profonde rancœur d'un malheureux qui en avait été toute sa vie la lamentable victime.

Entrant à peine dans la quarantaine, grand, très bel homme, portant beau comme l'on dit familièrement et ayant conservé de son premier métier des armes un air martial et décidé dans la meilleure acception du mot, très sincèrement démocrate tout en ayant gardé une allure de grand seigneur, possédant un bel organe et une voix tonitruante comme Mirabeau qui, d'ailleurs, n'avait qu'un an de plus que lui et n'allait pas tarder à devenir le plus grand orateur de l'Assemblée constituante, il était même par un certain côté, supérieur à l'illustre tribun car il était fort de la haine implacable que toutes les persécutions endurées pendant tant d'années lui donnaient en quelque sorte le droit et je dirai même le devoir de nourrir contre le monstrueux pouvoir personnel du roi, encore plus monstrueux, parce qu'il était délégué, comme nous venons de le voir, à des bandits de la trempe d'Amelot, du baron de Breteuil, du policier Lenoir ou de la basse crapule qui s'appelait Robiquet.

C'est bien sur la tombe de ces sacripants que l'on aurait pu inscrire cette épitaphe vengeresse :

Ci-gît monseigneur de Coutance
Grand voleur, qui mourut au lit.
Il serait mort à la potence
S'il avait été plus petit.

Aussi tout de suite, spontanément, nous allons le retrouver parmi les plus emballés, les plus ardents du fameux groupe du Palais-Royal qui avait son siège au café de Foy. Gustave Pessard, dans son *Nouveau dictionnaire historique de Paris*, rappelle comment pendant les années révolutionnaires de 1789 à 1793, le jardin du Palais-Royal était devenu un véritable club ; toutes les nouvelles y affluaient, les orateurs les plus ardents s'y faisaient acclamer. C'est à un arbre du jardin placé en face du café de Foy, galerie Montpensier. 15, que Camille Desmoulins détacha le 12 juillet 1789, la feuille, *couleur d'espérance*, qui devait servir de cocarde et de signe de rallîment à tous ces bons patriotes, et qui, quarante-huit heures après, allait amener la prise de la Bastille.

Du reste si j'ai bonne mémoire, j'ai, moi-même, dans *Mon Berceau*, histoire anecdotique du premier arrondissement, parlé tout au long du Café de Foy, à propos de la fameuse hirondelle d'Horace Vernet, peinte au plafond et que j'ai pu contempler de mes propres yeux... sans en garantir l'authenticité, bien entendu.

A cette époque les hommes les plus en vue du café de Foy étaient Camille Desmoulins, Loustalot, avocat et journaliste très populaire, le baron de Tintot et bientôt l'ex-marquis de Saint-Huruge ; mais Camille Desmoulins et ce dernier en étaient les deux orateurs ardents et enflammés, les plus écoutés, et la journée du 30 août 1789 ne devait pas tarder à mettre le marquis en pleine lumière et l'on peut dire au premier plan.

La Constituante discutait la question du *veto* absolu ou du *veto* suspensif et la majorité semblait acquise au *veto* absolu, ou tout au moins penchait fortement en sa faveur (1).

On était un dimanche ; Paris, comme on l'a souvent répété depuis, était sur un volcan, pour ne pas dire qu'il y dansait, mais c'était tout comme. Partout une agitation fébrile, maladive, dans ce beau quartier où je devais voir le jour soixante-deux ans plus tard...

(1) En parlant des lettres inédites de Mme de Staël que l'on vient de retrouver, Robert Kemp fait d'elle cet amusant portrait :

« Elle admire le veto, et s'imagine que la cour y gagne en prestige. Elle est pourtant assez intelligente pour comprendre que la cour fait des bêtises, — et elle le dit. Mais elle accorde aux petites intrigues pour les ministères, par exemple, une importance qu'elles n'eurent point, et elle ne distingue pas le grand, le formidable courant. D'un mot elle *croque* Robespierre. C'est le *vigilant Robespierre*. Bravo. Mais elle n'insiste pas, et ne devine pas le rôle que joûra l'avocat d'Arras.

« Bref, malgré des lueurs, de-ci, de-là, cette femme d'un si haut génie, d'une intelligence si éveillée, si touche-à-tout, n'a, au cours de la Révolution, discerné que les petits faits ; les forces vives lui ont échappé.

« Il est vrai qu'elle n'avait que vingt-quatre ans ! »

Et puis ce qu'il aurait pu ajouter c'est qu'à cette époque personne ne pouvait encore prévoir les grands événements qui allaient se passer.

C'est à nous à ne pas être victimes d'un effet de mirage rétrospectif, trop facile, quand on étudie la Révolution. Ceci prouve, une fois de plus, que le rôle de prophète n'est donné à personne, quoi que l'on puisse dire et penser, après coup.

Dès la première heure, le Palais-Royal était rempli d'une foule immense, protestant avec la véhémence, en partie insconsciente des foules, contre l'extraordinaire attitude de l'Assemblée. C'est alors, à ce moment précis qui devait être un moment historique, que Camille Desmoulins et de Saint-Huruge rédigèrent sur un coin de table du café de Foy, au milieu du brouhaha d'une cohue délirante, la célèbre *motion du Palais-Royal* qui mettait carrément en suspicion un grand nombre de députés et qui proposait, non sans raison, de donner une garde de sûreté à Mirabeau et, cette motion, ce fut Saint-Huruge lui-même qui réclama l'honneur d'aller la présenter en personne à la barre de l'Assemblée constituante, à la tête de ses six cents signataires.

Il était dix heures du soir, le Palais-Royal offrait un coup d'œil inoubliable cette nuit-là, ont dit les contemporains qui assistaient à cette grande manifestation historique. Tout à coup la Municipalité fit fermer les barrières et empêcha ainsi la députation de se rendre à Versailles.

Mais à cette époque tragique et sublime que fut la révolution, la plus empoignante certainement qu'ait jamais enregistrée l'histoire, les événements marchaient vite ; le surlendemain, 1er septembre, Saint-Huruge était arrêté comme ayant soi-disant *provoqué une sédition populaire et dénoncé sans mandat légal une partie des membres de l'Assemblée constituante !*

Il fut conduit et enfermé au Châtelet pour y être jugé *prévôtalement*, c'est-à-dire sans appel, dans les formes obsidionales d'un conseil de guerre que rien ne justifiait alors. Cependant la chose paraissait si monstrueuse en elle-même : *sans mandat légal* ! alors qu'il avait tout le peuple de Paris derrière lui, comme Camille Desmoulins, que l'on ne put pas faire autrement que de le relâcher un mois après son illégale incarcération.

Cependant l'on n'avait pas perdu son temps au café de Foy, car les résultats de la motion du Palais-Royal et de l'extraordinaire agitation qu'elle avait causée dans tout Paris ne tardèrent pas à faire fléchir et réfléchir, si j'ose dire, les ministres du roi, toujours affolés de réaction, de cette réaction imbécile qui ne devait pas tarder à perdre la monarchie ; mais du moins pour le moment, fortement secoués par l'alerte, inattendue pour eux, du Palais-Royal, ils eurent le bon esprit de s'en tenir au veto suspensif.

Avec la crânerie et le beau courage qui le distinguaient et le rendirent si promptement populaire, Camille Desmoulins, dans un de ses premiers pamphlets : *Réclamations contre de nouveaux abus,* défendit spontanément Saint-Huruge, au lendemain de son arrestation, démontrant sans peine la pleine légalité des motions. De son côté, Saint-Huruge se défendit lui-même, et avec non moins de logique, dans son *Mémoire succinct du Marquis de Saint-Huruge, sergent dans les gardes nationales parisiennes au district de Saint-Roch, sur sa demande de liberté provisoire à MM. des districts de la Commune de Paris,* en date du 20 septembre 1789.

A partir de ce jour on le retrouve mêlé à toutes les agitations révolutionnaires, toujours au premier rang, toujours avec la même ardeur d'un homme qui avait à venger tout une vie de supplices et de douleurs, à lui infligés par l'ancien régime et c'est ainsi qu'il prit part, mais en sous-ordre seulement, aux journées des 5 et 6 octobre et à celle non moins mémorable du 10 août 1792 qui consommait la chute irrémédiable de la royauté par l'arrestation de Louis XVI. Mais je serais incomplet, si je ne rappelais pas comment, l'année précédente, le 31 mai 1791, alors que l'on brûlait l'effigie du pape sur la place du Palais-Royal, à cette époque beaucoup plus petite qu'à présent, il fut un des orateurs les plus véhéments et les plus éloquents aussi (1).

Il fut de nouveau jeté en prison un moment sous la Terreur, accusé d'être l'ami et le partisan de Danton, par les Robespierristes, comme l'on disait alors, mais il fut remis en liberté au 9 thermidor.

On l'a dit souvent : la Révolution usait vite les hommes et il faut croire que la mission de Saint-Huruge était terminée, car le lendemain, tandis que Robespierre — un autre marquis — montait à l'échafaud le 10 thermidor, lui retombait dans un oubli profond dont il ne devait plus sortir jusqu'à sa mort, survenue en 1810, alors qu'il n'avait que soixante ans. Jacques Normand a dit quelque part :

Il n'y a pas de vieillards gais... Il n'y a que des vieillards résignés.

Ce devait bien entièrement être le cas du pauvre marquis.

Il continua à vivre tranquillement, partageant ses loisirs entre Paris et ses terres du Mâconnais où il avait conservé encore, malgré les antérieures dilapidations de sa femme, un domaine fort important. Il est probable qu'il allait aussi de temps en temps séjourner dans ses terres de Savoie qu'il aimait beaucoup; mais je n'ai pu retrouver traces de ces derniers déplacements sur la fin de sa vie et c'est un travail de recherches que je serais heureux de voir accomplir par les professeurs qui se trouvent sur les lieux et ont tous les instruments de travail sous la main.

Si j'avais le temps, mon cher ami, je voudrais écrire un gros volume historique sur le marquis de Saint-Huruge, ses amours et sa vie politique, donnant ainsi un tableau complet, vivant, saisissant de la société du temps, de la vieille

(1) Voir : *Mon Berceau*, déjà cité.

monarchie, s'effondrant dans la boue, et de la révolution, l'Aurore du monde nouveau ; et puis je voudrais écrire une pièce, un grand drame historique, si vous voulez, intitulé tout naturellement : La marquise de Saint-Huruge !

La divine, pardon, l'infernale marquise, *encore plus séduisante à la ville qu'à la scène,* comme l'on disait alors et qui avait fait tourner la tête à tant de hauts personnages, à commencer par les premiers ministres du temps.

L'infernale marquise ou le triomphe de l'amour ! on aurait dit à l'époque où l'on aimait les sous-titres.

Ne serait-ce point là le moment de répondre à l'éternelle question : qu'est-ce que l'amour ?

Problème troublant, quand on se trouve en face d'une femme comme Mme de Saint-Huruge qui aurait dû rester toute sa vie Mlle Mercier ; mais alors elle n'aurait peut-être pas eu le même ragoût excitant pour MM. les politiciens de la cour agonisante et corrompue... Je vais avoir l'air bien vieux jeu, mon pauvre ami, mais il me semble, qu'en l'espèce, les sens devaient l'emporter sur le cœur, le physique sur le moral.

Que voulez-vous, notre nature est trop complexe pour qu'il puisse en être autrement, à de rares exceptions près....

Mais voilà, la vie est courte ; à peine a-t-on eu le temps de respirer que l'on en arrive à la phrase finale : *e finita la comedia* du grand ministre, de sorte que j'ai bien peur d'être mort avant d'avoir écrit la pièce historique de mes rêves :

La marquise de Saint-Huruge.

En attendant cherchez-moi toujours un collaborateur ; ça me donnera du cœur à l'ouvrage.

III

Adélaïde de Bellegarde

Je comptais bien, en rester là, lorsque à propos d'un livre, que dis-je, d'un pamphlet violent contre Hérault de Séchelles, l'un des hommes les plus sympathiques de la Révolution, tout comme Camille Desmoulins, Danton et notre ami de Saint-Huruge, publié par M. Ernest Daudet, par *l'autre* comme disait Rochefort, qui écrit l'histoire à la manière de M. Frédéric Masson, mon excellent confrère, M. Etienne Destranges met en lumière d'aimables figures de Savoyardes que je ne puis vraiment laisser dans l'ombre, persuadé que je suis que leur évocation vous fera plaisir.

Mais auparavant laissez-moi bien insister sur ce point, car il y a là une question de moralité et de salubrité publique : MM. Frédéric Masson et Ernest Daudet ne font de l'histoire que pour entasser mensonges sur délations, calomnies sur injures et le rôle qu'ils ont joué dans l'affaire historique de Louis XVII, les injures gratuites, puériles et fausses dont ils n'ont cessé de l'accabler, leur retirent tout espèce d'estime et de considération de la part des honnêtes gens qui ont le respect de leur plume et de la vérité historique.

Ceci dit et laissons volontairement de côté l'histoire bien connue de Hérault de Séchelles, voici la note de M. Etienne Destranges sur celle qu'il appelle *sa dernière maîtresse* et qui fut surtout son amie bonne et dévouée, sa compagne fidèle et courageuse dans la plus noble acception du mot :

« Les armées de la République venaient de conquérir la Savoie, dont les habitants appelaient les Français de tous leurs vœux. Parmi les commissaires envoyés par la Convention à Chambéry figurait Hérault de Séchelles.

« Vivaient alors, non loin de cette ville, au château des Marches, une jeune femme de vingt ans. Adélaïde de Bellegarde, mariée à son cousin, colonel de l'armée piémontaise, et sa jeune sœur, âgée de seize ans, Aurore. Elles avaient salué avec ardeur la Révolution française. Aimant passionnément la liberté, elles virent avec une joie profonde l'annexion de la Savoie. Toutes les deux étaient belles, intelligentes et bonnes et elles avaient l'une pour l'autre, la plus tendre affection. Le jour où Hérault de Séchelles fit son entrée à Chambéry, il vit la comtesse de Bellegarde. Elle fit sur lui une grande impression. Adélaïde, de son côté, reconnut dans le conventionnel l'homme qui devait lui faire connaître enfin l'amour — son mari, sous ce rapport, l'avait laissée complètement indifférente. Quelques semaines après, le « délicieux Séchelles » et la belle comtesse de Bellegarde étaient amant et maîtresse. De son côté, la jeune Aurore était tombée dans les bras de l'un des collègues d'Hérault, le conventionnel Philibert Simond, un ancien prêtre. Ses « scandaleux éclats » font se voiler la face à M. Ernest Daudet, tout à l'heure si indulgent aux frasques de Mmes de Séchelles, grand-mère et mère du conventionnel, la première avec un blanc-bec de vingt cinq ans, la seconde avec un vieux barbon. Mais Mmes de Séchelles n'étaient pas des républicaines. La liaison des dames de Bellegarde avec les deux proconsuls, ne fut pas inutile à nombre de Savoisiens. Grâce à elles bien des habitants de Chambéry passèrent sans être inquiétés la période révolutionnaire.

« Quand Hérault et Philibert Simond furent rappelés à Paris, Adèle et Aurore de Bellegarde suivirent leurs amants dans la capitale. La passion de Séchelles pour la comtesse n'avait fait que croître. Le conventionnel ne quittait presque pas sa maîtresse. On était dans les mois les plus sombres de 1793. Hérault de Séchelles était alors président de la Convention et la « citoyenne » Bellegarde assista, terrifiée, aux séances de mai et de juin. Le 10 août, à la fête donnée sur la place de la Bastille, elle vit avec orgueil son amant, chargé du premier rôle, remplir une coupe aux jets que lançait de ses seins, la colossale statue de la Nature.

« Cette cérémonie marqua l'apogée de la carrière d'Hérault. Déjà il était condamné dans l'esprit de Robespierre. Pour l'Incorruptible, le « délicieux Séchelles » n'était qu'un modéré et un débauché dont il fallait purger la République. Envoyé en mission à l'armée du Rhin, Hérault fut imbécilement accusé d'avoir voulu livrer Colmar à l'étranger. Revenu en toute hâte à Paris, il se défendit éloquemment devant la Convention et ne fut pas inquiété. Mais la haine de Robespierre veillait. En mai 1794, sous le faux prétexte d'asile donné chez lui à un émigré, Hérault de Séchelles fut arrêté ; quelques jours après ce fut le tour de Danton et de Camille Desmoulins. Ils marchèrent ensemble au supplice.

« Hérault garda devant la mort une indifférence élégante et dédaigneuse. « Mon ami, dit-il à Camille Desmoulins, moins calme que lui, montrons que nous savons mourir. » Il gravit les degrés de l'échafaud, les yeux fixés sur le Garde-Meuble. Là, une main de femme, à travers les volets entrouverts, lui envoyait un suprême adieu.

« D'après une légende, Hérault de Séchelles aurait été marié et aurait eu deux fils. L'un serait devenu comédien, l'autre se serait établi à Nantes. M. Daudet, prouve par l'acte de partage de la succession d'Hérault que celui-ci est décédé sans postérité. Les Hérault qui existent actuellement ne descendent nullement du conventionnel et n'ont aucun droit à s'appeler de Séchelles.

*
* *

« Quelques jours après l'exécution de son amant, Adèle de Bellegarde fut arrêtée, ainsi que sa sœur, mais le 9 thermidor, survenu peu après, les sauva de l'échafaud.

« La comtesse de Bellegarde avait sincèrement aimé Hérault de Séchelles, mais elle n'était pas d'une nature inconsolable. Lancée dans la société frivole et corrompue du Directoire, elle y remporta de vifs succès. C'est elle qui posa pour David, dans l' « Enlèvement des Sabines », la femme à genoux aux seins opulents. Peu après elle devint la maîtresse du chanteur Garat et en eut deux enfants : une fille et un fils que sa tante Aurore de Bellegarde adopta.

« A la chute de l'Empire les dames de Bellegarde redevinrent royalistes... et vertueuses. La haute société, oublieuse des amours de la belle Adèle, comme on l'appelait familièrement par abréviation, et de ses deux enfants adultérins, la reçut à bras ouverts. Elle-même ne tarda pas à oublier son passé révolutionnaire et ce fut toute confite en dévotion qu'elle mourut en 1830. »

Maintenant, au point de vue savoyard, il y a une question à éclaircir, c'est de savoir exactement quel était ce de Bellegarde, colonel de l'armée piémontaise ? La chose n'est peut-être pas très facile à élucider, étant donné la multiplicité des branches de la famille de Bellegarde, issue primitivement de savoie.

Il y avait bien un comte Henri de Bellegarde, né à Chambéry vers 1755, tandis que certains historiens le font naître à Dresde le 28 août 1756 et mourir à Vienne, en Autriche, le 22 juillet 1845 et non pas en 1831, suivant l'opinion des premiers historiens.

Or suivant moi, ce doit être la seconde version qui est la

bonne, puisqu'elle m'est fournie par von Smola, *das Leben des Feldmarchalls H. Von Bellegarde,* Vienne 1847, c'est-à-dire deux ans après l'indication de sa mort.

Le comte Henri de Bellegarde fit avec distinction toutes les campagnes contre la France depuis 1792, sous les ordres de Wurmser et de l'archiduc Charles et fut appelé, en 1805, à la présidence du conseil de guerre aulique qui était autrefois le tribunal suprême en Allemagne, comme qui dirait la Cour de cassation, au-dessus des conseils de guerre, fonctionnant à côté de la juridiction civile.

L'année suivante, c'est-à-dire en 1806, il fut nommé feld-maréchal et gouverneur de la Galicie et il y a laissé le souvenir d'un administrateur équitable et modéré.

Enfin pendant les années 1814 et 1815 il remplit les mêmes fonctions — ce qui n'était pas commode — à la tête des provinces autrichiennes en Italie.

Ce comte Henri de Bellegarde était-il le frère ou le cousin du colonel de l'armée piémontaise ou même de sa femme Adélaïde — puisqu'elle avait épousé son cousin ?

Voilà ce qu'il serait intéressant de savoir, au point de vue de l'histoire locale de la Savoie, sous la Révolution.

Le père du comte Henri de Bellegarde, Savoyard cependant, le comte Jean-François de Bellegarde, avait été ministre de la guerre en Saxe.

Une branche de cette famille qui semble bien originaire de Savoie, s'est fixée au Brésil et une autre en France et, à l'heure présente, il y a dans l'armée un capitaine de Bellegarde, homme fort aimable et officier de valeur qui aime son métier, en garnison à Lyon.

A sa place je voudrais écrire l'histoire de la famille savoyarde des de Bellegarde, convaincu que je suis que cela serait fort intéressant.

Voilà, mon cher ami, la petite contribution concernant la

Savoie, à propos de la Révolution française, que je voulais vous dédier.

Je serai trop heureux si elle a pu vous intéresser un instant et si elle peut un jour donner à quelques érudits le noble souci de continuer ces travaux historiques si intéressants pour notre pays (1).

(1) La Comtesse d'Houdetot, célèbre par son amabilité, son esprit et sa grâce et surtout par l'attachement que Jean-Jacques Rousseau eut pour elle, était une demoiselle Elisabeth-Françoise de la Live de Bellegarde ; elle vécut de 1730 à 1813. Appartenait-elle aussi à la même famille de Bellegarde ?

Le poète a dit :

La beauté passe
Le temps l'efface :
L'âge de glace
Vient à sa place !
Ainsi que la rose
Fraîchement éclose
La beauté séduit :
Mais, trop passagère,
D'une aile légère
La beauté s'enfuit.

Mais au contact de Jean-Jacques Rousseau, la comtesse d'Houdetot a su prouver que les qualités de l'esprit survivaient à la beauté, aux yeux de la postérité.

La fin d'une légende

Les égards pour Marie-Antoinette pendant sa détention

Il nous fallu un demi-siècle pour détruire l'absurde légende des mauvais traitements soi-disant subis au Temple par Louis XVII et de sa mort, quand tout prouve aujourd'hui avec la plus aveuglante évidence qu'il ne fait qu'un avec le célèbre Naündorff, malgré les calomnies sans nom et les diffamations misérables des Frédéric Masson, des Ernest Daudet et autres plumitifs de la même valeur et de la même bonne foi.

Mais petit à petit la lumière commence à se faire jour et la vérité éclate malgré tout et, chose amusante, ce sont les réactionnaires eux-mêmes qui sont obligés de reconnaître la vérité et qui nous aident parfois à faire cette lumière, sans le savoir et sans le vouloir, rien qu'en relatant les faits.

C'est ainsi que toutes les légendes de brutalité, de débauche, d'excès de toutes sortes que la réaction cléricale s'était plu à nous faire croire comme article de foi, tombent une à une, sous l'évidence même des faits que l'on exhume, en fouillant les archives.

Un aimable et excellent confrère, M. Georges Cain, qui a la marotte de se mettre dans des fureurs bleues lorsque l'on a le malheur de placer un tréma sur son nom, ce qui prouve qu'il n'aime pas les points sur les *i* et qu'il est resté à la croyance des légendes enfantines de la bible — ce qui démontre que les plus grands esprits ont leurs petitesses —

vient de publier dans le *Figaro* du 1er décembre 1912 qui, cependant ne se pique pas d'un grand amour pour la Révolution, une très curieuse et très intéressante étude sur l'eau spéciale que buvait Marie-Antoinette pendant sa captivité et connue sous le nom d'*Eau de Ville-d'Avray*. Je cite la note de mon confrère qui n'a aucun lien de parenté avec Abel :

« Les innombrables automobilistes qui, chaque jour, gravissent à toute vitesse la côte sinueuse de Ville-d'Avray, sont certainement trop occupés à faire jouer leurs trompes ou leurs sirènes pour avoir le loisir de remarquer, à la hauteur du numéro 3 de l'avenue de Saint-Cloud, un peu avant la place de l'Eglise, au débouché de l'avenue de Balzac, une minuscule construction de pierre à moitié engagée dans le fossé. Peut-être quelques-uns daigneront-ils y accorder un regard, lorsqu'ils apprendront que cet édicule n'est rien moins qu'un souvenir précieux de l'époque révolutionnaire. C'est la « fontaine du Roi » qui fournissait à Marie-Antoinette, prisonnière au Temple et à la Conciergerie, la célèbre « eau de Ville-d'Avray », si chère à la pauvre reine.

« Cette désignation revient fort souvent dans les mémoires relatifs à la captivité royale ; aussi, poussés par la curiosité, sommes-nous allés consulter nos admirables archives nationales. Là, nous eûmes vite retrouvé, dans la fameuse série F7 si familière aux curieux d'histoire révolutionnaire, quelques-unes des pièces que nous recherchions.

« Voici d'abord un « mémoire de l'eau de Ville-d'Avray et de la glace fournies pour le service du Temple, conduites par la voiture de Guermont de Versailles à Paris ». Ce mémoire — qui s'élève à la somme de 420 livres 14 sous — se répartit sur les mois de mai, juin et juillet 1793 et représente à peu près dix livres par voyage. Gagné, « chef de la bouche au Temple », en certifie l'exécution ; aussi le 2 ventôse, an II, trouvons-nous, approuvé par le conseil général, l'ordre de payement de ces fournitures, au citoyen Carlet, dit « Piednoire », porteur d'eau.

« Détail touchant, ce document figure entre une demande faite par « les détenues de la Tour » qui désireraient avoir le livre ayant pour titre *Gil Blas de Santillane*, et la note de la citoyenne Clouet, blanchisseuse des « prisonnières du Temple, soit Mme Marie-Antoinette, Mademoiselle sa fille, Mlle Elisabeth et M. Louis-Charles fils ». Ce compte pour le seul mois de juin 1793 s'élève à 633 livres 7 sous. »

Ici une remarque s'impose tout naturellement à l'esprit de l'homme le plus prévenu contre la Révolution. Marie-Antoinette avait beau être au Temple avec sa fille, sa belle-sœur et son fils, soit en tout quatre personnes — le compte du roi avait dû s'arrêter au 21 janvier et Mlle de Lamballe, qui était une princesse Marie-Thérèse-Louise de Savoie-Carignan, avait été transférée à la prison de la Force, puis tuée pendant les massacres de septembre 1792 — il faut bien avouer que cette somme de 633 livres 7 sous pour un seul mois, même d'été, était considérable, surtout à cette époque-là et prouvait que *l'infâme révolution*, comme diraient les royalistes, ne refusait par les soins d'hygiène les plus raffinés à la famille royale !

Mais je poursuis mes citations :

« Le 1er août 1793, à deux heures du matin, Marie-Antoinette, on le sait, est nuitamment arrachée du Temple. Elle ramasse quelques hardes : un mouchoir, un paquet de cheveux de ses enfants et de son mari, un flacon de sels pour le cas où elle se « trouverait mal », et, par les rues noires de Paris endormi, la « veuve Capet » est transférée à la Conciergerie, antichambre de l'échafaud. Nous rencontrons alors ce document établissant que son breuvage de prédilection la suit dans sa nouvelle prison :

Commune de Paris, le 5 août 1793.

« Nous, administrateurs au département de police, après en avoir conféré avec le citoyen Fouquier-Tinville, accusateur public du Tribunal révolutionnaire, invitons nos collègues les membres du Conseil général de la Commune formant le Conseil du Temple, à faire porter chaque jour deux bouteilles d'eau de Ville-d'Avray à la veuve Capet, détenue à la maison de justice de la Conciergerie, sur la provision qui vient tous les jours de cette eau au Temple... et à faire cacheter cette bouteille d'eau du cachet du Conseil du Temple.

« Signé : Baudrais et Marino. »

Mais le Conseil du Temple se décharge aussitôt de ce soin : Forestier et Dufour, commissaires, ripostent, le même jour, par cet arrêté :

« Le Conseil du Temple déclare que la veuve Capet n'est plus sous sa surveillance et que, pour cette raison, il n'a plus à assurer la provision d'eau de Ville-d'Avray, nécessaire à son alimentation. »

« Malgré tout, l' « Eau de la Reine » lui est servie à la Conciergerie. Mieux... c'est grâce à cette eau — doublement précieuse — que Marie-Antoinette peut obtenir de temps en temps des nouvelles des êtres chéris dont on l'a brutalement séparée ! Nous en trouvons le témoignage dans l'ouvrage si documenté de M. de Beauchêne. »

Là Georges Cain se trompe lourdement, car tout le monde sait que cet ouvrage sur le Dauphin n'est qu'un tissu de légendes misérables et calomniatrices à l'égard du malheureux ménage Simon qui a toujours soigné Louis XVII avec le plus touchant dévoûment. Mais il fallait bien tâcher d'expliquer sa soi-disant mort au Temple.

La veuve Simon, morte à la Salpêtrière en 1821, si j'ai bonne mémoire, a démontré tout cela et plus tard, Louis XVII lui-même, mort en 1845, était là pour démontrer à la postérité le rôle odieux de M. de Beauchêne, rôle absolument indigne d'un historien qui se respecte et qui a le souci de sa plume, comme l'a si éloquemment démontré, avec mille preuves à l'appui, mon excellent confrère et ami, M. Otto Friedrichs. Je continue à citer :

« Mme Elisabeth et Mme Royale, restées prisonnières au Temple, n'avaient pas tardé à se procurer des nouvelles de la reine : le dévouement de M. Hue était parvenu à établir quelques communications entre la Conciergerie et la tour du Temple. Il avait rencontré une auxiliaire dans une femme préposée à la garde de Marie-Antoinette, Mme Richard, désignée sous le nom de « Sensible » dans la correspondance secrète de Mme Elisabeth. Cette femme se trouvant autorisée par les administrateurs de la police à venir chercher au Temple des bouteilles d'eau de Ville-d'Avray et quelques effets pour la reine, devint le lien des deux captivités.

« Et ces nouvelles chuchotées à bouche close, sous l'œil méfiant des geôliers, des guichetiers, des gendarmes et des mouchards, étaient le seul rayon de soleil illuminant les murs noirs du *carcere duro !*

« On connaît les détails navrants de l'effroyable captivité. Le cachot de la Conciergerie, hélas ! si stupidement modifié et maquillé, que l'on présente aujourd'hui à la curiosité plaintive des visiteurs, donne une bien fausse idée de ce qu'était la sombre cellule où, durant deux mois et demi, languit la malheureuse femme, épuisée par les angoisses et la maladie... Cependant l'on sait que jusqu'au dermoment quelques âmes pitoyables tentèrent d'adoucir la souffrance de cette princesse foudroyée, de cette mère martyrisée. »

Au milieu de toute cette phraséologie, pitoyable à bon droit, je veux bien et de cette émotion conventionnelle, sans jeu de mot, mon confrère reconnaît, expose et confirme comment, en définitive, le gouvernement faisait apporter de loin, à cette époque où les moyens de transport étaient rares ou faisaient défaut complètement, de l'eau spéciale de la source de Ville-d'Avray, tout exprès pour la reine et pour lui être agréable. Il faut bien avouer, cependant, qu'il y avait là une attention aimable et bien délicate de la part de ces *Monstres de sans-culottes* (1), comme les traitaient avec mépris les royalistes, très catholiques et très bien pensants qui étaient surtout furieux de la perte de leurs privilèges immoraux... Mais voilà qui est encore plus typique et je cède de nouveau la parole à l'organe des douairières du noble faubourg :

« Nous retrouvons dans le *Récit exact des derniers moments de la captivité de la Reine* par la dame Bault (dont le mari fut le concierge de la Conciergerie) quelques détails permettant de constater que l'humanité n'avait pas perdu tous ses droits.

« On signifia à mon mari qu'il fallait que l'accusée soit nourrie, comme les autres, de l'ordinaire le plus grossier de la prison. —« Je n'entends pas cela, leur dit-il ; c'est ma prisonnière, j'en réponds sur ma tête, on pourrait tenter de l'empoisonner. Il faut que ce soit moi qui veille à ses aliments : pas une goutte d'eau n'entrera ici sans ma permission. » On trouva qu'il avait raison et dès ce moment je fus, avec ma fille, chargée de la nourriture. Elle ne fut pas recher-

(1) Ce pauvre Félix Duquesnel dit en parlant d'eux : « Les géants, en mie de pain, de la Révolution n'y allaient pas de main morte, et, dans le fond, étaient bien plus bête qu'ils n'en avaient l'air ».

Est-ce qu'il tiendrait, lui, à se faire passer pour un imbécile ? c'est à croire.

chée, mais, du moins, saine et convenable. On ne servit plus à la reine de l'eau malpropre dans un vase fétide, ainsi qu'on avait eu la brutale insolence de le faire auparavant. Nous eûmes un soin particulier de cet objet, sur lequel elle était extrêmement délicate.

« Tous les cœurs n'étaient pas fermés à la pitié, une femme de la Halle vint un jour apporter à mon mari un melon pour sa bonne reine. Une autre offrit des pêches. Tout fut remis à sa destination ; mais il fallait user d'adresse pour ne pas s'exposer aux reproches. »

Plus loin, nous trouvons dans ce même récit quelques détails qui précisent l'état misérable du cachot obscur et humide.

« L'insalubrité de la chambre était telle que la robe noire de Sa Majesté, la seule qu'elle mit alternativement avec une robe blanche apportée du Temple, tombait en lambeaux... Ma fille était sans cesse occupée à raccommoder le linge, les vêtements, les bas, les souliers qui s'usaient complètement. »

Les notes de Mgr de Salamon — qui fut en 1796 prisonnier à la Conciergerie — enregistrent d'autre part l'aveu de la cuisinière du concierge Richard, qui, tous les matins, brossait les bottines de Sa Majesté : « Elles étaient si sales, par suite de l'humidité de sa prison, qu'on aurait pu croire que la reine venait de marcher dans la rue Saint-Honoré... »

Il est donc permis de supposer qu'au milieu de tant de souffrances l'usage de son eau de Ville-d'Avray fut peut-être la dernière joie ressentie par la plus infortunée des reines. Est-ce un verre de cette eau qu'elle but au tribunal révolutionnaire, durant la terrible séance qui se termina par la condamnation à mort et dura vingt heures d'horloge...

On connaît l'épisode : A bout de courage et de force, la malheureuse femme fut sur le point de s'évanouir... elle murmura : « j'ai soif ». Or, le croirait-on ? la terreur était si grande, que parmi la foule des assistants personne n'osa venir au secours de cette agonisante. Seul un officier de la gendarmerie des tribunaux, nommé de Busne, eut le courage — car c'en était un d'aller quérir un verre d'eau et de le présenter à l' « inculpée ». Elle le but avec avidité, mais de Busne, dénoncé le soir même par un de ses gendarmes pour cet acte de simple humanité d'abord et aussi pour avoir escorté la condamnée, son chapeau à la main, en lui offrant le bras pour l'aider à descendre l'obscur escalier de la prison, dut se justifier de cette triple accusation.

« Quel délit m'imputent ce citoyen et ceux qui partagent ses opinions (1) ? D'avoir donné un verre d'eau à l'accusée, et cela au défaut des citoyens-huissiers qui, dans ce moment, étaient absents pour le service du tribunal. D'avoir tenu mon chapeau à la main, faisant chaud, pour ma commodité et non par respect pour une femme condamnée dans mon opinion ?... Quand la veuve Capet dérivait le corridor pour descendre l'escalier intérieur de la Conciergerie, elle me dit : « Je vois à peine à me conduire ». Je lui présentai mon avant-bras droit et elle descendit dans cette attitude l'escalier ; elle le reprit pour descendre les trois marches glissantes du préau. C'est pour lui éviter une chute que je pris cette mesure : les hommes de bon sens ne pourront y voir d'autre intérêt : car si elle fût tombée dans l'escalier, on eût crié à la conspiration, à la trahison, que la gendarmerie en était convaincue. Comment ose-t-on dénaturer ces intentions ? Les lois de la nature, ma mission, les lois de

(1) Il avait donc la liberté de dire que ce n'était pas les siennes ; curieuse constatation à faire en passant. P. V.

l'Etat le plus redoutable, me prescrivaient le devoir de la conserver pour son parfait jugement... »

Comme l'on voit de Busne se défendit très simplement et très crânement, si l'on veut, et, malgré ses origines nobiliaires, ses explications furent acceptées sans difficultés et parurent parfaitement suffisantes.

Dans tout cela je ne vois pas du tout où est le soi-disant sectarisme de la Révolution, au contraire et je suis heureux de pouvoir ici remercier M. Georges Cain — sans tréma — de m'avoir fourni une fois de plus, l'occasion de pouvoir le constater avec éclat et je dirais volontiers : *d'une façon définitive*, si nos adversaires étaient de bonne foi.

Et puis il faut bien le dire — et tous ceux qui ont étudié sérieusement notre immortelle révolution ne me démentiront pas certainement — les républicains étaient en butte à une telle guerre d'apaches, à de telles embûches et de tels complots de la part du clergé catholique, de la noblesse et de toutes les forces de réactions, liguées contre eux, dans une haine commune et sans merci, qu'il fallait bien se défendre comme l'on pouvait, car en se défendant, c'était encore le progrès de la civilisation, la liberté et la justiee, c'est-à-dire la France et la république qu'il s'agissait de conserver, qu'il fallait sauver avant tout et quiconque lit *Les Girondins* de mon père, en est bien convaincu, à chaque ligne, à chaque page.

Oui, certes, la nuit du 4 août 1789 a été sans lendemain.

Oui, trois ans plus tard, la journée du 10 août 1792 devait renverser la royauté.

C'est entendu.

Mais la faute à qui ?

D'ailleurs la reine avait, quoique les royalistes aient pu chercher à faire croire, conservé la liberté de ses mouvements, jusqu'au jour, l'on peut dire, où son mari fut déposé par l'Assemblée Législative et même bien longtemps après le retour de Varennes en Argonne, dans la Meuse, qui avait eu lieu le 22 juin 1791.

En effet, M. H. Delangle, également un réactionnaire, ne peut pas s'empêcher de le constater dans la note suivante que je tiens à rapporter ici, pour bien montrer que les faits parlent d'eux-mêmes, en l'espèce :

« Bravant l'incessante animosité du public, *Marie-Antoinette* consentit le 20 février 1792, à se rendre au théâtre italien pour assister à la représentation de *Evénements imprévus*, comédie en trois actes d'Hélé avec ariette de Grétry. Elle y passa sans doute les derniers moments heureux de sa vie si infiniment tragique.

« En chantant le couplet :

J'aime mon maître tendrement,
Ah! combien j'aime ma maîtresse.

la célèbre Dugazon se tourna résolument vers la loge de la reine. Aussitôt tous les royalistes présents furent debout pour acclamer chaleureusement et la reine et l'artiste intrépide. Les Jacobins eurent beau hurler : « Pas de maîtresse, vive la liberté ! », la majorité royaliste l'emporta et modifiant le texte, elle s'écria ;

« Vive à jamais notre bonne maîtresse. »

« Profondément émue de cette manifestation spontanée Marie-Antoinette essuya furtivement les larmes qui inondèrent ses paupières et, saluant les fidèles spectateurs, elle se retira bien heureuse. Ce fut le dernier beau jour de l'infortunée souveraine. »

J'en aurait long à raconter sur les représentations de l'opéra auxquelles la famille royale assista à la veille de la Révolution, notamment à celle d'un opéra ou d'un ballet de

Bélidor, si j'ai bonne mémoire. A la sortie un charbonnier vint chercher sa femme dans sa voiture, à côté du carrosse royal et ce fut certainement l'une des premières manifestations populaires de la Révolution qui devait arriver peu après...

Mais cela m'entraînerait trop loin et me ferait sortir de mon cadre.

Arsène Thévenot et Danton

(*Extraits de sa correspondance*)

Le 23 juillet 1912, mon vieil et excellent ami Arsène Thévenot m'adressait la lettre suivante :

Lhuitre, le 23 juillet 1912.

« Mon cher ami,

« Touchant à la fin de ma carrière et de ma vie, je me hâte de liquider mon fonds littéraire ; c'est-à-dire de publier mes derniers manucrits, afin de clore mon dernier inventaire et de m'en aller les mains et la conscience libre, en tâchant de tomber avec grâce dans l'arène, comme les anciens gladiateurs romains livrés aux bêtes pour être mis à mort sous les yeux de César.

« C'est pourquoi vous venez de voir défiler après mes brochures techniques sur l'*Elevage des moutons* et *Escargots*, mes *Souvenirs d'un Bonapartiste* et d'un *Franc-Tireur*, puis aujourd'hui mes *Recettes culinaires* et demain, pour finir, mes *Pensées d'un Passant*.

« Ces publications m'occasionnent un redoublement de correspondance à laquelle vient s'ajouter ma collaboration agricole et politique à une dizaine de journaux et tout cela me met à bout de force, de temps, et de respiration, ce qui me fait aspirer au repos final.

« Oui, je suis un laborieux comme vous, mais un laborieux fatigué et usé qui n'a plus l'entrain et l'illusion de la jeunesse.

« C'est aussi ce qui m'a empêché de répondre plus tôt à votre petit mot de Juvigny-sous-Andaine du 15 courant (1).

« Dans ces conditions il me serait bien difficile de faire les recherches nécessaires à un nouveau travail et d'écrire le chapitre de souvenirs et critiques que vous me faites l'honneur de me demander à propos du cinquantenaire du grand et beau poème des *Girondins* de votre illustre Père, qui fut mon ami comme vous et avant vous.

« Je viens de relire précisément, à ce sujet, les lettres critiques et amicales que nous avons échangées, en janvier et février 1904, à propos de ma *Notice sur Danton* et qui ont été publiées par vos soins dans l'*Athénée*.

« Mais si je ne puis écrire — et cela à mon grand regret — les souvenirs qui me sont aussi chers qu'à vous, je n'en lirai pas moins avec le plus vif intérêt le volume renfermant vos conférences sur les *Girondins* dont vous m'annoncez la publication.

« Recevez, mon cher ami, ma plus affectueuse et cordiale poignée de main pour vous et mon souvenir respectueux pour Mme Vibert.

« A. Thévenot. »

Elle était bientôt suivie d'une autre, en date du 7 août 1912, m'envoyant les documents demandés et que, de mon côté, j'avais égarés.

Voici d'abord la lettre :

Lhuître, le 7 août 1912.

« Mon cher ami,

« Trop pressé de travaux et de correspondance, en ce

(1) Où j'étais en villégiature chez mon ami A. de Almada Negreiros, l'écrivain colonial portugais.

moment, pour pouvoir vous copier les lettres que nous avons échangées, en 1904, dans l'*Athénée*, à propos de Danton, je vous les adresse ci-inclus avec prière de me les retourner après en avoir pris connaissance et copie.

« J'y ajoute l'opinion exprimée précisément par votre illustre père sur Danton, et que je me proposais d'intercaler à la page 58, de ma brochure, à la suite des opinions de divers auteurs sur le même personnage. Mais cet article qui devait être inséré dans une seconde édition, qui serait bien nécessaire aujourd'hui pour une foule de renseignements nouveaux et quelques rectifications, cet article, dis-je, est encore inédit et vous pourrez en user comme vous le jugerez à propos, sauf à me le renvoyer avec l'*Athénée* après en avoir pris copie.

« Je dois présider une grande réunion de Plébiscitaires à Troyes, à l'occasion de notre fête du 15 août, mais je serai obligé de faire lire mon discours par un interprète en raison de mon oppression (1).

« Toujours bien cordialement à vous et aux vôtres.

« A. Thévenot. »

Voici d'abord notre correspondance parue dans l'*Athénée* de janvier et février 1904 :

A Arsène Thévenot.

« Mon cher ami,

« Retiré des luttes quotidiennes et des batailles ardentes de la presse, dans votre joli département de l'Aube, vous venez de publier à Arcis-sur-Aube une *Notice généalogique et*

(1) Ce vieux partisan de l'appel au peuple est en même temps un admirateur de Danton ! Tout arrive sur la terre. P. V.

biographique sur le Conventionnel Danton et sa famille, très complète, très fouillée et très scrupuleusement honnête, comme tout ce qui sort de votre plume et vous me faites l'honneur de me demander mon avis, ce qui serait de peu d'utilité, mais surtout mes observations et annotations de faits, de souvenirs personnels.

« Au dernier désir j'accède volontiers ; vous savez bien, mon cher ami, — ce qui ne nous rajeunit pas ni l'un ni l'autre — que j'avais neuf ans, en 1860, lorsque mon père publiait ses *Girondins*, seule grande épopée nationale française, en douze chants et en 10.000 vers. C'est vous dire que tout petit, j'ai été élevé dans le culte passionné de la Révolution et à un âge où beaucoup d'enfants jouent encore au sabot — et je vous prie de croire que j'y jouais aussi de tout mon cœur – pardon, de tout mon fouet en peau d'anguille de Seine, que je fabriquais moi-même l'été à Verneuil-sur-Seine, — ces beaux vers de mon père chantaient dans ma mémoire :

Depuis longtemps, Paris, en deux camps partagé,
Dans un rude combat se trouvait engagé.
Le sinistre tocsin, sombre voix de bataille.
Répondait par volée au cri de la mitraille,
Vainement les guerriers, auprès de Pétion,
Veulent par leur valeur sauver la nation.
Culbutés, débordés, en tous lieux ils succombent,
Courbés, domptés, vaincus, dans leur désastre, ils tombent.
Tel on voit un sapin résister aux torrents,
Son faîte s'est courbé sous les flots dévorants,
Soudain il se relève, il se raidit, sa cime,
Avec orgueil encor, plane loin de l'abîme,
Mais les flots ont rugi, le géant foudroyé
Dans le gouffre entr'ouvert a disparu broyé.
Telle était la Gironde ; en vain elle résiste,
C'est à peine bientôt si l'on sait qu'elle existe !...

« L'on dit souvent en parlant d'un homme, que, tout

enfant il a été nourri par la moelle des lions ; eh bien moi je suis fier d'avoir été simplement élevé par Théodore Vibert, par mon père dont les connaissances universelles tiraient du prodige, peintre, dessinateur, musicien, poète, philosophe, historien, mathématicien de premier ordre, philologue hors de pair et ayant appris l'hébreux, le sanscrit et la plupart des langues mortes avec le père Latouche, romancier, sculpteur pour s'amuser, mon père fut tout cela et le fut avec éclat et il poursuivait sa grande histoire universelle des premiers temps historiques de l'humanité dont le premier volume, *La race sémitique,* seul a paru, lorsqu'une maladie de cœur est venue bêtement, stupidement, le terrasser en cinq minutes, à cinquante-neuf ans, encore tout jeune, en 1885, alors qu'il était modeste juge de paix à Mer, dans le Loir-et-Cher.

« Mon père est mort pauvre, comme tous les hommes de lettres qui ne font pas du métier et depuis, ô cruelle ironie du destin, quand, par hasard, il se vend à la salle Saint-Sylvestre un exemplaire de ses *Girondins*, les amateurs se le disputent jusqu'à 500 ou 600 francs : l'histoire du grand Corneille sera donc éternellement vraie !

« Oui, mon cher ami, je puis bien vous dire cela, à vous que je connais depuis tantôt quarante ans (1), c'est encore presque en pleurant que je remue ces souvenirs toujours saignants, toujours douloureux, et voilà pourquoi votre brochure est venue brusquement me rappeler ce passé déjà lointain.

« Mais si je marche à l'avant-garde du parti républicain socialiste et si vous, vous vous contentez d'être libéral, comme nous apportons tous deux un égal souci de vérité, un égal désir de sincérité dans la découverte des faits

(1) Un demi-siècle aujourd'hui, comme le temps passe !

matériels, sinon dans leur appréciation, nous pouvons être sûrs que si une méthode historique identique ne nous conduit pas aux mêmes conclusions, elle nous permet du moins, de nous rencontrer sur le terrain de communes investigations, poursuivies dans le seul intérêt de cette vérité qui devrait toujours être la passion supérieure des historiens.

« Ceci dit, je vais donc formuler quelques observations au fur et à mesure que je feuilleterai les pages annotées de votre ouvrage.

« Vous rappelez fort justement que Danton, a deux statues, une à Paris et une à Arcis ; maintenant il en a trois, car sa grande image se dresse sur un monument patriotique que l'on vient d'élever à Tarbes.

« A la page 14, vous constatez que la grande figure de Danton commence seulement à se dégager aux yeux de la postérité ; mais sans vouloir faire de la polémique historique, mon cher ami, il faut bien avouer qu'il en est ainsi, parce que l'histoire de la révolution, à de rares exceptions près, n'a jamais été écrite, jusqu'à présent, que sur des légendes réactionnaires.

« Voyez plutôt toute la légende de Louis XVII au Temple, où il n'est pas mort, puisque j'ai beaucoup connu personnellement tous ses enfants et petits enfants, nés en Hollande, les Naündorff.

« Plus haut voyez l'histoire de la *réformation*, si étrangement travestie. Je crois que l'on peut affirmer que la méthode historique, résolument dépouillée des influences néfastes et des légendes mensongères de la réaction cléricale, constitue une science toute récente, qui date d'hier, car jusqu'à présent bien des historiens de bonne foi même, avaient été victimes de l'ambiance des milieux, des pensées rétrogrades, sans même s'en douter.

« Aux pages 18 et 20 vous n'insistez pas assez sur les deux beaux-pères de Danton, le premier M. Charpentier, contrôleur des fermes, était le père de sa femme Antoinette Charpentier et le second M. Ricordain, filateur de coton à Arcis, qui était le second mari de sa mère.

« La chose est certainement très clairement expliquée mais il peut s'établir une confusion dans l'esprit d'un lecteur pressé et il me semble qu'il serait bon de préciser l'état respectif des deux beaux-pères dans une petite note de dix lignes.

« Pourquoi à cette même page 18, rappeler cette phrase de Michelet dans son *Histoire de la Révolution : vertueux, elle l'avait choisi malgré ses vices ?*

« S'il était couturé de marque de petite vérole, comme Mirabeau, s'il était laid au physique, ce brave garçon tout jeune, débordant de talent, de fougue et de patriotisme, ne l'était pas au moral et c'est bientôt dit : *malgré ses vices !*

« Mais enfin je serais assez curieux de les entendre énumérer. Quand on se permet d'attaquer une aussi grande figure, on n'insinue pas, l'on prouve.

« Et je ne dis pas ça pour incriminer Michelet que j'ai aussi connu dans mon enfance, qui était d'une entière bonne foi, mais qui avait été, tout comme mon père lui-même, parfois une victime inconsciente et bien involontaire de ces terribles légendes réactionnaires dont je parlais tout à l'heure.

« A la page 20 vous parlez, à propos d'achat de propriétés, de *denrées* et de *carreaux* ; ce sont là de vieilles mesures locales de surfaces dont la génération actuelle ne connaît plus la valeur — fort heureusement — avec le système métrique, et vous seriez bien aimable de l'expliquer d'un mot au lecteur dans une petite note, lors de la prochaine édition.

« A la page 24, vous rappelez comment le docteur Robinet a fait justice de toutes les accusations portées par la réaction cléricale contre Danton : Danton saisissant l'argenterie des églises pour les besoins de l'Armée et s'en appropriant une partie, etc. Toutes ces accusations sont absurdes, ne tiennent pas debout et ont toutes été démontrées fausses, mais Basile est toujours le même et il se dit : calomniez, il en restera toujours quelque chose. Pour moi, il suffit de voir porter une accusation par la réaction cléricale pour être certain qu'elle est fausse ; témoin encore hier l'Affaire Dreyfus.

« Mais Basile ne recule devant aucun crime pour frapper un innocent, du moment qu'il est juif, protestant, franc-maçon, ou simplement républicain.

« A la page 30 vous dites :

« Danton était averti, de tous côtés, du danger qu'il courait. « Eh bien, n'importe, dit-il, j'aime mieux être *guillotiné que guillotineur* ». Vous rappelez-là fort justement une citation de Michelet et vous ajoutez :

« Si cette parole est authentique, elle prouve que Danton était revenu à des sentiments plus modérés qu'à l'époque des massacres de septembre. »

« D'abord, mon cher ami, il n'est pas du tout prouvé que Danton ait trempé dans les massacres de septembre ; c'est l'histoire de Clémenceau à qui la réaction a reproché sans preuve aucune, d'avoir laissé fusiller le général Clément Thomas, si j'ai bonne mémoire, pendant la Commune.

« Et puis, il y a une chose qui n'excuse en rien les excès, c'est entendu, mais qu'il est bon de se rappeler cependant, c'est que, parmi les victimes de la Révolution, il n'y en a eu presque pas parmi les prêtres qui s'étaient cachés et encore moins parmi les nobles qui avaient passé avec armes et bagages à l'étranger ou à la révolte ouverte en Vendée. Ce sont les gens du peuple, les roturiers et les vilains, comme l'on disait alors, qui ont payé de leur vie l'inévitable mouvement de colère, provoqué par quinze cents ans d'épouvantable régime de cruauté et de férocité féodale et sacerdotale.

« En définitive, c'est donc encore le peuple seul qui a souffert des excès de la Révolution et la légende des pauvres nobles ou prêtres martyrs est à rayer comme toutes les légendes réactionnaires qui touchent à la Révolution.

« A la page 47, dans une note, vous me dites à propos de la maison de Danton, sur la place Danton, à Arcis-sur-Aube, que ses fils y ont établi *une filature.* Vous seriez bien aimable, aussi, dans la prochaine édition, de nous parler un peu de cette entreprise de ses fils, sur laquelle, je l'avoue, je ne suis pas renseigné personnellement.

« Aux pages 50 et 51 vous écrivez :

« Celui-là, le Danton martyr, nous l'admirons et l'approuvons sans réserve, car, s'il eût vécu, il eût été certainement un des grands hommes d'Etat du Directoire, du Consulat et de l'Empire, comme il est resté un des héros de la Révolution. »

« Pourquoi cette injure gratuite et le supposer capable de servir Napoléon qui, toute politique à part, ne fut qu'un fléau, qu'un des plus grands malfaiteurs de l'humanité, comme Tamerlan, qui fit périr des millions d'hommes et laissa la France faible et amoindrie, dépouillée de ses colonies ?

« Car, mon cher ami, n'oubliez pas que Napoléon n'a pas seulement fait tuer des hommes, il a perdu et suicidé la France, la race française pour toujours. Prenez seulement le million, au bas mot, de jeunes Français dans la force de l'âge qu'il a fait tuer, faites les calculs de natalité depuis cette époque et vous verrez qu'il a tari pour toujours les sources de vie de la race française : *Il est donc responsable de la disparition de la France comme grand peuple, en face des Anglo-Saxons, des Germains et des Slaves, devant l'histoire et la postérité !*.

« Voilà ce qu'il faut se dire pour nous guérir à jamais des tyrans et s'il est vrai que Napoléon disait un soir, sur un champ de bataille, en face de milliers de cadavres : « Bast, une nuit de Paris réparera tout cela ! »

« Ceci prouve simplement que c'était une bête féroce doublé d'un fou, car la natalité de Paris, par jour, à cette époque, était de bien peu de chose.

« Et vous ajoutez :

« C'est pourquoi il a droit à toute notre indulgence, pour ses fautes passées et expiées, et à tous nos éloges et nos remercîments pour ses généreux efforts en faveur de la vraie liberté, qui ne saurait exister sans modération et sans justice. »

« Vous ne voyez donc pas la contradiction entre ces deux phrases ?

« Comme si la *vraie liberté* pouvait exister sous le régime despotique de la tyrannie ?

« A la page 52 vous inscrivez :

« Mais il nous semble juste d'ajouter que ce qui contribua le plus à faire triompher la Révolution et à sauver la France, au milieu de nos effroyables discordes intérieures, ce furent nos admirables et invincibles armées, dans lesquelles s'étaient réfugiés l'honneur, la bravoure et le vrai patriotisme français. »

« Ça, mon pauvre ami, c'est du pur nationalisme ; *oui*, les armées de la Révolution, volant aux frontières et défendant le sol sacré de la Patrie, envahi par l'étranger, accouru à l'appel des émigrés, furent grandes et respectables, mais bientôt les armées prétoriennes de Bonaparte, portant la mort, la honte et la ruine à travers l'Europe entière, ne devaient pas tarder à être dépravées et à être le réceptacle de tous les crimes et de tous les vices, comme toutes les armées conquérantes d'ailleurs.

« Pourquoi, à la fin de votre volume, avez-vous donné l'opinion d'une poignée de fumistes, comme Thiers, Lamartine et Sardou sur Danton ? Celle de Condorcet suffisait.

« Thiers, le massacreur de 40.000 Parisiens en 1871, le sinistre vieillard qui a trouvé le moyen de reculer les bornes de la férocité humaine, couvre d'injures et de calomnies Danton dans son *Histoire de la Révolution* ; ça n'a pas d'importance, pas plus que l'opinion de Lamartine qui se vantait, dans ses *Entretiens familiers* comme vous le faites très justement remarquer, d'avoir parlé de Danton sans le connaître, ce qui indique une singulière mentalité !

Pas plus que l'opinion du vaudevilliste Sardou qui a si bien *subtilisé* — soyons poli — *Martura,* le poème de mon père, dans son *Daniel Rochat,* comme vous le savez parfaitement vous-même.

« Et pour en revenir à l'Armée, mon cher ami, n'est-elle pas monstrueuse cette phrase de la lettre du général Dampierre à Danton que vous citez :

« Je réponds qu'avec ce peu de troupe de choix, les troupes réglées des bataillons de volontaires sages et de la cavalerie, nous pourrons facilement faire de grandes conquêtes en Espagne. »

« Aussi, vous le voyez, même les généraux de la République et de la Révolution ne songent pas à la noble mission de défendre les frontières, mais aux projets infâmes de faire des conquêtes et de réduire des peuples en esclavage. Ah, mon ami, quand une armée n'est pas scrupuleusement réduite à son rôle de gardienne vigilante de l'intégrité nationale, elle est forcément cruelle, sauvage et moyenâgeuse et c'est cela qu'il convient de ne jamais oublier.

« Maintenant en terminant, quand vous faites tout l'historique très exact de la famille et de la descendance de Danton, vous dites à la page 45 :

« Au mois de décembre 1882, M. Georges Menuel épousa, à Paris, Mlle Marie-Josèphe de Vaujoly, domiciliée à Paris, rue de Vigny, 14, dont la famille possédait le château de la Péronne, près de Moulins (Allier).

« Rien n'est plus vrai et j'ai été pendant de longues années, un ami personnel de Mme de Vaujoly et de sa fille qui habitaient un hôtel, rue Montchanin, près de la place Malesherbes, où j'ai vu défiler tout ce que Paris comptait alors, il y a une quinzaine d'années, d'illustrations littéraires et artistiques.

« Depuis son divorce, Mme Menuel de Vaujoly, s'est remariée et est allée habiter avec son mari et sa mère dans un château, aux environs de Tours.

« J'avais promis à ces dames d'aller les y voir et puis la vie de Paris m'en a toujours empêché. Cependant, j'ai eu depuis l'occasion de les revoir plusieurs fois à Paris même, toujours aussi aimables et aussi charmantes que par le passé.

« Ceci dit, mon cher ami, pour préciser quelques souvenirs qui ne sauraient être indifférents, puisqu'il s'agit de la famille de ce colosse qui s'appelait Danton, je ne puis que vous remercier d'avoir bien voulu consacrer ces pages à la mémoire du célèbre Cordelier et soyez bien persuadé que si Michelet lui-même revenait au monde, il n'écrirait plus qu'il fit ou laissa faire les Massacres de septembre. L'heure des justes réparations est enfin sonnée et c'est pour moi une véritable joie de voir que le signal en est précisément donné, en toute bonne foi, par un homme modéré comme vous.

« Cet acte vous honore, mais il ne m'étonne pas de votre part, je suis heureux de le dire bien haut ici.

« Votre vieil ami,

« PAUL VIBERT. »

« Mon vieil et excellent ami, Arsène Thévenot, m'ayant fait le plaisir de m'adresser la réponse suivante à mon petit article sur sa très intéressante *Notice sur le Conventionnel Danton,* je m'empresse de la mettre intégralement sous les yeux des lecteurs de l'*Athénée* me réservant à mon tour d'y répondre en quelques mots, dans le seul but d'arriver à bien préciser des points d'histoire qui nous intéressent tous très vivement :

A propos de la Notice sur Danton

A mon vieil ami Paul Vibert

Lhuître (Aube), le 18 janvier 1904.

« Mon cher ami,

« Je vous remercie bien vivement de la lettre ouverte si courtoise et si intéressante que vous me faites l'honneur et le plaisir de m'adresser par le bienveillant intermédiaire de l'*Athénée* à propos de ma *Notice sur le Conventionnel Danton.*

« Vous avez prouvé par cette lettre que des hommes de bonne compagnie comme nous sommes, d'opinions différentes, et même placés aux antipodes politiques, peuvent encore discuter sans se froisser et sans cesser de s'estimer réciproquement. C'est un exemple qui ne m'étonne pas de votre part et dont je suis profondément touché. Je le suivrai d'autant plus facilement que, comme vous le savez, je suis un pacifique un peu retiré de la lutte, mais qui a toujours su respecter ses adversaires, en combattant leurs opinions.

« Tout d'abord, permettez-moi de m'associer du cœur et de l'esprit, au juste et filial hommage que vous rendez à la mémoire vénérée de votre excellent père, que j'ai connu, et dont j'admire, comme vous, les prodigieux travaux de littérature, d'histoire et d'érudition auxquels sont venus s'ajouter les vôtres, ni moins nombreux, ni moins remarquables, sans les effacer ni les faire oublier.

« Quant à vos observations critiques au sujet de ma *Notice sur Danton* soyez bien persuadé, mon cher ami, que si je ne puis partager votre sentiment sur Napoléon Ier, Thiers, Lamartine et d'autres personnages, je me ferai, du moins, un devoir scrupuleux et reconnaissant de mettre à profit vos utiles indications, dans le cas probable d'une seconde édition.

*
* *

« Comme vous le savez, la grande tache rouge qui a le plus obscurci la mémoire de Danton, ce sont les massacres de septembre. Vous dites qu'il n'est pas prouvé qu'il y ait trempé. Mais il est certain qu'il les a provoqués par sa harangue enflammée du 1er septembre 1792 en faisant appel à l'audace ; et, dans tous les cas, il n'a rien fait, rien tenté pour les empêcher. J'ai voulu douter moi-même, mais j'ai reçu tout récemment la confirmation authentique de l'aveu qu'il aurait fait au duc de Chartres, après la victoire de Valmy : « Si je les ai faits (les massacres) c'était pour nous sauver tous ! » Cette entrevue et ce propos ont été rapportés à de nombreuses personnes par le duc d'Aumale qui en tenait le récit du roi Louis-Philippe, son père, qui était l'ancien duc de Chartres (1).

« Du reste, il est parfaitement inutile à la cause de Danton de vouloir se montrer plus dantoniste que lui en prétendant qu'il n'eut jamais aucun tort, car il en eut de graves, mais ce qui sauva sa mémoire et le fit réhabiliter, c'est qu'il a reconnu ses torts lui-même, qu'il les a regrettés et qu'il les a expiés. Que peut-on lui demander de plus pour l'absoudre ? L'Eglise, elle-même, n'exige pas davantage pour absoudre les plus grands pécheurs.

« De tous les hommes marquants de la Révolution, Danton a été certainement le plus discuté, en raison des deux phases contraires de sa vie, et selon le point de vue auquel ses biographes se sont placés. Mais en écrivant sa *Notice* avec une bienveillante impartialité, je ne me suis placé qu'au point de vue exclusif de la vérité historique, qui, comme vous le dites, doit toujours être la passion supérieure des historiens. Cela ne m'a pas empêché d'être trouvé trop dantoniste par les uns, et pas assez par les autres. C'est à quoi je m'attendais du reste.

« A propos des hécatombes de victimes faites par la Révolution, vous dites — et c'est la vérité — que ce sont les gens du peuple, les roturiers et les vilains qui ont surtout payé de leur vie « l'inévitable mouvement de colère provoqué par quinze cents ans d'épouvantable régime de cruauté et de férocité féodale et sacerdotale ». Mais comment cette colère a-t-elle pu tomber sur de malheureux roturiers qui avaient souffert, eux-mêmes, du régime déchu. Voilà surtout ce qui est épouvantable et féroce, quels que soient les auteurs et les causes de ces vengeances inexcusables que vous désapprouvez comme moi.

(1) Thévenot me permettra de douter de la parole d'un tel témoin, d'un Schiappini intéressé à mentir.

« D'autre part, vous croyez que c'est faire injure à Danton, de supposer que s'il eût vécu, il eût été, comme beaucoup d'autres conventionnels, du reste, un des grands hommes d'Etat, du Directoire, du Consulat et de l'Empire, mais vous paraissez oublier que n'importe sous quel régime un véritable patriote sert son pays avant tout autre maître.

*
* *

« Mais il est un autre bienveillant reproche qui m'a été adressé par quelques personnes, au sujet de cette *Notice*. Vous ne vous êtes pas assez occupé, m'a-t-on dit, des nombreux auteurs qui ont écrit sur Danton. Mais j'ai procédé précisément, comme ces auteurs, eux-mêmes, qui se sont attachés, les uns à la vie privée de Danton, les autres à sa vie publique ; d'autres à une phase ou à un fait spécial. En effet le résumé général de tout ce qui a été publié sur Danton eut formé un gros volume de compilations qui n'eut rien appris de nouveau et d'inédit. C'est pourquoi, sans entrer dans les détails connus de la vie de Danton, et des appréciations diverses dont ses paroles et ses actes ont été l'objet la *Notice* que j'ai consacrée à cet homme d'Etat a eu principalement pour but les deux points suivants :

« 1° Rectifier les erreurs de filiation qui se sont produites dans la famille de Danton et en prévenir le retour par la recherche de la généalogie complète de cette famille ;

« 2° Amnistier et réhabiliter au moins en partie, la mémoire du grand Tribun populaire d'Arcis et lui donner la place encore honorable et définitive qu'elle doit occuper dans l'Histoire.

« Ai-je atteint ce double but ? C'est à mes lecteurs à répondre à cette question.

« Quoi qu'il en soit, mon cher ami, croyez toujours à mes sentiments confraternels les plus dévoués.

« Arsène Thévenot. »

« P.-S. — L'aimable directeur de l'*Athénée* ayant bien voulu offrir l'hospitalité de cette intéressante revue à la réponse qui pourrait vous être faite, je vous laisse le soin de lui communiquer cette lettre si vous le jugez à propos.

« Th. »

« A propos des massacres de Septembre, permettez-moi toujours de croire, mon cher ami, qu'il n'est pas du tout prouvé que Danton y ait poussé et encore moins qu'il en soit l'auteur, et ceci, pour une foule de raisons que je vais tâcher d'exposer aussi clairement que possible.

« Tout le monde déplore ces massacres, c'est entendu, mais ils ne sont que les résultats du temps, du milieu, des circonstances, ce qui ne les excuse pas, si vous voulez, mais les explique du moins en partie ; vous savez bien, tout comme moi, que les foules déchaînées, sous le coup d'une passion quelconque, deviennent tout à coup furieuses, laissant reparaître la bête ancestrale des premiers âges. Et tenez, sans aller plus loin, la fine-fleur de nos hobereaux assommant à coups de canne les femmes au Bazar de la Charité, en sont la meilleure preuve ; on raisonne un individu, on ne raisonne pas la foule entraînée par une passion irrésistible et c'était malheureusement le cas pendant cette période troublée de la grande révolution. Ce qu'il faut retenir, c'est le bloc sublime de la Convention et pas autre chose. Et puisque je parle du *bloc*, le mot mis à la mode par Clémenceau, n'a-t-on pas reproché à ce dernier d'avoir laissé fusiller le général Clément Thomas, alors qu'il n'y était pour rien, comme il l'a cent fois affirmé et démontré depuis.

« Je vous assure que je ne veux ici, ni faire de la politique, ni envenimer un débat qui doit rester purement historique ; mais cependant il me sera bien permis de dire qu'il faut se défier de toutes les légendes créées de toutes pièces sur et contre la Révolution par tous les partis de la réaction.

« N'a-t-on pas écrit la légende du martyre de Louis XVII au Temple? alors qu'aujourd'hui son évasion ne fait plus de doute pour personne et que depuis trente ans, j'ai eu, moi qui vous parle, l'honneur de connaître et d'être lié personnellement avec tous ses enfants !

« Quant à l'affirmation du duc de Chartres, je la récuse et je pense que l'on ne peut lui accorder aucune croyance ; fils d'un geôlier italien, enfant volé et substitué dans sa jeunesse à une jeune princesse du sang, ce Schiappini était trop intéressé dans la question pour pouvoir être cru sur parole. Enfin la vie même qu'il avait menée à l'étranger, avant de monter sur le trône, ne le rendait pas du tout recommandable.

« Tout cela aujourd'hui est reconnu historiquement, mais me ferait sortir de mon sujet et je n'ai donc point le loisir de m'y étendre en ce moment.

« Mais quoi qu'il en soit, mon cher ami, ne parlons pas de l'Eglise qui absout les plus grands crimes après cinq minutes passées dans son confessionnal ; l'exemple invoqué est tellement immoral que je m'étonne de le retrouver sous votre plume.

« A propos des hécatombes injustes de roturiers, de Français en un mot, que je déplore comme vous, je viens de vous le dire, on en trouve malheureusement l'explication dans la mentalité spéciale des foules, c'est triste, mais c'est toujours ainsi depuis le commencement du monde et si les partis de réaction étaient capables d'en tirer un enseignement salutaire, ils devraient comprendre qu'il est toujours dangereux et criminel de comprimer et d'arrêter le mouvement, *l'évolution* pacifique, vers le progrès, vers la liberté, la justice et l'esprit de solidarité universelle qui doivent être le but de l'humanité tout entière !

« Vous dites que sous n'importe quel régime un véritable patriote sert son pays avant tout autre maître. Sous le gouvernement impersonnel de la République, c'est relativement possible ; sous l'Empire on ne pouvait être que le complice d'un fou furieux qui a porté la mort et la désolation dans l'Europe entière et qui restera dans le recul de l'histoire, le plus grand malfaiteur qui ait jamais désolé l'humanité.

« A ce propos avez-vous jamais songé que si la France aujourd'hui passe fatalement au rang de seconde puissance, en face des masses profondes d'Anglo-Saxons, de Germains et de Slaves, c'est aux terribles saignées du premier Empire que nous le devons?

« Faites le compte des millions d'hommes fauchés à la fleur de leur âge, qui étaient la source même de la vie nationale, faites le compte de leur descendance supprimée et vous conclurez comme moi, sans passion, que Napoléon a fait plus que perdre et gagner des batailles, mais qu'il a bien *suicidé* réellement et effectivement la France.

« Ceci dit, mon cher ami, je ne vous en remercie pas moins du fond du cœur d'avoir provoqué cet utile et intéressant débat et c'est vous dire que nous attendons tous avec impatience la seconde édition de votre *Notice* qui est, comme vous le dites fort judicieusement vous-même, très complète et irréprochable au point de vue de la filiation et de la généalogie du célèbre Conventionnel.

« En attendant, veuillez toujours me croire, mon cher ami, votre bien amicalement dévoué.

PAUL VIBERT.

Puis, enfin, voici les notes fort intéressantes auxquelles Arsène Thévenot fait allusion dans sa lettre et qu'il a l'intention d'ajouter, lors de la prochaine édition de sa *Notice généalogique et biographique sur le Conventionnel Danton et sa famille* :

Opinion de Théodore Vibert sur Danton

Dans son magnifique poème héroïque des *Girondins* en douze chants, Théodore Vibert a énergiquement saisi et admirablement rendu les étonnants contrastes d'opinions, de caractères et de passions des héros de notre grande Révolution ; en les représentant sous leurs véritables traits, avec leurs vices et leurs vertus, leur grandeur et leur bassesse, leur patriotisme et leur lâcheté. Ces contrastes furent surtout frappants chez Danton, qui fut un mouton dans la vie privée et un lion dans la vie publique. Ces qualités et ces défauts du tribun populaire se reflètent naturellement au cours du poème.

Dans le chant deuxième (page 30) Danton défend la liberté de la presse que les Jacobins voulaient supprimer, sous prétexte que les Girondins en abusaient.

C'est alors que Danton, ce géant qui, plus tard,
Devait courber son front sous le rouge étendard ;
Danton qui, dans les airs, au sein de l'assemblée
Planait comme un grand chêne au sein d'une vallée;

Danton dont les éclats entraînaient tous les cœurs,
Enchaînés à sa voix par ses accents vainqueurs;
Danton prit la parole et le peuple en silence
Ecouta plein d'espoir le cri de l'éloquence.

. . . .

Qu'importe ! nous avons condensé la parole,
Qui, plus loin que son plomb, leste et terrible, vole ;
Et cette arme du peuple on voudrait l'amoindrir.
Citoyens, au contraire, il nous faut l'agrandir.

. . . .

La presse ne craint rien, mettez-lui des entraves
Vous la verrez briser tous vos liens d'esclaves.
Resserrez, resserrez, despotes, tous vos nœuds
Vous les verrez broyés dans ses membres nerveux.
La presse, cet engin d'un peuple incorruptible,
Plus vous l'enchaînerez, plus vous l'aurez terrible !

Dans le même chant, un peu plus loin, la situation des divers partis est ainsi exposée :

La France était alors en trois camps divisée :
Le camp des Jacobins : leur fureur maîtrisée
N'attendait qu'un instant pour broyer sous ses coups
Les peuples effarés, courbés à leurs genoux.
Saint-Just, Collot, Couthon, le fourbe Robespierre,
Legendre, Tallien, Amar, Billaut, Barrère (1),
Dirigeaient du parti la rude ambition.
Le camp des Cordeliers : Chabot, Marat, Danton,
Bazire, Jullien, Lacroix, Hérault, Camille,
Lançaient sur le pouvoir leur sanglante famille.
Puis, attaqué par tous, le camp des Girondins,
Guadet, Isnard, Vergniaud, dirigent ses destins.
Ils gouvernent la France ; ils ont les ministères ;
Roland, pour le pays, échauffe ses artères ;
Il est ici, partout. Dans son activité,
Il devine en courant, les vœux de la cité.
Entre tous ces partis, luttant à l'assemblée,
Le Marais, par ses voix, quand la nue est gonflée,

(1) Barère de Vieuzac, conventionnel, membre du comité du Salut public. Mon père dans *Les Girondins* l'écrivait avec deux **r** après l'*a*, suivant l'orthographe du temps.

Qu'elle a jeté l'orage et troublé tous les rangs,
Rétablit l'équilibre et l'ordre sur les bancs:
Tous réclament sa voix, tant sa masse flottante
Peut fixer des partis la victoire inconstante.

Quant aux trois principaux tribuns révolutionnaires, ils sont peints d'un seul trait :

.... Marat est un infâme,
Robespierre un vautour, Danton un orgueilleux.

Voici l'appréciation de M. Albert Babeau sur Danton :

« Danton apparaît dans l'histoire comme un orateur fougueux, un politique emporté, ne connaissant aucune règle, aucun frein, ne reculant devant rien pour faire triompher ses idées ; prêt à rompre toutes les traditions politiques, religieuses et sociales ; mais dans sa vie privée, se conformant aux coutumes et aux mœurs de la bourgeoisie à laquelle il appartient ; acceptant les devoirs et les obligations de la famille, comme fils, comme mari et comme père.

(*Annuaire de l'Aube* pour 1898, pages 147 à 164 : Danton, sa première femme et ses propriétés).

Enfin, à ces opinions diverses, nous ajouterons celle-ci qui nous a été exprimée par M. Octave Houdaille, avocat à la Cour d'appel de Paris, en nous accusant réception de la première édition de la *Notice sur Danton* :

Paris, 23 novembre 1903.

« Mon cher confrère,

« Votre opuscule sur Danton, que vous avez bien voulu m'envoyer, m'a vivement intéressé. Il met en relief, avec un plein d'eau-forte, la physionomie vécue du Conventionnel qui m'a toujours semblé ou incompris, ou défiguré —

comme vous le dites si bien — par ses apologistes ou par ses adversaires.

« Je me rappelle qu'il y a quelques années, nous avons fait, mon ami Jullien Goujon et moi, une série de conférences sur Danton dont la légende m'avait hypnotisé. Je disais — retournant la parole d'En Haut, tombée sur la pécheresse — qu'il serait beaucoup pardonné à Danton, parce qu'il fut. peut-être, le seul homme absolument sincère de la Révolution ; et surtout parce qu'ayant eu de l'envolée jusque dans ses crimes, il s'attacha, lui-même, le remords à la gorge.

« Merci encore, mon cher confrère, et avec mes félicitations, mes meilleures sympathies.

« Octave Houdaille ».

Joseph Antoine Cerutti

Membre de la Commune de Paris et Député à l'Assemblée Législative

---

Lorsque j'étais en Italie, l'année dernière (1), dans la mission de la Presse Française, nous fûmes, ma femme et moi, particulièrement bien reçus par mon excellent ami, le docteur Dino Bartolomeo Cerutti, secrétaire de la Chambre de Commerce de Vérone, par sa charmante femme et par son jeune fils. Un jour, pendant que nous visitions le célèbre tombeau des Scaliger, entouré d'une dentelle de fer forgé, je lui demandai s'il n'était pas un descendant ou un parent du célèbre membre de la Commune de Paris, sous la Révolution.

— On le dit ; mais je n'ai pas de preuves certaines, et si vous pouviez me donner des détails sur cet ancêtre hypothétique, je vous en serais bien vivement reconnaissant.

— Bien volontiers.

Et voilà plus d'un an de cela, et jusqu'à présent il m'a été tout à fait impossible de réaliser ma promesse, faute du temps matériel pour faire les recherches nécessaires et

(1) Il y aura trois ans au mois d'août prochain.

pour écrire cette courte chronique qui pourra toujours renseigner un peu mon excellent ami Cerutti.

Je connais d'autant mieux la question que j'ai habité moi-même pendant plusieurs années, de 1875 à 1880 environ, au numéro 48 de la rue Laffitte et que je crois bien connaitre à fond, autant que cela est possible à Paris, le neuvième arrondissement.

Donc, en m'en rapportant aux indications qui me sont fournies par mon ami Gustave Pessard, dans son excellent *Dictionnaire historique de Paris*, en 1792, en mémoire de la mort récente du membre de l'Assemblée législative, Cerutti, qui avait prononcé l'oraison funèbre de Mirabeau, on débaptisa la rue d'Artois et elle devint la rue *Cerutti*, en l'honneur de Joseph-Antoine Cerutti, jésuite né dans l'ancienne province du Piémont, en Italie, le 13 juillet 1738, mort à Paris, le 3 février 1792, qui fut membre de la Commune de Paris et député à l'Assemble législative; Cerutti habita au n° 1 de la rue, l'ancien hôtel Stainville. Avant d'être princesse de Chimay, Madame Tallien y demeura, puis ce fut la *Maison Dorée*. Les sculptures de cette maison, construite en 1839, sont de Klagmann. Ce n'est qu'en 1830 que Jacques *Laffitte* donna son nom à cette rue.

Mais il faut encore ajouter que, pendant la Révolution, les boulevards de la Madeleine, des Capucines et des Italiens s'appelèrent aussi *boulevard Cerutti*.

Du reste, pendant le Directoire, le Consulat et l'Empire, tout le quartier de la rue du *Mont-Blanc* — chaussée d'Antin — de la rue Taitbout, etc., était habité par les gens célèbres du temps, Napoléon, rue de la Victoire, Talleyrand, etc., et j'ai conté toute cette histoire rétrospective et anecdotique dans des centaines de chroniques et, à l'heure présente, l'on peut encore voir, au 57 du faubourg Montmartre, et au 10 de la rue de la Victoire, un petit jardin bien triste qui est tout ce qui reste d'une ancienne demeure de la pauvre Marie-Rose-Joséphine Tascher de la Pagerie qui devait devenir impératrice des Français, être répudiée par son goujat de mari et mourir empoisonnée pour s'être intéressée à l'infortuné Louis XVII, c'est-à-dire Charles-Guillaume Naündorff, dont elle connaissait bien l'évasion et toute la tragique et lamentable histoire...

Mais je vois que je m'éloigne beaucoup de Cerutti et des renseignements que j'ai promis au docteur Cerutti, l'aimable et érudit secrétaire général de la Chambre de Commerce de Vérone. J'y reviens pour terminer par une histoire bien amusante et qui prouve, une fois de plus, toute la vanité des soi-disant grandeurs humaines.

En mai 1908, l'*Intermédiaire des chercheurs et des curieux* publiait la petite note suivante, sous l'initiale V. On crut généralement qu'elle était de moi, ce qui est une erreur :

« Le centenaire de la naissance de Napoléon III a fait publier les actes qui concernent cet événement. On lit dans l'acte de naissance qu'il est né « au palais de S. M. le roi de Hollande », ce que l'on traduit par « Palais des Tuileries ».

« La reine de Hollande, qui avait son hôtel, rue Cerutti, où était né son fils aîné Charles, fit-elle ses couches aux Tuileries ! Et comment les Tuileries étaient-elles dites « Palais du roi de Hollande » ?

« Il y a là une certaine obscurité qui déroute. Peut-on dire positivement, exactement, où Napoléon III est né ? Existe-t-il une relation de cet événement ? »

Je crois que la question est aujourd'hui bien résolue et que c'est bien en effet rue Cerutti, actuellement rue Laffitte, qu'est né le malheureux illuminé qui devait nous conduire à Sedan.

Car, en effet, les Tuileries, avec la meilleure volonté du

monde, n'ont jamais pu passer pour le Palais du roi de Hollande !

Mais je reviens en terminant à mon héros. Joseph-Antoine-Joachim Cerutti était né à Turin en 1738 et mort en 1792, comme je l'ai indiqué plus haut ; il était venu se fixer tout jeune en France et professer avec beaucoup de talent à Lyon. Comme il était jésuite de son métier – un sale métier, entre parenthèses — il avait rédigé en 1762, à l'âge de vingt-quatre ans, une *Apologie des jésuites,* mais quand la Congrégation eut été proscrite, il s'empressa de renier les principes qu'on lui attribuait, et en 1789 il se jeta résolument dans le mouvement nouveau, comme l'autre moine Chabot, dont mon père, Théodore Vibert, a si admirablement buriné le portrait et campé le personnage dans *Les Girondins,* la Grande Epopée Nationale. Puis il se lia d'une étroite amitié avec Mirabeau, prononça éloquemment son oraison funèbre et fut appelé à l'Assemblée législative en 1791, un an avant sa mort, à peine âgé de cinquante-quatre ans. Outre plusieurs écrits de circonstance, Cerutti a laissé des apologues et un recueil de pièces diverses en prose et en vers, parmi lesquels se trouve un petit poème sur les *Echecs,* que mon père, qui était très fort à ce jeu, m'a souvent fait lire dans mon enfance.

On a réuni et publié ses œuvres un an après sa mort, en 1793.

Il était un des rédacteurs de la *Feuille villageoise,* destinée à l'éducation politique et républicaine des campagnes, et qui fit alors beaucoup de bien.

Comme l'on voit, Cerutti était vraiment un homme de valeur et un esprit *émancipé,* dans le meilleur et le plus large sens du mot, et si en Savoie ou à Turin il se trouve un érudit qui puisse me donner des indications précises sur sa famille et sa jeunesse, je lui en serai doublement reconnaissant, et pour moi-même, au nom de la vérité historique que la Restauration a voulu travestir à son égard, et pour mon ami Cerutti, le secrétaire général de la Chambre de Commerce de Vérone, auquel j'ai promis ces renseignements sur un homme qui a su honorer également sa patrie d'origine et sa patrie d'adoption, pendant cette période troublée, tragique et héroïque, mouvementée et sublime de la Grande Révolution !

La clarté du style et la logique de la pensée dans *Les Girondins*

On sait qu'Alexandre Dumas père avait la grande préoccupation d'éviter les répétitions de mots ; mon père avait, lui, le souci, et le scrupule d'être toujours clair et compréhensible dans la forme comme dans la pensée, n'admettant pas que le vers fut une excuse pour écrire moins clairement ou avec moins de bon sens qu'en prose. Rotrou et Mathurin Régnier, Corneille et Racine, Molière et Boileau, tous les poètes français, en un mot, célèbres ou modestes, du grand siècle au commencement du XIXe, avaient cette sage et heureuse conception ; mais peu à peu cela changea au cours du siècle dernier et l'on peut dire que Lamartine avec sa *Chute d'un Ange*, fut l'un des premiers qui déserta la vieille clarté française et fit ainsi le plus grand mal à la poésie.

Les jeunes, ceux qui se déclarent chefs d'Ecole à vingt-cinq ans, sans même se douter, dans leur candeur, du ridicule dont ils se couvrent, reprochaient parfois à mon père d'être un élève lointain de Boileau, quant à la forme, ce qui était, en somme, le plus bel éloge que l'on puisse faire de sa facture, de son *écriture*, comme l'on dit dans l'argot du jour.

Mon père avait cent fois, mille fois raison de vouloir être

clair, précis, compréhensible, car, alors même que l'on possède, comme il les possédait, toutes ces qualités au premier chef, il est encore fort difficile de se faire comprendre de ses auditeurs ou de ses lecteurs.

Je m'en suis rendu compte, bien souvent moi-même, en faisant mes conférences ; je me croyais clair, précis, mettant bien, comme l'on dit, les points sur les *i* et parfois il arrivait que des sténographes de métier — *de métier*, vous entendez bien et fort instruits encore — me faisaient dire sur leur copie, exactement le contraire de ce que j'avais dit, cependant avec toutes les précisions possibles !

Alors ?

Ceci prouve simplement qu'il n'est pas facile de se faire comprendre de ses contemporains qui ne possèdent pas, naturellement des connaissances universelles et sont, la plupart du temps, insuffisamment préparés pour comprendre ce que vous leur dites ou ce que vous leur donnez à lire.

Dans une de ses chroniques au jour le jour qui paraissent dans le *Journal*, Gustave Téry faisait, en quelque sorte toucher du doigt, avec infiniment d'esprit, précisément ce que je suis en train de chercher à faire comprendre moi-même, en ce moment, je lui laisse la parole :

Dans un lycée de Paris :

UN ELÈVE. — Je suis allé, hier, voir *Tartuffe*, à la Comédie-Française.

LE MAITRE. — Fort bien... Qui jouait Tartuffe ?

L'ELÈVE. — Paul Mounet. Il a fait de Tartuffe un aventurier brutal et cynique. N'ai-je pas entendu dire, monsieur, qu'on ne l'a pas toujours représenté de la même façon ?

LE MAITRE. — C'est exact. Quand Leroux tenait le rôle, Tartuffe était sanguin et paillard, tandis qu'avec Febvre, c'était un homme du monde d'une impeccable correction.

Avec Worms, il était sec et torturé ; avec Coquelin aîné, il devenait exubérant et jovial. Blafard avec Coquelin cadet, il était apoplectique avec Sylvain. Naguère, Huguenet nous l'a montré bonhomme et finaud...

L'Elève. — En somme, il y a autant de caractères de Tartuffe qu'il y a d'acteurs qui jouent le rôle.

Le Maitre, *hésitant.* — C'est peut-être beaucoup dire.

L'Elève. — Dans tous les cas, vous nous avez souvent remontré qu'il n'y a pas de génie plus français que celui de Molière ; or, tout le monde s'accorde à reconnaître que la qualité essentielle du génie français est une clarté merveilleuse.

Le Maitre, *se retrouvant.* — N'en doutez point.

L'Elève. — Alors, monsieur, puisque les caractères des héros de Molière sont si nettement dessinés, puisque sa pensée et sa langue sont l'une et l'autre si merveilleusement claires, comment se fait-il que le principal personnage de *Tartuffe* puisse prêter à des interprétations si diverses et même si contradictoires ?

Le Maitre. — Permettez... distinguons... Voyez Hamlet.. Voyez Faust... Tout est dans tout ; le propre du génie, c'est de l'y mettre — et de l'y retrouver.

L'Elève. — Bien, monsieur ; je répondrai ça au bachot.

Hélas oui, tout le monde comprend un peu avec son intelligence, interprète avec son cœur et déforme surtout ce qu'il lit avec ses propres passions et c'est précisément là ce qu'il y a de terrible. Si l'on écoutait et jugeait avec une entière bonne foi, il est évident que tout le monde serait bien près de s'entendre et que nous serions à la veille de l'âge d'or. Mais voilà, la plupart des lecteurs et auditeurs ont la terrible manie, soit par sympathie, soit par haine politique ou religieuse, de faire dire au malheureux écrivain, au pauvre orateur, précisément ce qu'ils n'ont pas dit et ce qui était bien à cent lieues de leur pensée.

Justement à propos de l'édition du cinquantenaire des *Girondins* j'ai là, sous les yeux un exemple tout à fait frappant de ce que j'avance en ce moment.

Mon excellent ami et confrère Georges Régnal consacrait au poème de mon père une note, d'ailleurs bienveillante, que voici :

« Les Girondins, poème national en douze chants, par Théodore Vibert.

Paul Théodore-Vibert fils, a fait réimprimer cette œuvre de belle envergure, de patriotique inspiration, qui fut hautement louée lors de sa parution (1). Il a voulu par piété filiale, par orgueil, très légitime, qu'une « édition du cinquantenaire » (1860-1910) complétée par une préface et un recueil d'articles signés dans les journaux d'autrefois, assurât aux *Girondins* une place dans les grandes bibliothèques. L'ouvrage est digne de lecture et de conservation, car il renferme de chaleureuses pages, des peintures colorées d'une époque frémissante de notre histoire.

Paul Théodore-Vibert, dans ses lignes préliminaires fait preuve d'une profonde vénération, d'une grande et admiratrice tendresse pour la mémoire de ce père envers lequel il s'efforce de conquérir les sympathies de ceux à qui il présente le livre capital de cet homme évidemment très au-dessus des intelligences courantes, ce sentiment fort légitime trouvera certainement des échos.

Cependant Paul Théodore-Vibert ne se cache pas d'avoir rencontré lui-même, après son père, et à cause de son désir d'honorer ce dernier, des .... hostilités imméritées.

1. Ce doit être une faute d'impression, l'auteur a sans doute voulu dire : *parturition.*

J'oserai expliquer ces hostilités par l'anticléricalisme effréné de notre confrère. On doit admettre et respecter sa conviction lorsqu'on professe la liberté de la pensée. Mais il entre un peu trop de fanatisme chez lui dans l'expression de ses idées — aussi choquent-elles les impartiaux, tout autant que la haine irraisonnée du Franc-Maçon, ou l'antisémitisme.

Les partis pris, dans quelque sens qu'ils se signalent aveuglent le jugement, et nuisent à l'artiste. J'en donne la preuve en ces lignes extraites des *Girondins*.

— Allons, dis-moi, cousin, ton père est-il encore
Ce dévot qui jadis voulait que l'on adore
Dieu le fils et le Père, et que sais-je, et les Saints ?
— Oui, répartit Nicole, aussi les Capucins.

Où a-t-on vu que l'Eglise fit *adorer* les Saints, et surtout : les Capucins ?...

Ce n'est rien, mais cette mesquinerie sectaire vous détourne de consacrer au long poème le temps qu'il faudrait pour le lire avec recueillement.

C'est parce qu'ils ont vu des « Jésuites » partout que les Vibert, malgré leurs hautes intelligences se sont heurtés à des gens qui voient les Francs-Maçons sinon avec haine, du moins avec défiance.

Combattez l'Eglise, écrivains, c'est votre droit ; elle a des partisans pour la défendre.... Mais servez-vous d'armes qui ne soient pas ébréchées, parce qu'alors vos adversaires ne vous prennent pas au sérieux et vos amis vous trouvent compromettants. — Il n'y a que de très modestes confrères comme moi, qui ne se cachent pas pour vous adresser tout ensemble l'éloge et la critique, sincèrement, hautement, et malgré tout en franche sympathie (Schleicher Frères, 8, rue Monsieur-le-Prince) ».

Ceci paraissait dans le numéro de *Simple revue* du

1er janvier 1911 et dans le numéro du 15 du même mois paraissait la courte réponse suivante que j'avais adressée à mon confrère :

« Correspondance.

« Chère Madame,

« Dans l'article que vous avez eu l'amabilité de consacrer aux *Girondins,* poème national en douze chants de mon père Théodore Vibert, se trouve le passage suivant :

« Les partis pris, dans quelque sens qu'ils se signalent aveuglent le jugement, et nuisent à l'artiste. J'en donne la preuve en ces lignes extraites des *Girondins*.

— Allons, dis-moi, cousin, ton père est-il encore
Ce dévot qui jadis voulait que l'on adore
Dieu le fils et le Père, et que sais-je, et les Saints ?
— Oui, répartit Nicole, aussi les Capucins.

« Où a-t-on vu que l'Eglise fit *adorer* les Saints, et surtout : les Capucins ?

« Ce n'est rien, mais cette mesquinerie sectaire vous détourne de consacrer au long poème le temps qu'il faudrait pour le lire avec recueillement. »

« Permettez-moi de vous dire que ce passage contient au moins deux erreurs de fait.

« D'abord mon père et moi n'avons jamais été des sectaires et, pour mon compte personnel, j'ai passé ma vie à attaquer les sectaires partout où je les trouvais, ce qui n'est pas la même chose.

« Ensuite, non seulement ces quatre vers ne sont pas antireligieux, mais sont presque plutôt cléricaux et la chose est facile à comprendre. Les trois premiers vers sont du Montagnard Chabot, et le dernier de Nicole, son cousin, jeune journaliste girondin, très modéré, qui arrive de sa province. En répondant: *oui, aussi les Capucins,* il évoque l'ancien capucin défroqué qu'était Chabot et par son courage, risque simplement l'échafaud sur lequel il ne devait pas du reste tarder à monter lui-même.

« Enfin, permettez-moi d'insister sur ce point que jamais mon père n'a pris parti dans sa grande Epopée des *Girondins*, mais qu'il s'est toujours contenté de traduire aussi fidèlement que possible, en vers, les paroles et les écrits des héros de cette époque superbe et tragique, soit à la Convention, soit dans la presse du temps et j'ajouterai que cette étonnante fidélité historique n'est pas une des moindres qualités de l'œuvre de mon père.

« Vous savez que je ne cache pas mes idées anticléricales — j'ai payé assez cher pour avoir le droit et le courage de mener campagne en faveur de la tolérance que je considère comme un devoir ; mais je crois dans l'espèce que la question cléricale n'a rien à y voir et tous les historiens qui se respectent seront de mon avis.

« Avec tous mes remercîments anticipés pour votre bonne hospitalité, veuillez, chère madame et confrère, agréer, je vous prie, les assurances de mes sentiments respectueux et dévoués ».

« Paul Vibert » (1).

Comme l'on voit la note finale elle-même était tout à fait courtoise et charmante. Mais il faut bien le dire les quatre vers de mon père sont parfaitement clairs et ne pouvaient pas être plus clairs dans la bouche d'un historien scrupuleux et impartial comme Théodore Vibert, mais Georges

(1) « Nous sommes on ne peut plus heureux des déclarations de notre confrère à l'égard de la tolérance, et enchantés d'une légère erreur commise par nous, quand elle nous vaut cette manifestation. — Vive la liberté de conscience !

« Seulement, alors, le passage des *Girondins* où il est question « d'adorer les saints et même les Capucins », manque de clarté, du moins pour les ignorants de notre espèce. »

Régnal avait commencé à lire, en se disant *in petto* : — Que va dire encore cet anticlérical, et c'est ainsi qu'hypnotisée par une idée préconçue, elle avait vu de l'anticléricalisme là où il n'y avait que la traduction fidèle des sentiments et des propres paroles de l'ex-capucin François Chabot.

Je crois qu'il est inutile d'insister ; mais vraiment plus je vieillis, plus je sens que je partage la façon de voir de Renan et c'est vraiment à désespérer du métier d'écrivain. Il est vrai que comme a dit le poète :

> Ceux qui vivent, ce sont ceux qui luttent : ce sont
> Ceux dont un dessein ferme emplit l'âme et le front.

et qu'alors il ne faut jamais se décourager quand on est certain d'avoir accompli son devoir, tout son devoir.

D'aucuns m'ont déjà reproché de défendre la mémoire de mon père — qui n'en a pas besoin d'ailleurs et se défend bien toute seule — avec trop d'âpreté et d'acharnement. J'avoue que je ne comprends pas, car il y a là un devoir si naturel que je ne vois pas en quoi il peut bien étonner quelqu'un.

Dernièrement M. Georges Duhamel donnait à l'Odéon une pièce en trois actes, intitulée : *Dans l'ombre des Statuts* et que Charles Martel résumait ainsi :

« Le sujet est d'une originalité émouvante ; c'est la détresse de l'héritier d'un nom illustre, prisonnier dans la gloire paternelle et réduit à n'être jamais que l'ombre, le reflet, la réduction d'un grand homme. Ainsi souffre Robert Bailly, élevé par sa mère et par Mostier, secrétaire de feu le grand philosophe Bailly, de façon à continuer, sans personnalité propre, la personne de son père. Rien n'est à lui, pas même lui-même ; on lui a appris à se tenir, à penser, à se comporter conformément aux œuvres paternelles. Pas même son visage, on le lui a en quelque sorte modelé à la Bailly.

Ah ! qu'il voudrait s'évader, se délester de ce bagage qui l'accable et l'annihile ! Or, la veille même du jour qu'on inaugure le monument du grand Bailly, quand discoureurs et fanfares ont répété, un habitant de la petite ville, berceau de la famille, lui apporte, sans les avoir lus d'ailleurs, des papiers d'où résulte qu'il n'est pas le fils du grand Bailly, mais d'un brave homme mort ignoré dans son trou. La révélation le grise, il quittera tout et sur l'heure, sans s'inquiéter du scandale. Il emmènera avec lui une jeune fille, Alice Mostier, la nièce du secrétaire ; elle au moins l'aime pour lui et non pour son père... Mais si, c'est encore ce nom de Bailly qui la charme. Il partira seul. Non, il ne partira pas, car sa mère lui démontre l'obligation de rester au poste où le sort l'a placé, de se sacrifier comme elle l'a fait elle-même à la mémoire d'un génie auprès duquel leurs individualités respectives ne comptent pas ; elle lui demande enfin, avec une autorité si douce, de ne pas anéantir l'œuvre — expiatoire — de sa vie, qu'il cède et reprend son masque, le masque du grand Bailly. »

Pour mon compte, je ne trouve pas ce sujet du tout émouvant, mais simplement odieux ; tes père et mère honoreras ont enseigné toutes les philosophies depuis le commencement du monde... A plus forte raison quand le père est un homme illustre, un grand penseur. Cet amour filial, il est naturel, instinctif, inné dans le cœur de l'homme, à moins qu'il ne soit un monstre et M. Duhamel, quoi qu'il en puisse croire, ne nous a pas donné une pièce, mais une séance de tératologie psychologique, ce qui n'est pas du tout la même chose et ce qui, en tous cas, n'a rien, absolument rien d'humain.

Les journalistes sous la Révolution

Voici, par ordre de date, trois notes que j'ai eu l'occasion de publier depuis le commencement de l'année dernière et qui m'ont paru devoir trouver place ici.

Je fis paraître la première le 26 janvier, dans le *Grand National*, sur un article des *Annales révolutionnaires*, commenté lui-même par mon confrère de l'*Aurore*. Du reste, voici ma courte réponse :

« Les *Annales Révolutionnaires* reproduisent, dit Robert Kemp, un extrait du *Journal des Dix-Huit*, qu'on appelait aussi *le Thé*, et qui se publiait sous le Directoire. C'est une liste, parue le 20 avril 1797, des journalistes à qui il était arrivé malheur depuis la prise de la Bastille. Le petit avant-propos est piquant :

« Puisse le tableau que je vais tracer, servir d'instruction à ceux qui se jetteraient dans cette carrière périlleuse, sans avoir consulté leurs forces et leur courage !

« Or donc, voici les décapités : Durosoi, de *la Gazette de Paris* ; Camille, des *Révolutions du Brabant* ; Linguet, des *Annales du Brabant* ; Brissot, du *Patriote français* ; Gorsas, du *Journal des 84 départements* ; Girey-Dupré, un des collaborateurs de Brissot ; Fabre d'Eglantine, des *Révolutions de*

Paris ; Decharnois, du *Spectateur* ; Pariseau, de *la Feuille du Jour* ; Boyer, du *Journal des Spectacles* ; Hébert, du *Père Duchesne* ; l'abbé Royou, de *la Feuille à deux liards*.

« Il me semble que la série n'est pas complète. Si l'on compte comme journaliste Fabre d'Eglantine, qui fut surtout auteur dramatique et poète, tellement poète qu'il mâchonnait encore des vers dans la charrette — ce qui lui valut l'apostrophe fameuse de Danton : « Des vers ? Nous en ferons bientôt tous, dans le tombeau ! » — il faudra citer aussi André Chénier, car Chénier collabora au premier journal quotidien, au *Journal de Paris*. Et ce fut après la polémique qu'il y entama avec Roucher contre Collot d'Herbois, directeur du *Père Gérard*, qu'il fut « inquiété ». Roucher et Chénier, deux journalistes décapités, à ajouter aux douze de tout à l'heure. Je ne pense pas qu'on puisse laisser de côté *le Vieux Cordelier* et Camille Desmoulins... Comme journaliste, celui-là les enfonçait tous.

« Deux assassinés : Marat, *l'Ami du Peuple*, et Suleau, du *Journal de Coblentz*. Deux meurent de chagrin : l'abbé Royou, de *l'Ami du Roi*, et Loustallot, des *Révolutions de Paris*, que la nouvelle des massacres de Nancy plongea dans le désespoir. Un meurt de peur : c'est Villette, de la *Chronique de Paris*. Il faudrait peut-être vérifier !

« Fugitifs : Pelletier, des *Actes des Apôtres* ; Rivarol, du *Journal de Cambrai* et Mallet du Pan, du *Mercure de France*. Un « torturé » : l'abbé Poncelin, du *Courrier Républicain*. J'avoue que ce *torturé* m'intriguait. Recherches faites, Poncelin ne mourut qu'en 1828. Les tortures consistèrent en ceci que des agents de Barras, au mois de janvier 1797, s'emparèrent de lui, l'entraînèrent au Luxembourg et lui donnèrent le fouet. Ce fut lui qui conta l'anecdote, en poussant des terribles cris. Alors, nous pouvons douter...

« Pillés et volés : Gautier, du *Journal de la Cour et de la*

Ville, et Fiévée, de *la Chronique de Paris*. Fiévée collabora avec Poncelin à la *Gazette Française* ».

Cette note de Robert Kemp est très bien ; mais il me permettra de trouver au moins bizarre qu'il ait oublié de citer le journaliste Nicole de la Devèze, jeune girondin de talent, mort sur l'échafaud. Comme il est le héros principal des *Girondins*, la grande Epopée nationale de Théodore Vibert, de mon père, il n'est vraiment pas permis à un homme de lettres, au lendemain de l'édition du cinquantenaire des *Girondins*, du seul grand poème épique que possède la France, d'ignorer ce détail ou de commettre cet oubli.

Les Girondins

Peu de temps après, le 7 février 1912, je publiais dans le *Grand National* la missive suivante à M. Le Borne dont l'opéra a eu un si grand et si légitime succès l'année dernière à la Gaîté Lyrique de mes vieux amis, les frères Isola :

« A Monsieur Fernand Le Borne,

« Je suis allé, le 29 janvier dernier, à la neuvième représentation de votre beau drame lyrique en 4 actes et en 6 tableaux, les *Girondins* ; je ne dirai rien des librettistes, MM. André Lenéka et Paul de Choudens. Avec infiniment de dextérité, ils ont coupé en tranches congrues la Révolution et la vie tragique et courte des Girondins et ils les ont reliées ingénieusement par le fil ténu d'une passion nécessaire, au milieu de cette époque de boue, de trahison des émigrés, de la noblesse et du clergé, de sang, de cruauté et d'héroïsme admirable aussi et de dévoûment sans borne.

« Je ne veux retenir que votre musique, que votre interprétation à vous, le compositeur, c'est-à-dire l'auteur principal, pour ne pas dire unique, quand il s'agit d'un opéra.

« Dès l'ouverture, on sent la poudre et votre conception, tout à la fois *imitative et ambiante* d'une époque, si j'ose m'exprimer ainsi, m'a particulièrement plu ; avec vous, l'on sait tout de suite où l'on va et, dame, quand il s'agit de la Révolution, il ne suffit pas d'entrer dans la peau de ses personnages, il faut entrer aussi dans celle, si l'on peut dire, de toute une fin de siècle qui, lui-même, n'était que la résultante implacable des siècles antérieurs...

« Aussi, vous l'avoûrai-je, cette façon d'empoigner spontanément vos auditeurs avait été si subite que, pendant tout le premier acte, je songeais à m'en aller, en disant que je n'aurais pas le courage douloureux d'assister à ces *Girondins*, alors que toute mon enfance s'était passée dans leur intimité, grâce aux travaux de mon père. Les *Girondins !* Tous des amis d'enfance pour moi et mon pauvre père, mort si jeune, n'était point là pour voir comment votre puissant tempérament musical les avait évoqués.

« Vous comprenez mon émotion bien légitime en semblable occurrence...

« Cependant retenu par l'intérêt, par la curiosité, par le développement palpitant du drame, je restai jusqu'au bout, recouvrant peu à peu mon sang-froid, et je fus de plus en plus enveloppé par votre musique prenante.

« Chacun de vos actes sont précédés d'une espèce de prélude, de petite ouverture qui se continue pour ainsi dire avec le lever du rideau ; de la sorte, l'idée se poursuit et j'ai fort goûté ce procédé qui me paraît excellent.

« Quand nous parlons d'une œuvre littéraire dont la phrase, *l'écriture,* comme l'on dit dans le patois du jour, sont bien développées, nous disons que nous avons *le nombre.* C'est précisément ce que j'ai cru remarquer dans vos duos et dans vos chœurs les plus empoignants ; l'idée est développée et va toujours au bout de ce qu'elle veut dire. C'est une qualité assez rare pour que j'y insiste en toute sincérité.

« Le banquet des Girondins, l'antithèse tragique de la

musique et l'apothéose finale forment une page de premier ordre qui m'a profondément remué.

« Est-ce à cause de votre talent, ou du sujet qui est admirable et surhumain, ou bien parce que les souvenirs de l'œuvre paternelle venaient déchirer mon cœur, en un pareil moment ?

« Je ne sais, ou plutôt je crois bien que ces trois causes étaient bien de nature à me jeter en cet état...

« Je vous ai cherché pour vous dire toute mon admiration et toute ma joie d'avoir revu ainsi en chair et en os tous ces héros familiers de mon enfance, si superbement évoqués aussi par Théodore Vibert, voilà cinquante-deux ans, dans son immortelle Epopée nationale des *Girondins ;* mais vous étiez parti, et je dus remettre à plus tard cette déclaration de sincère opinion que l'on se doit toujours entre hommes de lettres et compositeurs, épris du même idéal ou poursuivant les mêmes travaux...

« Sentiments dévoués, etc.

« PAUL VIBERT. »

Le chant des Girondins

Enfin dans le *Journal de Seine-et-Oise*, le 24 février 1912, je publiais l'article suivant sur le *Chant des Girondins* pendant le siège de Paris de 1870-1871 :

« Comme bien l'on pense, tout ce qui touche aux Girondins, de près ou de loin, tout ce qui me rappelle l'immortelle Epopée nationale de Théodore Vibert, de mon père, ne saurait me laisser indifférent, et c'est pourquoi je veux aujourd'hui noter le rôle du *Chant des Girondins* pendant l'année terrible.

« En 1872, au lendemain des événements tragiques de ces deux années inoubliables pour qui les a vécues, paraissait chez l'éditeur E. Lachaud, place du Théâtre-Français, un petit volume de 130 pages, intitulé : *La Musique pendant le siège de Paris, impressions du moment et souvenirs anecdotiques*, par M. Albert de Lasalle.

« Tous les chants célèbres ou guerriers sont passés en revue, à commencer par la *Marseillaise*, à laquelle l'auteur consacre une excellente étude. Puis ce sont des notes, des impressions au jour le jour du plus vif intérêt sur la musique pendant le premier siège de Paris. Sa dernière note est du 18 janvier 1870. Les Parisiens mouraient de faim, étaient étranglés par le pain noir, fait de détritus : ils n'avaient plus le courage de chanter, mais seulement celui de mourir !

« Moi aussi je vais écrire mes souvenirs sur l'année terrible, si la mort m'en laisse le temps ; mais jusqu'à présent la douleur poignante que provoque leur seule évocation dans mon cœur, m'a empêché de le faire.

« En attendant, voici toujours le chapitre consacré par M. Albert de Lasalle, aux *Girondins*. Je le transcris intégralement et sans y changer un seul mot ; il est à remarquer que nous sommes tout à fait à la fin de l'Empire, c'est ce qui explique la constatation finale de l'auteur sur un gouvernement qui s'effondra dans la boue et dans le sang :

LES GIRONDINS

18 août

En 1847, Alexandre Dumas et M. Auguste Maquet firent jouer leur drame *le Chevalier de Maison-Rouge* au Théâtre Historique du boulevard du Temple. L'action se passait au temps de la Terreur, et à l'un des actes de la pièce le public assistait au banquet d'adieu des Girondins, attendant l'heure de la mort.

« Pour rester dans la vérité historique, il eût fallu que les condamnés chantassent la *Marseillaise* ; la censure s'y opposa. Les auteurs durent alors recourir à un expédient en composant des strophes inédites, auxquelles cependant ils donnèrent un refrain emprunté à Rouget de Lisle :

Mourir pour la patrie,
C'est le sort le plus beau, le plus digne d'envie !

« Ce distique, en effet, termine tous les couplets de *Roland à Roncevaux* et du *Vengeur*, deux fières chansons de guerre que l'on trouve dans le volume des *Essais en prose et en vers*. M. Varney mit assez heureusement en musique les vers d'Alexandre Dumas et de M. Maquet ; il était alors chef d'orchestre du Théâtre Historique. Plus tard, il a dirigé celui des Bouffes-Parisiens. On a de lui trois opéras-comiques : le *Moulin joli*, l'*Opéra au Camp* et la *Polka des Sabots*. La révolution de 1848 a eu pour chanson favorite les *Girondins*, comme celle de 1830 avait eu la *Parisienne*.

« Je ne jurerais pas que l'autorité actuelle ait permis les *Girondins*, et cependant on les chante à tue-tête dans les rues. Mais il faut bien dire que le Gouvernement se trouve très désemparé au milieu d'une population qui ne lui est pas sympathique et ayant à faire face à un ennemi envahissant dont il semblait ignorer la force lorsqu'il lui a déclaré la guerre ».

Je vois parmi la liste des ouvrages de M. Albert de Lasalle, que je n'ai pas connu et qui doit être mort à l'heure présente, un volume intitulé : *L'Hôtel des Haricots*, maison d'arrêt de la Garde nationale (histoire anecdotique...., avec 70 dessins par E. Morin, d'après les originaux de Decamps, Devéria, Daumier, Millet, Nanteuil, Ciceri, Troviès, Yvon, etc.).

Je n'ai point le volume sous les yeux et je le regrette vivement, car j'aurais été curieux de savoir s'il a retrouvé les dessins que mon père avait faits sur les murs de sa prison et la chanson qu'il y avait inscrite, lorsqu'il avait été condamné, à vingt-neuf ans, à quarante-huit heures de prison, sur la dénonciation de son concierge qui était capitaine de la Garde nationale, lorsque nous habitions rue de Sèvres, au second étage, au-dessus du pâtissier Guerbois, juste en face du Bon Marché. J'ai déjà raconté cet incident burlesque et je ne veux pas y revenir en détail aujourd'hui, Gustave Pessard dit comment *L'Hôtel Bazancourt* appelé *L'Hôtel des Haricots,* en raison de la nourriture spéciale qu'y recevaient les gardes nationaux punis de prison, fut démoli et transféré à Auteuil.

La courte incarcération de Théodore Vibert, victime de la vengeance de son capitaine-pipelet — Vive l'Empire, Monsieur ! — doit remonter à 1855 ou 1856 environ, car j'étais encore très jeune lorsque l'événement se produisit et je devais avoir quatre ou cinq ans. C'est alors que pour dépister le terrible cerbère, mes parents déménagèrent sans laisser d'adresse au concierge et allèrent habiter au n° 100 de la rue de l'Ouest, aujourd'hui rue d'Assas, en face les casernes provisoires du Luxembourg. Le concierge de la rue de Sèvres suivait les voitures de déménagement, et mon père fut obligé de le faire arrêter en route par un sergent de ville ! C'était joli, *le service obligatoire* de la Garde nationale au commencement de l'Empire. Il y aurait tout un volume à écrire sur ce corps burlesque de carnaval.

En attendant, voici toujours la fameuse chanson que mon père composa dans son cachot — horreur — et écrivit sur les murs à l'aide d'un bout de crayon :

LE CAPITAINE MERLUCHON

Avez-vous vu mon capitaine,
Le capitaine Merluchon ?
En hiver il porte mitaine,
Bonnet de soie et bas de laine
Caleçon, tricot et manchon !
Que de fois j'étais en patrouille,
A la pluie, à la neige, au vent !
Lui, cette face de citrouille,
Qui me prend pour une grenouille,
Ronflait derrière un paravent.

Comme il est fier, quand la mitraille
Gronde et pleut sur Paris !
Sans s'effrayer du sot qui raille,
Il voudrait posséder la taille
D'un rat ou bien d'une souris.
Mais qu'il est beau, quand la victoire
A jonché de fleurs nos soldats :
Allons, amis, couverts de gloire,
Volons au temple de Mémoire
Immortaliser nos combats.
Avant de quitter la bataille,
Imitez le grand Merluchon :
Quand on a bravé la mitraille
Il faut bien faire un peu ripaille !
Qu'on fasse sauter le bouchon !

THÉODORE VIBERT.

(*Hôtel des Haricots*).

Mon père était alors jeune avocat à la Cour avant de s'être consacré uniquement aux Lettres, et bientôt toute la Garde nationale de Paris et tout le Barreau, tout le Palais savaient par cœur le *Capitaine Merluchon* !

C'était faire encore trop d'honneur à cet imbécile de capitaine-pipelet.

Mais on avait beau être aux plus beaux jours du sire de Framboisy, on paie toujours ses origines criminelles et comme mon père devait le répéter souvent plus tard : Les chants indignés des étudiants à l'Odéon, psalmodiant le dit *Sire de Framboisy*, étaient déjà comme l'annonce lointaine de l'année terrible qui devait nous valoir Sedan, conséquence logique et inéluctable du 2 décembre.

Et nunc erudimini : Souvenons-nous !

P.-S. — Je viens de constater à la Bibliothèque nationale que M. Albert de Lasalle non seulement n'a point reproduit les dessins et les vers de mon père, mais qu'il n'a même pas parlé de lui, pas plus que d'Alfred de Musset, qui furent cependant les deux grands écrivains du siècle dernier qui honorèrent de leur présence la célèbre prison.

Cet oubli est plus que regrettable ; il est tout à fait inexplicable de la part de l'auteur qui aurait dû être mieux informé, à moins que....

Notes pour servir à l'histoire des *Girondins*

Par le hasard le plus extraordinaire j'ai pu dernièrement retrouver à la *Bibliothèque Nationale,* encartés dans les premières éditions des *Girondins*, les deux curieux prospectus suivants que l'éditeur, C. Vanier, 19, rue Lamartine, à Paris, avait, sans doute, trouvé utile de lancer à un grand nombre d'exemplaires pour inciter le public lettré de l'époque à souscrire au plus grand nombre possible d'exemplaires.

Et, de fait, il faut croire que le système était ingénieux, puisque, valeur de l'ouvrage à part, bien entendu, trois éditions s'étaient enlevées assez rapidement — surtout quand il s'agit d'un poème épique — en 1860, 1861 et 1866.

Voici les deux prospectus en question qui semblent démontrer toute la confiance que l'éditeur avait dans les *Girondins,* pour s'imposer une pareille publicité, fort importante pour l'époque.

De plus on remarquera combien mon père faisait preuve de tolérance envers toutes les opinions :

LES GIRONDINS

POËME EN DOUZE CHANTS

Par THÉODORE VIBERT

Avocat à la Cour impériale (1)

DEUXIÈME ÉDITION

Qui mollis et dissolutus est in opere sua,
frater est sua opera dissipantis.
(Salomon, chap. XVIII).

Quand un sculpteur ou un peintre a fait une œuvre qu'il croit bonne, il l'expose dans un musée, et si le public, qui passe et repasse devant ce travail, dit : Voilà qui est bien, les gâcheurs et les badigeonneurs de lettres sont bien obligés de baisser la tête et de répéter : voilà qui est bien ; car on a beau être journaliste, on ne tient pas précisément pour cela à passer complètement pour un imbécile.

De ceci il résulte qu'un artiste est, à quelques exceptions près, toujours de son vivant estimé à sa juste valeur. — Il n'en est malheureusement pas ainsi du poëte. — Un poëte a-t-il fait une œuvre sérieuse de travail et d'inspiration, qu'il croit bonne, il lui faut l'enfouir chez un libraire, où elle restera jusqu'à ce qu'un homme d'intelligence et de cœur la déterre. Et si le poëte veut livrer son travail au jugement des hommes, il tombe entre les mains des gâcheurs et des barbouilleurs de lettres qui, plus ils seront niais et impuissants et plus l'ouvrage qu'ils seront appelés à juger aura de la valeur, plus ils s'efforceront d'engloutir cette

(1) On souscrit chez l'auteur, *boulevard du Montparnasse*, 130. — Prix des *Girondins*, 5 francs.

œuvre sous le torrent de leurs sarcasmes et de leurs sifflets ; de sorte que l'on peut affirmer la vérité de cet axiome : La rigueur d'un journaliste envers un auteur *qui n'est pas journaliste,* est en raison inverse du talent de ce même journaliste, et son indulgence en raison inverse du talent de l'auteur.

La position d'un poëte, en présence de la publicité, est donc inférieure à celle de tout autre artiste. C'est de cette infériorité que l'auteur a voulu s'affranchir en livrant son œuvre au jugement direct du public ; et comme toujours le public a prouvé qu'il a plus d'intelligence, de cœur et d'esprit que ceux qui se disent appelés à le diriger :

Ces serpents odieux de la littérature,
Abreuvés de poison et rampant dans l'ordure,
Sont toujours écrasés par les pieds des passants.

(Voltaire).

Aussi l'auteur, fort de l'accueil chaleureux que lui ont fait les hommes d'élite auxquels il s'est livré, n'hésite pas à publier une seconde édition de son œuvre, bien persuadé que le nouveau public auquel il s'adresse lui fera une réception aussi intelligente que le premier.

Quiconque aura lu ou lira la préface de l'auteur, comprendra qu'il ne devait pas s'attendre aux caresses de la presse, qui, ainsi, que toute puissance despotique, a les oreilles aux pieds. Aussi, est-ce avec une légitime fierté qu'il présente au public les divers jugements que de courageux écrivains ont cru devoir émettre sur ce poëme.

En terminant, l'auteur remerciera ses souscripteurs en général, mais tout particulièrement il adressera l'expression de sa reconnaissance à Messieurs de l'Ecole de Droit, où il a rencontré une véritable sympathie, et dont plusieurs, honneur qui l'a profondément touché, lui ont apporté eux-mêmes leur souscription. Il constatera que Messieurs du clergé, qu'une partie de la presse impie accuse journellement d'obscurantisme, ne lui ont pas renvoyé un seul exemplaire de ses *Girondins* et que deux académiciens seulement ont jugé à propos de les lui rapporter (1).

Journaux républicains

Le Courrier de Paris. — Le Messager

M. Th. Vibert, avocat à la Cour impériale, lance dans le monde littéraire *Les Girondins*, un poème en douze chants. *L'auteur m'est inconnu ;* j'ai reçu son livre comme vous-même avez pu le recevoir ; *je ne suis convié à parler ni de l'un ni de l'autre,* mais le prospectus joint aux *Girondins* m'a paru tellement original que j'ai cru pouvoir hasarder un petit bout de réclame officieuse. Ce document se termine ainsi :

L'auteur « offre son poëme à cinq cents personnes d'élite, en leur disant : — Si vous êtes riches et que l'ouvrage vous plaise, souscrivez, l'auteur vous en saura gré, car vous lui aurez aidé à supporter les frais de son œuvre. Si vous n'êtes pas riches et que l'ouvrage vous plaise, gardez-le en souvenir de lui ; l'auteur vous en saura encore gré, car il tient à la sympathie autant qu'aux écus. Si vous êtes riches et que l'ouvrage vous déplaise, allumez votre pipe, votre cigare ou votre cigarette avec, car l'auteur a trop bonne opinion de votre délicatesse et de votre goût pour vous conseiller de mettre dans votre bibliothèque un ouvrage que vous n'auriez pas payé et que vous n'estimeriez pas. »

La préface des *Girondins*, grosse de soixante-huit feuil-

(1) Comme ironie, c'est parfait. P. V.

lets (1), ne manque pas non plus d'une certaine excentricité. M. Vibert s'y occupe un peu de tout : politique, économie sociale, palais, papauté, libre-échange, demi-dames (ainsi appelle-t-il les reines du demi-monde). A son interlocuteur Zoïle, il explique que le choix du poëme s'est porté sur les Girondins, parce que les héros de cette époque faisaient presque tous ou avaient fait partie du barreau : Antiboul, Boileau, Valazé, Gensonné, Beauvais-Lesterpt, Vergniaud, Vigier, Robespierre, Barbaroux, Buzot, Guadet, Lanjuinais, Pétion, Danton, Lacroix, Bazire, Couthon, C. Desmoulins, Hérault, Rabault Saint-Etienne, Boissy-d'Anglas étaient avocats. A Zoïle encore il raconte une foule d'anecdotes, j'ai saisi celle-ci au vol :

L'auteur assistait un jour au cours du père Hardy, « l'illustre et savant bouton-s-à-fruit du Luxembourg. » Un gros bourgeois, un épicier, tenant un journal à la main, demandait à son voisin :

— Savez-vous ce qui m'amuse le plus dans la lecture de cette feuille ?

— Le *Bulletin ?* les *Faits divers ?* la *Bourse ?*

— Non.

— Les mariages ?

— Vous brûlez ; les extrêmes se touchent. C'est la liste nécrologique ; car, en la parcourant, chaque matin, je suis sûr de ne pas m'y trouver.

Quant aux douze chants du poëme des *Girondins,* je m'abstiens de les juger... j'ai trop présente à l'esprit la réponse d'Apelle au savetier critique.

A. Carré,
Avocat à la Cour impériale.

7 mars 1860.

(1) La préface est, dans cette édition, augmentée d'un grand nombre de notes.

Journaux gouvernementaux

Mémorial de Bar-sur-Aube

M. Théodore Vibert, avocat du barreau de Paris, vient de faire paraître un poëme d'environ dix mille vers, sur les Girondins. L'entreprise était hardie, pour ne rien dire de plus, ce sujet ayant été traité en prose par tant d'hommes éminents. Mais l'auteur connaît à fond ses classiques ; il les cite volontiers dans une longue et spirituelle préface où sont traitées une foule de questions brûlantes, et peut-être a-t-il foi en ce vers : *Audaces fortuna juvat !* Puisse sa confiance n'être pas trompée ! Il mérite de réussir et pour l'opiniâtreté d'un travail de douze chants, dans un temps où l'on aime mieux spéculer à la Bourse que chanter les héros ; et pour ses sentiments patriotiques et religieux qu'il ne craint pas de professer hautement avec l'indépendance d'un homme libre.

Nous n'entreprendrons pas de juger une œuvre de cette importance ; nous ne nous occuperons que de la forme. On y trouve souvent, à côté de beaux vers, quelques aspérités de style que la lime du temps ou de la critique fera disparaître ; plusieurs descriptions élégantes que ne désavouerait pas Delille. Un grand nombre de passages semblent habilement traduits ou n'avoir pas été conçus d'abord en français ; mais le poëme n'en éprouve aucun préjudice, c'est au contraire un charme de plus.

Tout en protestant de notre désir de ne pas figurer au nombre des Zoïles, nous ne pouvons nous empêcher de risquer timidement une observation sur un léger défaut que nous croyons avoir remarqué. Comme dans le jeu de certains acteurs, un geste, beau par lui-même, devient répréhensible s'il est prodigué ; de même, les répétitions d'épithètes, ou de membres de phrases, ou de mots à effet, reviennent un peu trop souvent. Ce que l'on permet à un poëte grec vivant 900 ans avant notre ère, ne peut être toléré gratuitement chez un écrivain français du dix-neuvième siècle. Il en est du style comme du costume : pour plaire, l'un et l'autre doivent se conformer à l'usage,

Quem penes arbitrium est et jus et norma loquendi.

On n'oserait pas sortir aujourd'hui dans le costume d'Homère, pourquoi coudrait-on à une épopée française des lambeaux dépareillés de style homérique? Cette opinion nous est toute personnelle. On trouvera peut-être une beauté dans ce que nous appelons un défaut. Cela ne nous plaît pas, cela peut plaire à d'autres ; affaire de goût sur laquelle la discussion n'est guère facile. En somme, l'ouvrage de M. Vibert offre aux lecteurs sérieux plus d'un passage agréable et utile. Comme les Romains de Corneille, ses Girondins sont plus grands que nature. L'auteur est vraiment poëte. On sent, à la manière dont il traite l'amour et le patriotisme, qu'il ne feint pas l'enthousiasme, qu'il a dû connaître par lui-même les feux sacrés de ces nobles passions, et qu'il se trouve à l'aise pour les exprimer.

JARDEAUX-RAY.

(*Mémorial* de Bar-sur-Aube).

Mercredi, 5 décembre 1860.

Le Courrier du Centre

L'histoire et la poésie sont sœurs. Deux sœurs dont les domaines séparés sont tellement distincts que ce n'est pas sans quelque étonnement qu'on trouve parfois la poésie dans le domaine de l'histoire, et plus souvent encore, peut-être, l'histoire dans le domaine de la poésie. Cette surprise doit cesser quand on se souvient de ce mot célèbre du plus grand philosophe de l'antiquité : *Le beau est la splendeur du vrai.* La poésie est à l'histoire ce que le *beau* est au *vrai*, une fleur née sur la même tige, un fruit de la même branche. Ces deux filles de l'intelligence humaine sont unies ensemble par des rapports si intimes, que certains hommes de génie ont été parfois jusqu'à les confondre, et que le plus grand des poëtes latins devinait les larmes d'une âme palpitante et émue dans les événements où tant d'écrivains ne savent voir autre chose que l'impassible fatalisme de l'histoire : *sunt lacrimæ rerum.*

Ces réflexions nous sont venues à l'esprit à propos d'un poëme sur les Girondins publié récemment par un jeune et spirituel avocat de la Cour de Paris. L'histoire des Girondins est assurément l'épisode le plus émouvant et le plus dramatique de la Révolution française. Un poëte historien, en le racontant avec cette éloquence qui n'appartient qu'au génie, ajouta aux terribles réalités de l'histoire le prestige magique des splendeurs de la poésie, et lui donna un intérêt éminemment épique. Nous ne sommes pas surpris que la poésie s'en soit emparée complètement : c'est vraiment un domaine qui lui appartient. On sait la vogue immense des Girondins dans le monde littéraire. Nos jeunes rhétoriciens savent par cœur les plus beaux passages des discours de Vergniaud. Charles Nodier fut le premier qui inventa le célèbre banquet des Girondins, qui a fait fortune et que tant d'autres écrivains ont depuis si dramatiquement reproduit. Les choses sont allées si loin, qu'un sévère et impartial écrivain, M. Granier de Cassagnac, s'est cru obligé naguère, au nom des droits inexorables de l'histoire, de dissiper cette illusion, ainsi que beaucoup d'autres relatives à la Révolution française.

Quelle était, en réalité, jusqu'ici, la valeur historique des Girondins ? C'étaient des hommes inexpérimentés, mais généreux, ardents, poussés hors des voies par le malheur des temps, dignes de notre estime et de notre sympathie. L'histoire et la poésie s'étaient, dès lors, à peu près accordées dans cette opinion. Aujourd'hui, on dirait qu'elles se séparent et que l'histoire s'efforce de juger plus sévèrement ce que la poésie, à son tour, s'évertue à transfigurer. Aux yeux de l'histoire actuelle, la nuance morale qui sépare la Gironde de la Montagne est imperceptible. Les Girondins furent victimes des Montagnards sans être plus innocents qu'eux. Les Girondins professaient le matérialisme plus hautement encore que les Montagnards ; ils ont voté, comme eux, la mort du roi ; ils ont, avant eux, provoqué la guerre universelle. Il y avait autant d'avocats et de gens de lettres parmi les Montagnards que parmi les Girondins. Les uns et les autres visaient aux portefeuilles de ministres et suivaient la doctrine du *Contrat social* de J.-J. Rousseau. Voilà l'inexorable langage de l'histoire actuelle. Or, la poésie vient encore une fois, et ce ne sera peut-être pas la dernière, glorifier les Girondins et les entourer du prestige de son auréole. Lisez, plutôt, le poëme que vient de publier M. Vibert. L'épisode de la Gironde prend dans son livre les proportions de l'épopée et en revêt tous les magnifiques accessoires. A côté des mâles figures des orateurs de la Gironde, le poëte a placé, par un heureux contraste, les plus douces et les plus célestes apparitions.

C'est la jeune Isma de Narbonne, la blonde jeune fille aux cheveux de pervenche, arrachée à sa mère, qu'on vient de jeter dans les cachots ; gracieuse et timide fleur qui devint un moment le terrible enjeu de la partie cruelle engagée entre les deux partis qui se disputent la souveraineté, Girondins et Montagnards. Il y a dans cette admirable création quelque chose qui rappelle vaguement *la Jeune captive* d'André Chénier. La Providence, qui a placé de belles fleurs au penchant des noirs abîmes, semble parfois placer des anges sur la voie des mortels, pour déguiser la réalité sinistre des événements qui ouvrent l'abîme des révolutions. Qui de nous, dans l'horreur des souvenirs qui lui retracent les plus cruelles époques de son passé, n'entrevoit à travers ses pleurs la douce et angélique figure qui fut comme un sourire divin, comme un rayon consolateur, à travers les déchirements les plus affreux !

M. Théodore Vibert a énergiquement saisi et admirablement rendu ces contrastes émouvants que présente la Révolution, et qui se prêtent si bien aux développements de la poésie. Un des chants de son poëme est consacré à Charlotte Corday, et ce chant est, à notre avis, le plus beau de tous. Le poëte semble cependant avoir voulu conserver ici la sereine impartialité de l'historien ; nous n'oserions lui en faire un blâme. Il y a des choses, dirons-nous avec le plus sublime des historiens de la Révolution, il y a des choses que l'homme ne doit pas juger et qui montent sans intermédiaire et sans appel au tribunal direct de Dieu. Il y a des actes humains, en effet, tellement mêlés de faiblesse et de force, d'intention pure et de moyens coupables, d'erreur et de vérité, de meurtre et de martyre, qu'on ne peut les qualifier d'un seul mot, et qu'on ne sait s'il faut les appeler crime ou vertu. Le dévouement coupable de Charlotte Corday est du nombre de ces actes, que l'admiration et l'horreur laisseraient éternellement dans le doute, si la morale ne les réprouvait pas. Quant à nous, s'écrie éloquemment notre illustre Lamartine, si nous avions à trouver pour cette sublime libératrice de son pays et pour cette généreuse meurtrière de la tyrannie, un nom qui renfermât à la fois l'enthousiasme de notre émotion pour elle et la sévérité de notre jugement sur son acte, nous créerions un mot qui réunît les deux extrêmes de l'admiration et de l'horreur dans la langue des hommes, et nous l'appellerions l'ange de l'assassinat.

C'est de ce mot sublime que semble s'être inspiré M. Théodore Vibert, en conservant au dramatique récit du dévouement de son héroïne cet imposant caractère de réalisme, qui s'élève ici par son énergique simplicité au-dessus des inventions les plus poétiques, des plus romanesques fictions. Mais, encore une fois, il ne faut point analyser un poëte ; il faut le lire ou plutôt il faut le goûter. La lecture d'une page en apprend beaucoup plus que toutes les subtilités de l'analyse. Celui qui goûte un rayon de miel en sait plus que celui qui vient de lire sur ce sujet les plus subtiles analyses de la science, et c'est ici surtout qu'il faut dire : Goûtez et voyez.

Quant à la doctrine elle-même, qui se cache ou se révèle plus ou moins sous les voiles de la poésie, nous n'en dirons rien. Le fait de la Révolution s'est dégagé depuis longtemps de l'idée de la Révolution elle-même. Quoi qu'on en dise, la pensée la plus sainte, la plus juste et la plus pieuse, quand elle passe par l'imparfaite humanité, n'en sort qu'en lambeaux et en sang. Ceux même qui l'ont conçue ne la reconnaissent plus et la désavouent. Mais il n'est pas donné au crime lui-même de dégrader la vérité ; elle survit à tout, même à ses victimes. Le sang qui souille les hommes, a dit Lamartine, ne tache pas l'idée, et, malgré les égoïsmes qui l'avilissent, les lâchetés qui l'entravent, les forfaits qui la déshonorent, la Révolution souillée se purifie, se reconnaît, triomphe et triomphera.

M. Vibert, qui vient de poétiser ainsi par l'accent et le rhythme une des plus sanglantes époques de notre histoire, a bien mérité de la patrie et des lettres. Jeter un voile de fleurs sur la surface d'un abîme, et faire apparaître les anges des cieux à côté des noirs démons de l'enfer, c'est attester et glorifier une fois de plus cette lutte du bien et du mal, dont la terre et le cœur humain sont l'éternel théâtre depuis l'origine des choses, et dont le dénouement ne s'accomplira qu'à l'heure où finira, par le jugement de Dieu, le drame de l'humanité.

S. SAINT-PROSPER.

3 décembre 1860.

Journaux légitimistes

L'Ami de la Religion

Il y a des personnes qui se figurent que l'on ne fait plus de poëmes en douze chants et en vers ; je suis en mesure de les rassurer. J'ai là précisément sous les yeux un poëme en douze chants et en vers par Théodore Vibert. Ce poëme qui est plein des plus excellentes intentions, est intitulé : *Les Girondins*. Je ne sais trop par quel excès d'habileté l'auteur est parvenu à y introduire un merveilleux assez semblable à celui de *la Henriade*. Les Girondins sont protégés par un ange du Seigneur, tandis que Robespierre est transformé, par l'audacieuse fiction, en fils de Satan. Le héros du poëme est un jeune Girondin nommé Nicole, qui n'est guère plus connu de l'histoire que le Renaud de la *Jérusalem délivrée*. Je ne considère pas comme une œuvre absolument facile de combiner un poëme héroïque avec des éléments tels que la Gironde, la Montagne et le faubourg Saint-Antoine, et une mise en scène qui ne s'étend guère au delà de la salle des séances et de la place publique : il y a du courage à l'entreprendre, et certainement ce n'est pas l'effort de l'imagination qui manque le plus dans ce travail.

L'auteur a sans doute placé beaucoup de fort longs discours dans la bouche de ses héros, et comment faire autrement, quand ces héros sont Vergniaud, Danton, Robespierre, Gensonné, Barbaroux, etc. ! Mais il me semble qu'il noircit plus que de raison la Montagne. Cette critique va peut-être l'étonner ici ! mais il faut que la poésie respecte l'histoire, et, même quand il s'agit des plus sinistres acteurs de ces formidables drames, il n'est pas utile d'ajouter à ses condamnations. Quant à la forme extérieure, M. Théodore Vibert ne peut manquer de s'être déjà dit à lui-même que son vers est trop facile, beaucoup trop facile, et que, si l'importance et la longueur du travail doivent faire pardonner quelque chose, il veillera, dans sa prochaine édition, à mériter le moins de pardons qu'il lui sera possible. Son talent ressemble à ces végétations ardentes et touffues qui devront grâce et force à la serpe de l'émondeur (1).

A. MORILLON.

26 novembre 1860.

L'Ange Gardien

Les Girondins de M. Vibert

Sonnet... C'est un sonnet... *L'espoir*... C'est une dame
Qui de quelque espérance avait flatté ma flamme...

Voilà ce que disait Oronte.

Mais ce n'est certes pas d'un sonnet qu'il s'agit ici : en

(1) Etrange erreur, car mon père, qui écrivait en effet, très facilement en vers, d'un premier jet, travaillait ensuite beaucoup, suivant les préceptes de Boileau, pour arriver à trouver le mot juste, simple et définitif. P. V.

tout cas, pour que le lecteur puisse répondre comme Alceste à Oronte : *Nous verrons bien,* il faut qu'il se mette en devoir de regarder. De quoi s'agit-il donc ? Eh bien ! *d'une œuvre gigantesque* qui nous reporte aux beaux temps de l'antiquité, et cependant c'est un homme seul, un homme à la fleur de l'âge, qui a produit cette merveille, et cela en 1860 ? Que l'on aille encore dire que le mercantilisme de notre époque a tué la poésie ! M. Vibert répond à cette accusation par un poëme en douze chants, c'est-à-dire trois cents pages contenant chacune trente-quatre vers, ce qui donne le chiffre formidable de dix mille deux cents vers ! M. de Lamartine abusait singulièrement de son autorité et de notre innocence, en décrétant, dans ses *Entretiens littéraires,* que les peuples modernes ne pouvaient pas produire une épopée !

Il y a peut-être des indiscrets et des impudents qui demanderont pourquoi M. Vibert s'est donné toute cette peine. L'auteur sait trop à quoi s'en tenir sur le prosaïque positivisme de son siècle, pour ne pas avoir prévu la question. Il répond, dans son avant-propos, qu'il ne cherche ni le succès ni la gloire. Que cherche-t-il donc? à s'amuser! Ceci coupe court à toute récrimination ; et si en s'amusant il amuse aussi les autres, s'il les instruit, les moralise, leur donne de généreuses pensées, on avouera que tout est pour le mieux dans le meilleur des mondes. Et, en effet, tel est le but que se propose l'auteur. Mais a-t-il atteint ce but ? Je ne veux pas vous imposer mon opinion personnelle en répondant affirmativement ; mais je vous engage à juger vous-même, en souscrivant au poëme des *Girondins* de M. Théodore Vibert, avocat à la Cour impériale, rue de l'Ouest, n° 100 (1). Je me garderai bien de donner ici un compte rendu, une analyse de l'ouvrage : il y a des âmes innocentes

1. Aujourd'hui boulevart du Montparnasse, 130 (Note de l'Editeur).

ou téméraires qui se figurent connaître un livre parce qu'elles ont lu une critique ou une analyse, et qui en parlent avec un aplomb imperturbable. Je ne voudrais pas qu'il en fût ainsi : ce serait rendre un mauvais service à M. Vibert, et je veux que, si l'on parle des *Girondins*, ce soit avec parfaite connaissance de cause. Je viens de prononcer un mot qui ouvre la porte à de sinistres idées : la critique ! Je me garderai bien d'en essayer ; comme le serpent de la fable, je pourrais laisser mes dents après la lime que je mordrais : la comparaison est ici d'autant plus juste, que l'auteur semble tout hérissé de pointes à l'endroit de Zoïle ; lisez plutôt sa préface ; cependant, quoique ayant fait jusqu'ici patte de velours, je sens involontairement ma plume se recourber en griffe. L'auteur a un excellent moyen de désarmer la critique : il l'attribue à l'envie ; eh bien ! pourquoi ne pas l'avouer ? oui, la jalousie est un sentiment naturel en face d'une œuvre pareille. Il n'est pas donné à beaucoup d'hommes ici-bas de pouvoir écrire dix mille deux cents vers les uns après les autres, ni même de les lire de la même façon ! Mais ce qui fait le principal mérite de l'auteur, c'est moins encore la quantité que la qualité ; la facture de ses vers le rend surtout digne d'envie : il a sa manière, son cachet, qui ne sont pas ceux de tout le monde ; n'allez pas croire que l'auteur appartienne à cette série de poëtes infortunés dont le feu sacré a dénudé prématurément le front, qui dévorent mélancoliquement des millions et qui gémissent à propos du passé, du présent, des feuilles mortes, des pâles guérets et de la lune ; ni même à celle des poëtes au chapeau pointu et au regard langoureux, dont l'abondante chevelure plate s'agite tumultueusement au vent du soir et retombe sur un col d'habit gras. Non, non, il n'a aucun des errements de la génération qui nous a précédés : ce n'est ni un pleurnicheur ni un fanatique du baroque. Je ne crois pas qu'il veuille reconnaître un chef de file. D'abord il n'est pas poëte de profession, il est avocat, ce dont il s'excuse d'une façon charmante. Est-ce à dire que tous ses vers soient bons? Le penser serait lui faire injure : il faut bien de temps à autres quelques vers bizarres, tourmentés, qui rompent la majestueuse monotonie de l'alexandrin. Ceci peut sembler un paradoxe et demande une explication : une pompeuse tirade de vers parfaitement réguliers, sans enjambements, où la césure est bien observée, la rime toujours riche, provoque inévitablement le sommeil et de la chute de chaque période, comme des astres, on peut dire :

... Suadentque cadentia sidera somnos.

Il faut donc ménager, à l'intention du lecteur prêt à s'assoupir sur la plus belle page, quelque chose d'un peu vif, d'un peu hasardé, qui le réveille brusquement, comme un petit pétard : cet effet me semble parfaitement réussi dans les vers suivants :

Tel était autrefois le conseil à Venise :
Ils disent : Poignardez ! l'on poignarde à leur guise !
Cet article, vingt fois lu, relu, commenté,
Fit de rage rugir le rouge comité !

Voilà un trait saisissant, qui refoule impitoyablement le bâillement commencé. Parlera-t-on encore du fameux

Pour qui sont ces serpents qui sifflent?...

Les serpents sont enfoncés ; aux gémonies les ophidiens ! Mais pour parler à la fois à l'âme, aux oreilles et *aux yeux*, l'auteur (à l'instar de M. Forneret écrivant sur l'infanticide) aurait dû imprimer ce vers en *caractères rouges*.

Il y a bien aussi, par-ci, par-là, quelques petits sacrifices à la rime ; ainsi :

Crois-tu donc que Marat, Robespierre, Danton,
Sous notre joug aussi courberaient le menton ?

Il est évident que, quand on courbe la tête, le menton participe au mouvement ; mais je crois que Danton, entre autres crimes, peut bien endosser la responsabilité de la chose.

Nous ne sommes qu'au début du poëme, et M. Vibert nous avertit que, pour plaire à Zoïle, son style, pendant les trois premiers chants, a été lent, empesé, endormant ; mais à partir du troisième, Pégase s'est emporté : le mors, la bride, les jambes, rien n'y a fait ; alors l'auteur, entraîné comme Faust dans un voyage tourbillonnant et vertigineux, a côtoyé des abîmes, des rocs, des épées, des échafauds ; il se cramponnait à la bête, et la bête volait toujours ! Cependant cheval et cavalier sont arrivés au terme du voyage, c'est-à-dire à la trois-centième page, car il y a une fin à tout, même aux épopées. Pendant ce long trajet, si le cavalier n'a pas été désarçonné, ce n'est pas la faute du cheval, car il a fait bien des écarts, des bonds subits, il s'est cabré obstinément, et il faut le dire, en parcourant la route, on retrouve des traces évidentes de la difficulté de son caractère. Ainsi, malgré les efforts du cavalier il a quelquefois sauté par dessus le Rubicon de la césure, d'autres fois il s'est cabré et s'est arrêté en deçà... Encore de la critique ! L'ombre de feu Gustave Planche plane décidément autour de moi ; je crois cependant que Planche lui-même ne trouverait rien à redire s'il lisait des vers comme ceux-ci :

Depuis longtemps Paris, en deux camps partagé,
Dans un rude combat se trouvait engagé.
Le sinistre tocsin, sombre voix de bataille,
Répondait par volée au cri de la mitraille.
Vainement les guerriers auprès de Pétion.
Veulent........

Et l'on en pourrait beaucoup citer d'aussi beaux; je voulais seulement prouver à l'auteur que j'avais lu l'ouvrage avant d'en parler, et c'est avec une conviction fondée sur l'expérience que je viens vous dire : Procurez-vous *Les Girondins* si vous voulez lire un bon livre, droit dans ses principes, ferme dans ses opinions, toujours moral et religieux dans ses intentions.

Quant à la forme de l'ouvrage, s'il m'est arrivé d'en indiquer quelques imperfections, c'est à cause de leur rareté, et que les beautés réelles et nombreuses au milieu desquelles elles surgissent les signalent, par la grande loi du contraste, plus vivement à notre attention. Je terminerai en assurant à l'auteur que ses vers éveilleront un écho sympathique dans toutes les âmes qui, comme la sienne, nourrissent de généreux sentiments, mais qui n'ont pas comme lui une voix pour les exprimer. Maintenant, je ne veux pas abuser plus longtemps de l'hospitalité bienveillante de l'*Ange Gardien* ; il peut replier ses ailes.

9 janvier 1861.

René DE MARICOURT (1).

Journaux indépendants

La Revue britannique

Le jury ayant proscrit à la Savonnerie tous modèles sauf deux tapis de fleurs, daigna cependant commander la

1. On pourrait s'étonner de voir un jugement si chaleureux sorti de la plume d'un *auteur* (M. le vicomte du Mesnil de Maricourt a publié plusieurs charmants ouvrages bien connus et appréciés du public religieux) *en faveur d'un autre auteur qu'il ne connaît pas*. Toutefois cet étonnement cesse en réfléchissant que M. de Maricourt est le petit gendre du baron Hue, qui a accompagné son infortuné roi jusque sur l'échafaud. La grandeur d'âme est héréditaire. J'ajouterai qu'il y a aujourd'hui encore un Vicomte du Mesnil de Maricourt qui continue les traditions littéraires de sa famille et avec lequel j'ai été en rapport moi-même à diverses reprises. P. V.

reproduction de sujets républicains, tels que les deux tableaux de David, représentant la mort de Marat et celle de Lepelletier ; mais il interdit expressément quant aux tapis, « de mêler des figures humaines qu'il serait révoltant de fouler aux pieds dans un gouvernement où l'homme est rappelé à sa dignité, ne comprenant toutefois dans cette acceptation aucune espèce de chimères, telles que centaures, tritons, et autres monstres. M. Eugène Masson, malgré toute son impartialité, n'a pu cacher sa sympathie pour les Girondins, comparés aux Montagnards. Les Girondins n'ont-ils pas séduit naguère l'imagination de Lamartine ; nous croyons, nous, qu'ils avaient besoin de leur mort pour se poétiser.

Voici pour eux une nouvelle apothéose, un jeune poëte les prend pour héros d'une épopée en douze chants, M. Th. Vibert, auteur de cet *opus magnum*, est doué d'une véritable verve, son vers a du mouvement et de la vie, il dispose d'une grande richesse d'image ; qu'il nous permette donc de lui dire qu'il aurait dû se défier de ses qualités mêmes et traiter son sujet avec un style plus sobre, en réservant les métaphores pour les discours de ses personnages. Il s'est cru obligé aussi d'appeler à son secours un merveilleux qui constitue une mythologie moitié allégorique par la personnification de l'horreur, de l'envie, du fanatisme, de la fureur, et moitié fondée sur la croyance à l'enfer du Tasse et à ses diables. M. Vibert comprendra j'en suis sûr notre critique, car il s'est montré homme d'esprit dans la plus amusante des préfaces, où il dit la vérité à tout le monde et à lui-même.

1er mai 1860.

Amédée Pichot (1).

(1) Il y a quelques années encore je rencontrais son fils, homme de lettre lui-même, chez notre vieille et excellente amie commune, la princesse Rattazzi de Rute. P. V.

Le Courrier du Canada

Les Girondins

Poëme en douze chants

Tel est le titre d'une nouvelle épopée, qui a paru, il y a quelques mois déjà à Paris, et dont l'auteur est M. Théodore Vibert, avocat à la cour impériale de Paris. M. Vibert s'était déjà fait connaître, dans la république des lettres, par la publication d'*Edmond Reille,* roman philosophique écrit avec non moins d'élégance que de pureté, et dans lequel, l'auteur, avec une vigueur de pensée peu commune, résout, à sa manière, quelques-unes des grandes questions qui, de tout temps, ont préoccupé les philosophes et les hommes d'Etat. De grands écrivains n'ont pas dédaigné de faire à *Edmond Reille* des emprunts fréquents.

La nouvelle œuvre de M. Vibert met le sceau à sa réputation comme écrivain et comme penseur. Il nous est impossible, et il y aurait à cela témérité, après une simple lecture, vingt fois interrompue par les exigences du journalisme et du professorat, de vouloir porter un jugement complet sur *Les Girondins,* poëme grandiose, véritable *opus magnum* à la manière des anciens. Si nous avons un jour quelque loisir, nous serons heureux de relire cette œuvre, de la méditer et peut-être d'en faire une appréciation plus raisonnée. En attendant, et dès à présent, qu'il nous soit permis de dire que ce qui frappe tout d'abord dans *Les Girondins,* c'est la hardiesse et la grandeur du plan, les ressources d'une imagination brillante et féconde, l'éclat d'une poésie pleine de vie et d'entrain, nourrie de fortes images, de métaphores hardies, de comparaisons aussi neuves que justes. Que de mâles pensées, de peintures vraies, d'observations judicieuses dans ce nombre de vers frappés à l'antique !

Sans doute les Girondins et Vergniaud, le chef de la Gironde et le héros du poëme, sont flattés, beaucoup trop flattés ; ils sont là dans l'épopée, tels qu'une âme généreuse et jeune aime à se les représenter, mais non tels que nous les montre la froide réalité de l'histoire. La poésie, nous le savons, vit de fictions, et nous savons aussi ce qu'il faut accorder de licence aux poëtes qui, si l'on en croit l'un d'eux, réussissent mieux en fiction qu'en vérité. Nous serions, malgré cela, bien tenté de reprocher à M. Vibert d'avoir fait les Girondins magnanimes, si lui-même n'avait pris soin de nous prévenir en expliquant toute sa pensée dans la plus originale, la plus sérieuse et la plus amusante des préfaces. L'auteur s'y livre, sous une forme piquante, aux considérations de l'ordre le plus élevé ; dédaignant les sentiers battus et ne prenant souci des colères qu'il peut soulever, il bat en brèche l'école révolutionnaire dans toutes ses variétés : libérale, constitutionnelle, républicaine, socialiste, et soutient que c'est au moyen d'une royauté démocratique et catholique, que l'humanité peut le plus sûrement atteindre le but qui lui est assigné ici-bas.

M. Vibert est catholique, et ce ferme esprit soumet humblement ses opinions, ses pensées et ses paroles au jugement de la sainte Eglise romaine. Voici en quels termes il s'en explique :

Pour terminer cette longue préface, l'auteur dira que tout ce qui, dans ce poëme, pourrait être en contradiction avec les voies tracées par l'Eglise, est désapprouvé par lui. C'est un simple jeu d'esprit, et sans aucune prétention philosophique ; l'auteur n'est pas théologien et, par conséquent, il ignore s'il erre. Mais, quant à ses intentions, il affirme qu'elles sont obéissantes envers l'Eglise...

« Et les soubmets aux iugements de ceulx à qui il touche de régler, non seulement mes actions et mes escripts, mais encore mes pensées. Egualement m'en sera acceptable et utile la condamnation comme l'approbation, tenant pour absurde et impie, si rien se rencontre ignoramment ou inadvertamment couché en cette rapsodie, contraires aux sainctes résolutions et prescriptions de l'église catholique, apostolique et romaine, en laquelle ie meurs et en laquelle ie suis nay. »

26 octobre 1860.

AUBRY,
Professeur de droit à l'Université de Québec (Canada).

Le texte de plusieurs articles faits sur ce poëme, n'étant pas parvenu à l'auteur, il prie les personnes qui croiraient devoir porter un jugement public sur cet ouvrage, d'avoir la bonté de lui adresser, *Boulevart du Montparnasse,* 130, un exemplaire du numéro du journal où elles auraient inséré ce jugement.

LES GIRONDINS

POËME EN DOUZE CHANTS

Par THEODORE VIBERT

DEUXIÈME ÉDITION

> Pour me faire admirer je ne fais point de ligue ;
> J'ai peu de voix pour moi, mais je les ai sans brigue
> Et mon ambition pour faire plus de bruit
> Ne les va pas quêter de réduit en réduit.
>
> CORNEILLE.

Nul n'est prophète en son pays. — Parisien, l'auteur n'avait rien à espérer de la presse parisienne. — Mais si les journalistes de la capitale des lumières l'ont accablé de leurs dédains, — les bravos qui ont accueilli son œuvre d'un bout de la France à l'autre l'ont bien consolé des mépris de ces esprits superbes. — Partout où son livre est allé, les poëtes l'ont reçu chaleureusement, ils ont acclamé ses principes, ses vœux, sa marche et son but. — L'auteur les en remercie du plus profond de son cœur. — Pour lui d'abord. — Quel est l'homme qui ne se sent pas réjoui de la sympathie qu'il obtient des hommes les plus éclairés, les plus nobles,

les plus généreux de la patrie? il les en remercie aussi pour les jeune poëtes à venir. — Désormais il est avéré qu'avec du courage, l'on peut, pour arriver à une saine et honnête réputation, éviter de courber le front sous le joug des *Romains* de la presse parisienne ; — mais il les en remercie surtout pour les grands principes, à la défense desquels il a voué toute son énergie et sans lesquels la France ne fera qu'aller à la dérive : — Catholicisme et démocratie (1).

L'auteur a été accusé de dédaigner la critique. — Nullement ; il ne dédaigne que les attaques de parti pris, les mensonges et les calomnies ; et pour prouver tout le cas qu'il fait de la juste et saine critique, il s'engage, dans une édition subséquente, à corriger non-seulement toute faute de français, mais encore toute faute de goût reconnue telle par deux littérateurs n'écrivant pas dans le même journal ou la même Revue. — Donc tout écrivain français ou étranger qui désirera participer à la correction du poëme des *Girondins*, n'a qu'à faire la demande d'un exemplaire à l'auteur, qui se fera un vrai plaisir de le lui envoyer *franco*.

Verneuil, 1er août 1862 (note du deuxième prospectus).

Journal des Arts

Les Girondins

Les Girondins ont eu leurs historiens plus ou moins sincères. M. Vibert s'est emparé en poëte de ces grandes figures de

(1) A cette époque, comme Lamennais et son ami, le père Lacordaire, mon père croyait encore à la possibilité de la religion en dehors de l'Eglise; mais il ne devait pas tarder à perdre toutes ses illusions. P. V.

notre Révolution, de cet épisode dramatique animé par tant de passions. Le chant consacré à Charlotte Corday et quelques autres passages de ce poëme, nous semblent remarquables, d'autant plus que l'entraînement de la poésie n'y altère pas la vérité et l'impartialité de l'histoire. Certes, dans les dix à onze mille vers de cette épopée, il y en a bien par-ci, par-là quelques-uns de reprochables ; mais, en général, la versification est facile, elle s'élève souvent à la hauteur des personnages, à celle des orateurs éloquents, des violences qui éclatent, des scènes qui s'agitent ; le vers est pur, la rime est riche, l'expression est colorée.

Nous avons cité avec de justes éloges le chant consacré à Charlotte Corday. Voici, par exemple, comment le poëte peint Marat au jour où s'accomplit l'acte courageux de l'héroïne :

Marat, depuis un mois, accablé de souffrance
Promettait avant peu de délivrer la France ;
Ce n'était plus le tigre aux regards affamés
Qui rongeait chaque jour mille fronts renommés ;
L'œil morne maintenant, la lèvre pantelante,
Sa tête à se mouvoir était et lourde et lente.
Aux cris de sa douleur tout son corps frémissait,
Le sang qu'il avait bu sans cesse l'étouffait
Et les feux du remords embrasaient sa poitrine.
En vain il reniait la justice divine
La douleur en grinçant l'attestait dans son sein.
Les flammes de la honte éclairaient son destin,
Et le jour et la nuit la justice éternelle
Ecrasait de son pied sa tête criminelle ;
Il demandait en vain à la fraîcheur des eaux
Quelques moments d'oubli pour ses chairs en lambeaux :
Mais les eaux s'embrasaient ; leurs ardeurs vengeresses
Prodiguaient à ses flancs d'infernales caresses ;
Dans son esprit en feu le flambeau du remords
Sur l'onde miroitait tout un peuple de morts ;
L'eau qui jadis lava les ulcères du monde
Demeurait sans vertu sur cette tête immonde.

Plus loin, le poëte montre les Girondins paraissant devant leurs redoutables juges :

Les antres du palais ouverts avant l'aurore,
Dévoraient les humains sous leur parvis sonore.
La Gironde était là ! les sanglants tribunaux
Préparaient à la mort les banquets infernaux ;
La beauté, la grandeur, la fierté, le génie,
Dans son creuset impur chantaient leur agonie
Roi du sombre chaos, monarque du néant,
Fîtes-vous donc jamais un festin plus géant ?
O Vergniaud ! ô grand homme ! à ces valets avides
Vous donniez votre vie, et leurs mains parricides
Sous un décret sauvage ont fait craquer vos os,
Les livrant tout broyés au maître du chaos !
Mais sur les pourvoyeurs, votre âme magnanime
Planait, aigle intrépide, et défiait l'abîme :
Je ne me défends pas, bourreaux, aviez-vous dit,
Mon âme en s'exhalant, méprise votre édit ;
Puisque je n'ai pas su délivrer notre France
Des assauts d'une tourbe en fureur, en démence,
Je mérite la mort. Puisque je n'ai pas su
Briser entre vos bras cet infernal tissu
Dont vos funestes vœux étouffent la patrie,
Je mérite la mort. Puisque votre furie
Arborant de l'enfer les rouges étendards
Sur tout homme de cœur fait siffler ses poignards,
Je mérite la mort. Lorsque des rois la foudre
En grondant menaçait de vous réduire en poudre,
Attaquant les abus, les traîtres, les tyrans,
Je vous ai dérobés, sauvés par mes accents,
Je vous ai défendus contre les feux du trône,
Et comme aux malheureux on jette quelqu'aumône,
Je vous jetai ma voix ! je mérite la mort.
Et lorsque Dumouriez dans un funeste effort,
S'élançant à Paris embrassait Robespierre ;
Ma voix a démasqué les vœux de la bannière
De Maximilien, de cet ambitieux
Qui, menteur impudent, fascine tous les yeux.
J'ai lutté contre vous, c'est mon titre de gloire,
Lorsque je vous ai vus étouffer la victoire
Dans le sang du pays s'échappant à longs flots,

Jetant à l'avenir des torrents de sanglots.
Je mérite la mort ; car au bien asservie,
Mon âme marcha fière et vous livra ma vie.
Qu'elle soit pour le crime un trophée éternel
Ameutant contre vous et la terre et le ciel,
Loups, aiguisez vos dents ; que nos voix incommodes
S'éteignent sous le vent des rouges périodes.

Dans une préface assez originale, M. Vibert s'adresse surtout à la critique, à la critique malveillante, sans doute. Les Aristarques, certes, sont très incommodes ; mais, jeune auteur, il doit les supporter patiemment. Il leur a peut-être même quelque obligation : car il aura, dans la nouvelle édition de son poëme, profité des observations justes qu'ils ont pu faire.

10 avril 1861.

GUYOT DE FÈRE.

La France littéraire

La Révolution française eut ses causes ; qui voudrait le nier ? Ces causes existèrent en raison de la perturbation immense qui en résulta ; c'est encore un point acquis. Quels furent les torts des princes, de la noblesse, du clergé, du peuple, c'est ce que l'histoire fait connaître. Chaque classe a sa part dans ces origines de nos calamités publiques, ce qui ne lave en rien les misérables de la pensée, les voltairiens et consorts qui furent les premiers instigateurs du renversement social avec ses préludes comme avec ses suites et qui se nomma pendant un certain temps la Terreur. Causes et effets, la raison en est dans les lois de la Providence, dans le fait de nations coupables appelant sur elles le châtiment ; mais cette raison ne disculpe point les hideux acteurs de l'ébranlement révolutionnaire, non plus que les modérés qui cherchèrent à opposer une digue au torrent.

Les Girondins furent ces modérés de la Révolution, et pour être moins criminels que les factieux furibonds, ils n'en furent pas moins des criminels. Pourquoi? Parce que leur soi-disant modération n'arrêta aucune des horreurs de la Révolution ; parce qu'ils se dégradèrent en votant presque tous la mort de cet ange de la royauté nommé Louis XVI. Et que pouvait la vertu dérisoire d'hommes qui devaient faire une mort payenne ? L'étroite philosophie de l'histoire contemporaine s'est montrée favorable aux Girondins : mais pour le penseur vraiment sérieux, l'opinion publique en cela s'est égarée.

M. Théodore Vibert a-t-il écrit son poëme pour réhabiliter la Gironde ? Nous n'avons pas cru cela, en lisant le livre ; l'auteur est à la fois chrétien et monarchique : double garantie de ses sentiments (1). A propos de cette question : Qui êtes-vous? l'auteur répond spirituellement dans sa préface : « Un curieux qui, depuis trente ans, regarde de sa fenêtre le carnaval passer ». Et pour prouver que la monarchie a pour sœur la liberté, il s'écrie avec une conviction profonde : « Le catholicisme est la religion des petits, des opprimés, de la soumission ; le protestantisme, celle des grands, des orgueilleux, des rodomonts, et comme conséquence logique, l'une devait enfanter les sœurs de Saint-Vincent-de-Paul, ces saintes de la démocratie, tandis que l'autre conduit directement au mormonisme, cette expression complète, mais sauvage de la liberté humaine ».

M. Théodore Vibert a vu dans *Les Girondins* une vive peinture à faire de la Révolution. Il a pensé que le vers rendrait

(1) Ceci ne ressort pas de la lecture des *Girondins*, en tous cas. P. V.

mieux que la prose ces scènes ardentes de la rue, ces luttes fiévreuses de tribune auxquelles assista la fin du dernier siècle, et jusqu'aux infernales peintures des échafauds. Il ne se trompait point. La moralité sort comme d'elle-même de ce drame gigantesque, où la France se courbe sous le joug de la tyrannie, où Dieu est proscrit de ses temples, où le cannibalisme eut des représentants parmi la foule, où les chefs de la crise sanglante furent froidement cruels et se baignèrent à plaisir dans le sang. L'écrivain a donc mis dans la bouche de chaque personnage les sentiments qu'ils avaient de leur vivant ; mais il « désavoue absolument toute interprétation mauvaise ou dangereuse qu'on voudrait en tirer ».

Pour le motif qui précède, les trois premiers chants, où débutent Vergniaud et Nicole, le héros adopté pour donner une action à l'ouvrage, emploient surtout un langage plus empesé, plus lent, plus empâté. Mais à partir du troisième chant, la parole devient emportée, en rapport avec les hurlements de la place publique ou des débats de la Convention.

C'est un des caractères de l'épopée de prendre les hommes tels qu'ils se présentent à l'époque à laquelle ils appartiennent. Puis l'auteur a voulu censurer l'égoïsme, les sottes passions de la bourgeoisie ambitieuse ou inintelligente ; ensuite, s'il se prononce pour la monarchie ou pouvoir fort, il veut à la base les libertés compatibles avec le bien. Du reste, il a la franchise de sa foi, puisqu'il dit « que ce qui dans le poëme pourrait être en contradiction avec les voies tracées par l'Eglise, est désapprouvé par lui. » Voilà une déclaration sans ambiguïté.

Le poëme a une action dont Nicole, un publiciste patriote, est le personnage. Ce personnage, en partie fictif, conserve au sujet son unité et en fait trouver le fil à travers les douze chants du volume. Le rôle important de tant de héros révolutionnaires nuit nécessairement à l'effet du héros censé principal ; mais il s'agit d'un poëme historique, où le merveilleux n'intervient pas, où, par conséquent, on s'attend à trouver des peintures vraies et les événements tels qu'ils se sont passés.

Isma, qui aime Nicole et qui en est aimée ; Isma, fille d'une royaliste, pour sauver sa mère, jetée dans un cachot, accomplit le plus pieux dévouement, et sa vertu menacée triomphe de mille dangers et de mille obstacles.

Tableaux de la prison, événements des Cordeliers, peintures des Montagnards, acte de générosité, épisode de Charlotte Corday, tumulte sanglant de la guerre civile, mœurs des Girondins, des Jacobins, des factions diverses qui s'agitent, l'auteur les décrit avec des couleurs propres à chaque tableau. Cependant arrivaient les derniers soupirs de la Gironde et la domination de la Montagne. Robespierre domine, mais il sera bientôt dominé par les complots, et le réveil sera la fin de ce misérable, dont la mort laisse enfin respirer la France et délivre les victimes innocentes détenues dans les cachots, où elles attendaient l'heure de leur martyre.

Citons çà et là le poëme, afin de le faire juger par ces extraits :

> Et Couthon, monstre informe, écume de nature,
> Rugit comme un chacal qui flaire sa pâture.

C'est un portrait en deux lignes. En voici un plus développé :

> Marat, depuis un mois, accablé de souffrance,
> Promettait avant peu de délivrer la France ;
> Ce n'était plus le tigre aux regards affamés,
> Qui rongeait chaque jour mille fronts renommés.
> L'œil morne maintenant, la lèvre pantelante,

Sa tête à se mouvoir était et lourde et lente.
Aux cris de sa douleur tout son corps frémissait,
Le sang qu'il avait bu sans cesse l'étouffait
Et les feux du remords embrasaient sa poitrine ;
En vain il reniait la justice divine,
La douleur, en grinçant, l'attestait dans son sein ;
Les flammes de la honte éclairaient son destin ;
Et le jour et la nuit, la justice éternelle
Ecrasait de son pied sa tête criminelle ;
Il demandait en vain à la fraîcheur des eaux
Quelques moments d'oubli pour ses chairs en lambeaux
Mais les eaux s'embrasaient ; leurs ardeurs vengeresses
Prodiguaient à ses flancs d'infernales caresses ;
Dans son esprit en feu, le flambeau du remords,
Sur l'onde miroitait tout un peuple de morts.

Déjà Charlotte Corday préparait le couteau qui devait terminer l'existence du monstre.

Cependant la Montagne excède la Gironde, et cette dernière tombe sous le triangle d'acier que dirige le hideux Sanson.

Puis c'est la peinture du sénat jacobin, ainsi caractérisé par l'auteur :

A l'instant où Nicole entrait aux Jacobins,
Une foule compacte occupait les gradins.
Hommes, femmes, enfants, sanguinaires familles,
Dans cet enfer humain agitaient leurs guenilles !
Tous parlaient à la fois, et le cruel Montaut
Accordait la parole à qui hurlait plus haut.
C'est du fond de ce bouge, effrayante caverne,
Où gronde tout le vice échappé de l'Averne,
Qu'enflammés et brûlants, en de rouges creusets,
Pleuvent sur les mortels les infernaux décrets.

Un des acteurs lit dans la main de Nicole le destin qui attend le héros girondin :

Tu mourras, jeune preux, sous un acier tragique.

Certes ? oui. La magie, le diabolisme furent pour presque tout dans la Révolution, sous des formes diverses. Ne lisons-nous pas, page 261 :

Insensé ! je l'ai dit, ce monstre est un démon
Qui pour te mieux dompter, a pris notre limon.

Nicole a survécu aux Girondins. Il est parvenu à réveiller l'énergie des modérés et songe à écraser les Jacobins. La lutte est ardente, mais le champ reste à la Gironde reconstituée après la mort tragique de Saint-Just, de Couthon et de Robespierre.

... Nicole
De sauveur du pays obtenait l'auréole ;
Mais lorsque le héros, le cœur heureux et fier
D'avoir à sa patrie un moment été cher,
Entouré de vingt bras, sortait de l'Assemblée,
Brutus apparaissait les sens, l'âme troublée,
Et levant un poignard dérobé dans son sein :
— Traître ! s'écria-t-il, tu mourras de ma main.
— Et le héros tombant sous cette arme enivrée :
« Il est trop tard, Brutus, la France est délivrée ! »

Nous n'avons pu retracer que la physionomie générale du poëme ; plus de circonstances auraient exigé trop d'espace. L'auteur ayant pris soin de protester de ses intentions, nous ne ferons que de brèves réserves sur la glorification qu'il fait de la Gironde, au service de laquelle il a mis les phalanges célestes. Nous ne pensons pas que M. Théodore Vibert ait atteint le point suprême d'un poëme sur la Révolution française, bien qu'il y ait de nombreuses qualités dans son œuvre. On pourrait prendre le sujet de plus haut et donner un part plus éclatante à la philosophie de l'histoire, à l'action de la Providence sur les événements des peuples.

Quant à la correction du style, nous avons regretté certaines inversions trop accusées, certains néologismes qui ne nous ont pas paru très heureux (1).

8 mars 1862. Lyon.

Adrien PELADAN.

Publicateur de Louviers

Les deux ouvrages que nous voulons faire connaître à nos lecteurs, le roman philosophique d'*Edmond Reille* et le poëme des *Girondins*, sont, sans contredit, dignes d'un examen sérieux et remarquables à divers titres.

Leur auteur, M. Vibert, est avant tout un homme de foi et un honnête homme. Ses pages respirent l'amour de l'humanité et le patriotisme détaché de tout théorisme exclusif.

Bizarre peut-être, mais essentiellement sincère, il ne décline point la critique : il lui fait au contraire appel ; mais il est impitoyable pour les critiques : il leur décoche des anathèmes sanglants. Cela s'explique, M. Vibert, qui a l'épiderme littéraire un peu trop sensible pour un écrivain qui n'est plus à ses débuts, s'est vu immolé de *parti pris*, par système, et il en a gardé un long ressentiment.

Pour nous, — qui ne pouvons et ne voulons voir dans les livres que nous examinons ici, non les opinions politiques dont ils peuvent être l'écho, mais seulement les idées généreuses qu'ils renferment, les qualités de style, de conception, leur mérite littéraire enfin, nous nous croyons l'impar-

(1) Mon père était cependant un classique par la forme chatiée de ses vers ; que dirait-il alors de la poésie d'aujourd'hui ? P. V.

tialité requise pour librement exprimer notre jugement sur les œuvres de M. Théodore Vibert, que plusieurs journaux ont déjà fait connaître au public.

Nous citerons entre autres le *Journal des Arts, des Sciences et des Lettres,* qui, dans son numéro du 10 avril dernier, a consacré plusieurs colonnes à la biographie de M. Vibert et à la critique de ses ouvrages, critique faite par le directeur de cette feuille, M. Guyot de Fère, avec une rare et complète bienveillance.

Dernièrement aussi, le *Nouvelliste de Rouen* entretenait longuement et d'une manière non moins flatteuse ses lecteurs des *Girondins* de M. Vibert.

A notre tour, sans certainement prétendre faire de l'auteur d'*Edmond Reille* une des étoiles littéraires du jour, nous voulons rendre justice à ce que ses trois volumes accusent de mérite réel, de talent sincère et d'observation fine et distinguée, en même temps qu'en signaler les défauts.

Edmond Reille, roman par lettres, n'est qu'un prétexte pour traiter, sous une forme entraînante et moins sèche que celle de l'austère dissertation, les hautes et sérieuses questions de perfectibilité de notre espèce, de la peine de mort, du duel, du suicide, de l'exclusivisme nobiliaire, des dettes d'honneur. L'auteur s'élève avec une louable indignation contre ces préjugés féroces, dont les conséquences de temps en temps terrifient notre société caduque de si lamentables et sinistres lueurs.

Une histoire touchante sert de cadre et de motif à ces intéressantes digressions. Edmond Reille, fils d'un martyr politique, est entré dans la vie entouré de cercueils et le cœur plein de deuils multipliés.

Il ne voit qu'un avenir sombre et désespéré pour lui dans le monde. Soudain une rayonnante jeune fille, — ange du ciel égaré sur la terre, à laquelle il sauve la vie, — lui fait connaître et les ineffables jouissances et les incandescentes tortures de ce premier amour, qu'on sent devoir être l'unique et le dernier.

Les différentes phases de cette passion sont brillamment esquissées et M. Vibert y a fait montre d'une connaissance intime et approfondie du cœur humain. Il faut être poëte sensible et amant (ou l'avoir été) pour aussi bien décrire l'innocente et chaste flamme qui consume le cœur de Blanche de Neumark et celui de son Edmond.

Mais — ô malheur ! — le père de Blanche, un roide, froid et orgueilleux baron germanique, dont la vieille poitrine de burgrave recèle un parchemin en guise de cœur, refuse dédaigneusement de mêler son noble sang à celui de ce plébéien qui lui a conservé sa fille. Rien ne peut fléchir son obstination, ni les larmes de toute sa maison, ni le désespoir de Blanche, qu'il oblige à un hymen détesté avec un homme indigne et vicieux. La mort seule de cette enfant bien-aimée fend le cœur endurci de l'opiniâtre vieillard, qui pleure, mais trop tard, le fatal entêtement qui a amené la désolation et la mort sur son foyer. Edmond, lui, le grand chrétien des premiers jours, tend une main de pardon à ce vieillard, qu'il n'a cessé de respecter jusqu'en ses folies, et s'en va pleurer tous ses morts chéris dans la solitude bénie d'un cloître de Rome, cet autre cloître historique dont la solitude est plus éloquente au cœur du penseur, du poëte ou de l'affligé que ne saurait l'être à son oreille la voix écumante de tout un peuple.

Quelque remarquable que soit ce roman, on y sent çà et là l'inexpérience du jeune écrivain, qui est tout feu, toute poésie, mais auquel manque la *science du livre*. Dans *Les Girondins*, il y a plus d'art, plus d'étude. Ce poëme versifié facilement, trop facilement même et avec laisser-aller par places, nous plaît moins que le roman. Cette impression tient sans doute à notre antipathie pour l'allure classique, pédantesque, qui semble inhérente à tout poëme épique. La forme épique est surannée, elle est même impropre (toujours selon nous) au récit des faits contemporains. Les allégories, les songes, les emblêmes, tout ce cortège symbolique qui a tant nui au succès de *la Henriade,* ne saurait bien être de saison quand il s'agit de chanter les mâles vertus de ces orateurs de la Gironde dont la vie de chacun, à elle seule, constitue une brillante iliade.

M. Vibert ne pourra être froissé. A un homme de son mérite, le critique doit parler en toute sincérité. Son livre, remarquable d'ailleurs, a perdu à paraître à l'état d'épopée. L'histoire des Girondins est trop contemporaine, les fastes sanglants et sublimes tour à tour de notre première Révolution sont trop près de nous pour se prêter à l'allure classique.

Après M. de Lamartine, quand même, qui a chanté en prose immortelle les gloires et la chute de la Gironde, il était téméraire d'aborder un tel sujet.

M. Vibert a eu cette hardiesse ; envisageant les faits, les hommes, les jugeant à son point de vue, il a su faire un livre plein d'aperçus neufs et de brillantes originalités, et où le style n'est en rien inférieur à l'action. L'héroïque dévouement de Charlotte de Corday, la mort de Marat, les derniers adieux de Vergniaud sont des morceaux écrits avec verve et coloris, où se dénonce un vrai feu poétique, et qui compensent amplement les négligences d'autre part.

Nous recommandons donc la lecture des *Girondins,* dont la préface humoristique et rabelaisienne, écrite avec une causticité renouvelée de Montaigne, vaut à elle seule... plus qu'un long poëme.

M. Vibert est jeune encore, ses deux ouvrages annoncent un esprit sérieux ; qu'il continue donc à fréquenter les poëtes de la grande époque, les maîtres de la langue.

Ces premiers jalons de sa carrière littéraire promettent une suite laborieuse et plus parfaite, qui assurera à son talent cette notoriété qui ne fait jamais défaut à l'écrivain honnête et persévérant. Or, les écrivains honnêtes, à notre époque, deviennent chaque jour plus rares, — et compter parmi eux sera bientôt une gloire suffisante à combler les plus légitimes ambitions.

C'est, au reste, la seule gloire que, pour notre part, nous ambitionnions ; — et c'est la seule aussi — nous en sommes certain, que M. Vibert ne dédaignera jamais...

Evreux, 2 septembre 1861.

A.-L. Boué de Villiers.

La tribune lyrique

Les Girondins

Poëme en douze chants, par M. Th. Vibert

Voici un grand poëme ; il naît sous le double prestige des souvenirs révolutionnaires et des entretiens littéraires de M. de Lamartine : Dit-il autant ? dit-il mieux ? qu'importe ? il dit autrement que l'œuvre lamartinienne ou l'histoire : c'est déjà beaucoup pour exciter l'intérêt.

M. Th. Vibert, qui est connu par son roman d'*Edmond Reille,* n'entre pas modestement dans la lice poétique: il ne prend aucun éditeur pour cornac, il se jette tout seul en pâture au public.

M. Th. Vibert n'est pas avocat pour rien : soldat de la chicane il prend à partie tous les zoïles de la presse, il se collette avec eux, fait du bruit, et s'y prend de telle façon que ses fustigés — et je suis de ceux-ci, car *je ne suis pas bachelier* — deviennent non seulement ses amis ; mais, de plus, ses prôneurs empressés. Je recommande la recette aux futurs auteurs, elle me paraît infaillible...

Ce n'est pas que M. Th. Vibert s'impose : non, sa conscience le lui défend ; ce n'est pas non plus qu'il compte sur son talent ; un homme d'une telle intelligence ne saurait être taxé de présomption ; non, encore une fois ; il veut seulement qu'on l'écoute, qu'on le lise ; car il croit, lui, à la possible réalisation que tout le monde conteste, du grand œuvre poétique de l'épopée ; cette dénégation commune, générale, funeste même, il veut la combattre, et voilà pourquoi, voulant des adeptes, il fait du bruit contre les zoïles au lieu de postuler humblement audience près de ses lecteurs ; et voilà pourquoi il arrive, preuve en mains, et dit aux poëtes, après avoir couru sus aux journalistes à plumes de tout calibre : ah ! vous pensiez qu'Homère, Virgile, le Tasse, Milton, Voltaire devaient être les seuls astres du genre héroïque en poésie : eh bien ! me voici : J'arrive au monde poétique escorté de mes héros, des plus grandes, des plus sympathiques figures des temps modernes ; ils sont d'hier ; mais j'ai grandi, j'ai idéalisé les types. J'ai fait autour d'eux la pluie d'or des sentiments et de l'idée, et je l'ai fait, non plus à la manière sceptique des anciens qui dans leurs allégories personnifiaient les vertus et les vices : le genre est usé ; mais avec l'élan du libre arbitre moderne soumis mais non sans examen à la foi religieuse, en chrétien vrai, armé du dogme immuable ; j'ai fait des principes sociaux mes divinités ; tour à tour le catholicisme, la liberté, l'autorité, la révolution et leurs dérivés dans le triple monde de la morale, de la politique et de l'économique ont présidé au destin de mes *Girondins,* et pendant qu'en l'épopée antique, la muse est aventurière dans Homère, tendre dans

Virgile, tourmentée dans le Tasse, mystique dans Milton, prétentieuse et socratique dans Voltaire, je la fais, moi, patriote ; j'use peu de la fiction, nos temps littéraires ne le comportent plus. Je crois, je raisonne ou je décris ; le charme de la vérité historique me tient lieu de fable et le beau poétique m'apparaît ; car, ainsi qu'on veut bien le dire, la poésie n'est pas morte ; la foi chrétienne vaut bien, pour l'idéal, le scepticisme antique ; si la muse naquit pendant l'enfance du monde, elle doit être grande fille au jour de la civilisation ; si jadis elle fut jeune et naïve avec tous les écarts enfantins, aujourd'hui elle est jeune et forte avec la foi vive pour guide. Jadis elle était *fable*, à cette heure elle est *humanité* ; c'est-à-dire lumineuse et consolatrice : simplement récréative autrefois, elle s'est faite indispensable au sein des luttes, des indifférences, des désespoirs de la vie : c'est l'ange de la patrie en pleurs ou souriant ; or, quels héros politiques approchent plus d'un tel idéal que les Girondins ? J'en ai donc fait mes héros ; j'ai dit leurs vertus, je n'ai pas tu leurs vices et j'ai tiré de leurs actes, en vue de la haute orthodoxie de principes, d'utiles enseignements. — J'ai, autant qu'il m'a été possible de le faire, ramené l'esprit de mes chants au giron unitaire de l'idée chrétienne dans ses beautés, du dogme catholique dans ses forces, et sans me livrer à une aveugle admiration pour l'idée conductrice de l'humanité, j'ai constaté du moins, qu'en elle, en tant qu'imbue de la foi chrétienne, réside désormais le salut du monde moral et politique de la suprême civilisation.

Remarquez, cher lecteur, que je fais parler M. Th. Vibert et que j'ignore encore s'il tiendrait positivement un tel langage ; il a fait des Girondins ses héros, je fais, de lui, le mien. — Ne faites pas à autrui ce que vous ne voulez pas qu'il vous soit fait ; si j'ai tort — tant pis — je me livre aux colères de l'exterminateur des zoïles. — Je continue :

Littérairement, le poëme des *Girondins* paraît sevré de ces éclatantes beautés de style que nous présenterait Delille, par exemple ; mais quelle netteté de diction, quelle facilité de versification, quelle vérité d'aperçus : ce n'est plus le langage ampoulé des héros antiques que M. Th. Vibert prête à ses héros. C'est l'éloquence du penseur vrai et croyant ; sans perdre de vue l'unité d'action dans la diversité des épisodes, l'auteur soutient l'intérêt de l'épopée ; il a évité la boursoufflure ; il a préféré à la pompe du vide le majestueux du simple : c'est le caractère de ce qui est grand. M. Th. Vibert l'a compris ; je l'en félicite... malgré sa préface.

16 avril 1862. Mâcon.

TRISMÉGISTE.

Journal de Saint-Quentin

Faire revivre en vers, après le chef-d'œuvre en prose de M. de Lamartine, ces grandes figures de notre première Révolution qu'on appelle les Girondins, était certes une entreprise hardie. M. Vibert a osé la tenter. Y a-t-il réussi ? Nous n'oserions pas nous prononcer à cet égard. La poésie, a dit l'un des grands maîtres, est comme la peinture. Or, il est tel genre de peinture, aussi bien descriptive qu'historique, qui, à côté d'admirations sérieuses, soulève des critiques ardentes. Il pourrait bien en être ainsi de la poésie de M. Vibert, et puisque nous avons parlé de critique, nous devons constater que l'auteur professe pour elle un souverain mépris. Il faut lire à cet égard la longue préface que M. Vibert consacre aux zoïles de son temps, préface qu'il termine par cette phrase superbe :

« Que celui qui, après avoir lu cette préface, ne se sentirait pas l'ami de l'auteur, jette le volume au feu, il n'a pas été fait pour lui ».

Nous avouons franchement qu'après avoir lu cette préface, nous n'étions pas précisément l'ami de l'auteur, surtout lorsque nous l'avons vu si malmener les critiques journalistes dont il a, peut-être, à se plaindre. Cependant nous n'avons pas jeté son volume au feu. Nous l'avons, au contraire, très attentivement lu, et, pour lui prouver que la critique n'est pas aussi méchante qu'il veut bien le dire, nous engageons le lecteur à en faire autant.

6 novembre 1861. Saint-Quentin.

X.

Le Propagateur du Nord

Les Girondins,

Poëme en douze chants, par Th. Vibert.

Une épopée en douze chants, dix mille vers, la matière de l'*Iliade* ou de l'*Enéide,* voilà ce qu'un jeune poëte, M. Th. Vibert, a entrepris en plein dix-neuvième siècle, au moment où le chantre des *Méditations* nous annonçait solennellement dans un de ses *Entretiens littéraires,* que c'en était fait de l'épopée chez les peuples modernes !

M. Vibert a-t-il réussi ? C'est au lecteur à en juger. La chose est assez curieuse, et il vaut certes bien la peine de s'imposer un léger sacrifice pour jouir du rare phénomène d'une épopée au dix-neuvième siècle, d'une épopée dont le sujet est la Révolution, le plus émouvant des spectacles que les passions humaines, aux prises avec les desseins profondément miséricordieux de Dieu, offrent depuis soixante-quinze ans aux méditations du philosophe et du chrétien.

M. Vibert a fait plus. Il a essayé dans son introduction, de nous donner la raison des événements qu'il se proposait de nous raconter ; en sorte que ce jeune et vigoureux esprit qui vise à être l'Homère de notre temps ne serait pas fâché aussi d'être son Aristote. Pour lui, les républiques démocratiques sont impossibles, si Dieu, comme dans la république juive, n'en est en réalité le monarque ; et les monarchies qui ne sont pas profondément populaires tombent fatalement entre les mains des aristocraties ou des bourgeoisies, comme la monarchie anglaise qui, selon le jeune publiciste, n'est à vrai dire qu'une république déguisée.

Et c'est ce qui explique, suivant M. Vibert, pourquoi le protestantisme a de si fortes et secrètes affinités avec la Monarchie ou la République anglaise, tandis qu'une monarchie représentative est la seule condition de l'ordre moral en France.

Nous ne jugeons pas, nous exposons simplement les idées de M. Vibert, nous proposant de les juger plus tard en faisant dès à présent nos réserves.

Il y a évidemment à faire une épopée sur la Révolution, et M. Vibert serait peut-être en état de conduire à sa fin cette œuvre magistrale, s'il voulait écouter ses véritables amis et fermer la porte à ses flatteurs. Qu'il s'élève donc à la pleine conception de ce drame grandiose, où Dieu est le principal acteur, et qu'il nous montre les hommes se poussant les uns sur les autres à l'échafaud sous la main de ce même Dieu qu'ils maudissent, et qui les mène sans qu'ils s'en doutent en contre-sens de leurs idées vers le but éternellement marqué par sa sagesse. L'échafaud, le monstrueux échafaud de 93, aura alors pour le poëte des traits de lumière qui éclaireront sa route d'un éclat qui rejaillira sur sa versification, toujours abondante, sonore, imitative, facile à l'excès, mais souvent heurtée, quelquefois relâchée et visant çà et là à la recherche d'expressions choquantes à raison même de leur excès de force.

Nous avons fait la part de la critique, il est juste de faire de même la part des éloges ; et le meilleur moyen pour cela est de mettre sous les yeux de nos lecteurs quelques citations.

Après les premiers chapitres où l'intérêt languit, l'intrigue n'étant pas selon nous suffisamment liée, l'auteur s'empare bientôt du lecteur, quand, emporté par l'intérêt du drame et de l'histoire, il nous raconte les scènes les plus émouvantes de la Révolution, dans des passages où éclatent parfois des beautés de premier ordre.

Voici comment, sous la plume de M. Vibert, se colore des couleurs d'une orgie théâtrale la scène du culte de la Raison honorée sous les traits de l'actrice Maillard :

Cependant sur l'autel, privé du roi de paix,
La folle baladine est mise sous le dais,
Et l'apostat Gobel, et l'atroce Chaumette,
Ont prodigué l'encens à sa coupable tête.
Qui de vous n'a pas vu, sur le buplèvre en fleurs,
Les mouches s'émailler de milliers de couleurs ?
L'opale, l'émeraude ou la blonde topaze,
Des mille feux du jour, comme un volcan s'embrase.
Le noir, le vert, l'azur, l'or, le rubis, l'argent,
Font danser au soleil leur rayon voltigeant.
Bourdonnant arc-en-ciel ! du prisme brillant rêve !
Etincelles de feu, qui jaillissent du glaive !
Tel autour de Maillard, tout un brillant essaim,
Fait danser au soleil son flamboyant écrin,
Fleurs, parfums, diamants, dentelles, jeunes filles !

. . . .

Soudain le chant s'élève, il emplit le portique,
Et les pas déchaînés de la danse impudique,
Font dans ses longs anneaux tourbillonner le chœur.

Et le démon sourit à son archet vainqueur ;
O murs jadis sacrés ! ô temples trois fois saints !
Redirez-vous jamais les ignobles refrains
Qui firent frissonner vos pierres immortelles ?

. . . .

Redirez-vous jamais ces danses plus que folles,
Sarabandes du crime, affreuses carmagnolles,
Que la tourbe, en démence, insultant au Seigneur,
Longtemps fit rebondir sur les pavés du chœur ?
Les enfers invoqués, au-dessus du cortège,
Menaient, en tournoyant, la ronde sacrilège,
Et le roi des enfers, prenant une couronne
Qui, des feux infernaux, lugubrement rayonne,
La dépose, en hurlant, sur le front de Maillard !

. . . .

Quand soudain, comme un bruit précédant la tempête,
Un cri vint entraver l'ivresse de la fête.
Un saint pasteur, Saulnier, magnanime héros !
Ecrase tous ces fronts sous le poids de ces mots :
— O siècle de raison ! fallait-il tant d'études
Pour aboutir enfin à tant de turpitudes ?
Fallait-il engendrer tant de puissants esprits,
Tant de savants penseurs, tant de profonds écrits,
Pour que l'on vît un jour que des prostituées
A nos mystères saints étaient substituées ?
O mon noble pays, que je pleure ton sort !...
— On l'enchaîne à ces mots, on l'entraîne à la mort.
Le vieillard, sans pâlir, marche d'un pas paisible,
Et passe, le front haut, le regard impassible.

Nous voici maintenant au club des Jacobins, présidé par Montaut :

« Une foule compacte occupait les gradins.
Hommes, femmes, enfants, sanguinaires familles,
Dans cet enfer humain agitaient leurs guenilles !
Tous parlaient à la fois, et le cruel Montaut
Accordait la parole à qui hurlait plus haut.

. . . .

Un orateur monte à la tribune :

— Que fais-tu ? dit Montaut ; arrête, ou je t'immole.
Qui donc es-tu, l'ami ? d'où viens-tu ? que veux-tu ?...
— Qui je suis ? le tonnerre : exempt d'ambition ;
On m'appelle ici-bas la Révolution.
Je traîne dans la fange et trônes et monarques,
Et je livre les grands au fer des noires Parques...
— Des torrents de hourrahs, roulant de mille bouches,
Accueillent du héros ces paroles farouches.
Montaut reprend alors : — Conserve, citoyen,
Un droit qu'en ce moment tu remplis aussi bien.

Comme les poëtes épiques, M. Vibert excelle dans la description des combats. Son style nerveux, heurté, saccadé, impétueux, convient particulièrement à ce genre de description.

Voici le siège de Lyon. Kellermann, général de la Convention, monte à l'assaut, sous les yeux de Couthon. Jourdan défend le fort :

Qui de vous n'a pas vu l'Océan plein de rage,
Bondir, voler, tomber, hurlant sur le rivage ?
Les flots les plus lointains, empressés d'accourir,
Sur le dos des premiers trop lents à parvenir,
Passent et vont rouler tout fumants sur le sable.
Telle est de Kellermann la cohorte indomptable.
La baïonnette en main comme autant de béliers,
Ils volent en avant sans faire de quartiers.
Une trombe qui passe aurait moins de puissance ;
Ils ont gravi le fort. Soudain Jourdan s'avance :
— Girondins ! mugit-il, quoi ! vous reculerez !
Combattons-nous des dieux ? Non ! soyons rassurés !
— Il dit et s'élançant suivi de cent héros,
Parmi les Jacobins il porte le chaos ;
Ils frappent. Sous leurs coups, les lignes éventrées,
Dans des torrents de feux roulent désespérées.
Que de sang ! que de cris ! que de feux ! quel courroux !
La mort en ricanant triomphe à tous les coups ;
Les clairons, les tambours, les hurlements, la foudre,
Le salpêtre, l'airain, les tonnerres, la poudre,
Les mille bataillons, les élans des héros...

Quels transports ! quels fracas ! quels volcans ! quel chaos !
Montagnards, Girondins, luttent, frappent, rugissent,
Ceux-ci roulent aux feux, d'autres dans le sang glissent.

Mais voici les jardins d'Armide pour reposer l'esprit de ces scènes d'horreur. Nicole, le héros du poëme, celui qui devra, au prix de sa vie, délivrer la France du régime de la terreur, un moment séduit par le démon de la volupté, s'endort dans les plaisirs d'une île enchanteresse, décrite par le poëte avec un charme d'expression qui fait un heureux contraste avec l'horreur des scènes précédentes.

Enfin, le héros sort de sa torpeur, il se met à la tête du peuple insurgé contre le Comité de salut public ; mais, au milieu de son triomphe, il tombe frappé d'un poignard aux pieds de Robespierre, que l'on conduit à l'échafaud.

Ces citations malgré quelques taches que le lecteur aura pu remarquer, justifieraient, au besoin, le jugement que nous avons porté sur l'œuvre de M. Vibert. Nous souhaitons qu'elles donnent au lecteur l'envie de juger par lui-même un poëme dont les récits horribles ou touchants, et indépendamment de toute opinion, intéresseraient par eux-mêmes, le jeune écrivain n'eût-il pas trouvé le moyen de les colorer du prestige d'un incontestable talent.

Lille, 7 mars 1862.

Ch. de Saint-Alban.

Le Courrier du Nord

M. de Lamartine a eu le courage d'écrire une critique, assez clémente, il est vrai, des *Girondins*, l'un de ses livres les mieux pensés. Ne serait-ce pas le cas de parler à l'illustre poëte comme Gil Blas parlait à l'archevèque de Grenade, de lui dire avec Horace : *Solve senescentem.., ?*

L'épisode qu'il a si bien raconté est peut-être ce qu'il y a de plus émouvant dans ces années mémorables qui ont marqué la fin du dix-huitième siècle, et nous ne sommes pas étonné qu'un jeune poëte y ait vu le sujet d'une vaste épopée. M. Th. Vibert, avocat à la Cour impériale de Paris, a eu le courage d'entreprendre et le bonheur de terminer ce poëme en douze chants, auquel il a donné le titre du livre de Lamartine, *Les Girondins.*

Nous serions heureux que l'espace nous permît de reproduire quelques passages de ce livre, et nos lecteurs ne s'en plaindraient pas ; forcé de nous restreindre, nous extrairons les lignes suivantes de la préface vraiment originale qui sert d'avant-propos au poëme :

. . . .

15 décembre 1861, Valenciennes.

CELLIER.

Nouvelliste de Rouen

Les Girondins

Poëme en douze chants, par TH. VIBERT.

M. Théodore Vibert vient de publier la deuxième édition de son poëme des *Girondins,* honorablement connu dans le monde des lettres.

C'était, il faut l'avouer, une idée hardie que celle de présenter au public une histoire des Girondins, en dix mille vers, après le succès prodigieux du même sujet traité par M. de Lamartine, sous la forme d'une admirable prose.

Avec sa riche facilité, M. Vibert pouvait entreprendre en quelque sorte la traduction de l'illustre ouvrage et s'en faire un honneur, un mérite, comme tant d'autres écrivains ont consacré leurs travaux à d'heureuses imitations. Mais non, M. Vibert a voulu marcher « dans sa force et dans sa liberté ». Il a traité son sujet à la fois avec une grande fidélité traditionnelle et une louable indépendance. Se livrant à des récits pleins d'intérêts, à des comparaisons brillantes, à des mouvements dignes des faits qu'il s'agissait d'animer, il a respecté l'histoire en la poétisant, il a reproduit d'éloquentes paroles sans les affaiblir ou les exagérer, il a narré sans emphase et a parlé sans entraves. Ah ! sans doute il a vu des héros et des victimes dans des hommes tout différemment jugés par d'autres yeux. Il a admiré, il a plaint, il a voulu venger des noms ailleurs incriminés. Pourquoi ? C'est que M. Vibert n'est pas de ceux qui croient qu'immédiatement après les Jacobins, les plus coupables et les plus odieux des révolutionnaires aient été les Girondins ; et à cette manière de voir, M. Vibert trouve une raison généreuse. Il n'admet point que les incroyables talents, que les vertus publiques et privées dont les Girondins ont fait preuve, puissent être assez abaissés dans l'opinion des honnêtes gens pour qu'on leur assimile les ignominies et les forfaits de la Montagne. Dans le talent, il voit le gage des intentions ; dans le dévoûment et les nobles sacrifices, il exhibe la preuve d'une certaine grandeur d'âme. Il faut louer un écrivain lorsqu'il s'inspire de pareils sentiments. Celui qui recherche préférablement les beaux traits de l'histoire est un homme de bien. Honorons de tels penchants, et tâchons d'admettre avec M. Vibert que s'il est vrai que les Jacobins aient fait monter Louis XVI sur l'échafaud, il n'est nullement démontré que le parti des Barnave et des Vergniaud eût jamais recouru à une aussi épouvantable extrémité, avec le dessein d'engager irrévocablement la nation dans la voie d'une guerre à tout principe de religion, à tout élément de paix, d'ordre et de bonheur.

Au reste, ce n'est pas d'aujourd'hui que les esprits sont divisés sur ces grandes appréciations. Durant la terrible tourmente révolutionnaire, tous les partis ont fait des fautes, presque tous ont commis des crimes ; et si les aspirations vers un but honorable ont pu aller, dans les moyens, jusqu'à de déplorables entraînements, que ne serait-on pas autorisé à dire des déterminations coupables arrêtées à l'avance, et de l'atrocité des hommes qui les ont exécutés ! Ce qu'il est permis toutefois d'avancer dans cette insoluble question de la part exacte qui revient aux Girondins et aux Montagnards des formidables événements dont nous nous occupons, c'est que si les Girondins n'avaient pas été dépassés, sacrifiés, égorgés, nul peut-être aujourd'hui, y compris M. de Lamartine et M. Vibert, n'oserait défendre leur mémoire. Les Jacobins ont amnistié la Gironde en la décimant.

Poëte-historien, M. Vibert n'a reculé devant aucune difficulté, devant aucune extension de sa tâche, que tant de complications et sa propre ardeur agrandissaient sous ses pas. Prenant les événements à leur origine, il a conduit son livre et son lecteur jusqu'à cette séance à jamais illustrée par la mort de Féraud, par le sang-froid de Boissy-d'Anglas, enfin par la chute encore inespérée de Robespierre. Et ne recherchons pas avec trop de soins les causes de cette célèbre réaction, de ce triomphe de la civilisation sur la barbarie : nous y trouverions peut-être moins de noblesse que d'ambition, moins de justice que d'envie, moins de courage que de peur. C'est du moins ce que l'on peut conclure du douzième chant des *Girondins*, lequel est à lui seul tout un poëme.

Il nous reste à parler du style de l'ouvrage. Nous le trouvons coloré sans être dur, hardi sans témérité, sage sans être froid. En comparant le talent de M. Vibert aux genres qu'ont produits diverses écoles de peinture, nous pourrions dire : on reconnaît dans ses *Girondins*, non pas la brosse excentrique de Callot, mais le pinceau élégant et poétique de Paul Delaroche ; non pas le crayon sec et glacial de David, mais la palette de Rubens. Et n'est-ce pas beaucoup faire pour la république des lettres que de triompher, dans un ouvrage de dix mille vers, des difficultés d'un sujet rebattu, quoique toujours palpitant ; d'y soutenir avec honneur un début qui laisse entrevoir le courage et l'importance de l'entreprise ; d'ajouter au récit des plus grandes scènes de l'histoire moderne des allégories, des comparaisons d'une véritable richesse ?

Maintenant, n'y a-t-il pas des inégalités, des prodigalités dans ce vaste poëme ? La fatigue qui résulte de l'attention même que réclame la lecture des vers ne s'y fait-elle pas sentir ? N'aurait-il pas été à désirer qu'un plan si large eût été moins parsemé de détails ? Tout est-il constamment clair et uniformément heureux ? En un mot, tout est-il parfait ? M. Vibert ne compte pas, sans doute, sur une affirmation absolue. Nous le dirons même, avec franchise, nous aurions souhaité à l'auteur moins de fécondité. Les poëmes les plus volumineux sont ordinairement les moins lus, précisément par la difficulté, pour l'auteur, de se maintenir dans la perfection, et par l'impossibilité, pour le lecteur, d'apporter la même approbation, d'éprouver le même plaisir aux pages faibles qu'aux plus attachantes.

Vous qui critiquez à la légère, vous qui dédaignez, parce que cela est commode, vous tous qui êtes difficiles pour les efforts, pour les talents d'autrui, si, plus frappés des défauts d'un poëme que touchés de ses beautés, vous portez dans son examen l'œil d'un Scudéri, rappelez-vous ceci : A voir le nombre des imperfections, des fautes de langue reprochées par les annotateurs, commentateurs, académiciens, etc., à Corneille et même à Racine, il faudrait renoncer à écrire, il faudrait s'arrêter aux premiers pas d'une carrière qui peut devenir illustre. — Mauvais conseil. — Travaillez, produisez, publiez, et la récompense de votre labeur, de vos veilles, vous sera décernée par le public judicieux. Ecoutez les critiques, et, loin de vous rebuter, profitez-en. Accueillez les éloges sans en concevoir trop d'enivrement. Si on en est avare, tâchez de vous attirer plus de libéralités. Si on vous les prodigue, faites en sorte d'en mériter de plus grands. Dans les lettres, comme en toutes choses, la vérité se fait jour, le travail conquiert sa rémunération, le talent fixe la gloire. A l'œuvre ! à l'œuvre ! vigoureux ouvriers : lisons, méditons, veillons, polissons sans relâche. La victoire est plus souvent le prix d'une noble persévérance que celui d'une négligente facilité. — Boileau élaborait péniblement. Suivant Luneau de Boisgermain, Racine ne faisait que huit vers par jour ; J.-J. Rousseau raturait tellement ses premières minutes, que même les suivantes étaient à peine lisibles. Le manuscrit de la *Nouvelle Héloïse* est déposé à la bibliothèque du Corps législatif ; allez le voir. — Et nous citons là les écrivains les plus purs qui aient jamais existé. Peut-on s'inspirer d'exemples plus encourageants ?

Labor omnia vincit improbus.

24 juin 1861. Rouen.

S. H. Perrin.

Journal de Honfleur

Les Girondins

Non licet omnibus adire Corinthum ! Non, certes, il n'est pas donné à tout le monde de composer un poëme tel que celui dont nous allons aujourd'hui parler à nos lecteurs. Imagination ardente, verve poétique, diction facile, élégante et en même temps pleine de feu, profonde connaissance du sujet ; patriotisme éclairé et enthousiaste, basé sur l'amour du bien, du beau, du juste, du vrai ; saine philosophie jointe aux plus purs sentiments religieux, telles sont les principales qualités qui se font remarquer dans la gigantesque épopée de M. Th. Vibert.

Dans une longue et spirituelle préface qui ne manque pas d'une certaine dose d'originalité, l'auteur traite en courant une foule de questions brûlantes, telles que : politique, économie sociale, palais, presse, papauté, libre-échange, question italienne, etc., etc... Il ne nous est pas permis de le suivre dans cette voie ; bornons-nous donc à parler de son poëme.

L'histoire des Girondins a déjà été traitée bien des fois, et par des écrivains éminents. mais aucun d'eux ne lui avait donné la forme poétique ; c'est ce qu'a fait M. Vibert. Certes, l'entreprise était passablement hardie, mais l'auteur a eu confiance en cet adage : *Audaces fortuna juvat,* et tous ceux qui liront son œuvre diront comme nous qu'il a eu grandement raison.

L'ouvrage se compose de plus de dix mille vers et se divise en douze chants intitulés : *les Débuts, la Prison, les Cordeliers, les Montagnards, le Dévouement, Charlotte Corday, la Guerre civile, les Girondins, les Jacobins, Derniers soupirs de la Gironde, les Complots, le Réveil.* L'action commence dès le premier chant. M. Vibert expose d'abord le but, les tendances, les espérances de la Révolution française ; puis il fait apparaître son héros, jeune girondin nommé Nicole, qui n'est guère plus connu de l'histoire que le Renaud de la *Jérusalem délivrée.*

Nicole avait vingt ans ; comment donc à cet âge,
Ne pas sentir son cœur aux éclats de l'orage,
Bondir, puis s'élancer à travers l'ouragan,
Pour ajouter sa flamme aux flammes du volcan !..

Donc Nicole vient à Paris ; il y trouve son cousin Chabot, sorte de moine qui a jeté le froc aux orties, puis une foule d'autres hommes dont les noms sont bien connus de tout le monde : Salles, Louvet, Barbaroux, Pétion, Genlis, Ducos, Fonfrède, Guadet, Vergniaud, Roland, Brissot, Condorcet, etc. Au sortir d'un banquet où, grâce au Chabot, la concorde est loin de régner, celui-ci tâche de s'insinuer dans l'esprit de son jeune cousin qui ne sait trop comment se débarrasser de cet intrigant. Néanmoins, dès qu'il se trouve seul et livré à lui-même, Nicole, qui a découvert que le Chabot n'est qu'un affreux gredin, prend la ferme résolution de l'envoyer promener, lui et ses conseils. Là-dessus, il va se coucher. Une vision qu'il a pendant son sommeil, lui montre la France sous les traits

. . . . d'une femme abattue
Le front pâle et sanglant, la tête revêtue
Par un bandeau royal tout maculé de sang ;
Elle montre du doigt une plaie à son flanc ;
Sur son cœur oppressé, qui faiblement murmure,
Elle étreint une enfant à la douce figure ;
Celle-ci lui sourit, lui présente ses mains
Que dans leurs doubles nœuds serrent d'odieux freins,
Ses vêtements souillés, sa poitrine entr'ouverte,
Expriment la douleur que l'enfant a soufferte.

Cette jeune enfant n'est autre que Fraternité. La mère et la fille se lamentent et supplient Nicole de leur venir en aide, de les sauver. Celui-ci tout haletant se réveille en sursaut ; on frappe à sa porte.

Il ouvre et tout troublé d'une vaste surprise,
Son âme suspendue est restée indécise :
Une enfant jeune et belle apparaît à ses yeux...
Est-ce le songe encor ?.. quel astre radieux !..
Est-ce Fraternité ?...

Non, c'est une jeune *aristocrate* dont le Chabot a fait emprisonner la mère et qu'il adresse à Nicole avec un billet cacheté, dans lequel il explique à son cousin qu'il a fait accroire à la jeune fille que lui, Nicole, peut seul sauver les jours de sa mère et qu'il le fera certainement si elle consent à aller elle-même l'en prier. L'infâme billet ajoute en post-criptum qu'en promettant à la jeune *Isma* de lui rendre sa mère — quitte à ne pas tenir sa promesse — il sera sans doute facile d'obtenir d'elle tout ce que l'on voudra. Nicole indigné, montre le fatal billet à l'innocente et malheureuse enfant qui, dans la naïveté de son âme, a cru tout ce que lui a dit l'affreux Chabot. L'infortunée se met à trembler et à sangloter ; Nicole la rassure de son mieux et cherche à calmer sa douleur, car, hélas ! le pauvre jeune homme l'aime déjà. Il lui promet donc de faire tout ce qui dépendra de lui pour délivrer sa mère, puis il lui donne rendez-vous pour le lendemain, afin de pouvoir l'instruire du résultat de ses démarches. Le lendemain...

Mais nous nous apercevons qu'il nous faudrait, à notre tour, écrire presqu'un volume pour rendre seulement compte de la multitude d'incidents de toutes sortes qui surgissent à chaque pas dans le poëme des *Girondins*. Nous ferons donc mieux de suivre l'exemple de MM. les feuilletonistes qui ne manquent jamais de s'arrêter au plus beau moment, après avoir fait tout leur possible pour éveiller la curiosité de leurs lecteurs. D'ailleurs, il nous serait réellement impossible de citer tout ce qu'il y a de beau, d'intéressant, de dramatique et de grandiose dans cet ouvrage. Il s'y trouve entre autres de nombreux passages qui ne seraient certainement pas désavoués par Victor Hugo ; d'autres ont beaucoup d'analogie avec *l'Enfer* du Dante. L'épisode de la jeune et belle Isma de Narbonne est une admirable création qui rappelle vaguement *la Jeune Captive* d'André Chénier. Enfin, le poëme tout entier est rempli d'un merveilleux dans le genre de celui que l'on remarque dans *la Henriade*. La scène qui se passe chez la sorcière Théos est émouvante et largement conçue à la façon de Skakspeare. Du reste, l'intérêt ne faiblit pas un seul instant, et quand on a commencé le livre on ne peut le quitter, on le dévore d'un bout à l'autre, on suit le héros à travers les flots de sang, les massacres, le choc des épées, la mitraille et les échafauds ; on assiste avec lui aux combats acharnés que se livrent la Gironde, la Montagne et le Faubourg ; on prend part à ses tourments, à ses amours, à ses espérances tant de fois déçues, et lorsque tout haletant on arrive à la fin du volume, on s'étonne d'avoir pu lire, en si peu de temps, trois cents pages qui ne contiennent pas moins de dix mille deux cents vers !...

Quelques personnes pourraient peut-être reprocher à M. Vibert d'avoir intercalé dans son poëme un nombre considérable de discours et de dialogues ; mais l'auteur fait justement remarquer dans sa préface que la plupart de ses personnages étaient avocats, et d'ailleurs, ne pourrait-on répondre avec Virgile : *Amant alterna camenæ*, les muses aiment le chant de deux voix qui s'alternent. Pour nous, nous sommes loin de nous plaindre de la multiplicité de ces discours, parce qu'ils sont pour la plupart fort beaux et remplis d'éloquence.

Si nous nous permettions de critiquer quelque chose, ce serait bien plutôt certaines inversions qui semblent être empruntées au latin, et qui, bien que sans contredit, fort belles en cette langue, jettent en français un peu d'obscurité dans certains membres de phrase que l'on est souvent obligé de relire à deux fois pour les bien comprendre. Mais à côté de ce léger défaut, que l'auteur pourra faire disparaître fort aisément, on trouve tant de magnifiques vers dans le poëme des *Girondins*, que la critique aurait vraiment mauvaise grâce de s'appesantir sur les quelques imperfections inséparables de tout ouvrage d'aussi longue haleine.

Quant aux Girondins, M. Vibert a ceint leur front d'une auréole que peut-être ils ne mériteraient pas si belle ! Du reste, bien que l'Histoire et la Poésie soient sœurs, elles n'ont pas toujours la même manière d'envisager les choses et, en outre, le vrai poëte a le don naturel de la fiction, c'est-à-dire que, souvent à son insu et selon sa disposition d'esprit, il peut rendre lumineux ou plus sombres que la stricte réalité, les sujets qu'il a entrepris de traiter. Nous n'en dirons donc pas plus long sur ce sujet et nous nous contenterons d'ajouter : *Si non e vero, e bene trovato* !

Somme toute, l'œuvre que M. Th. Vibert offre aujourd'hui au public est fort remarquable et sera certainement et à juste titre fort remarquée. Nous ne saurions donc trop engager nos lecteurs à se procurer ce bel ouvrage, bien persuadé qu'ils n'auront pas lieu de s'en repentir.

11 mai 1862.

Baron de VILLE D'AVRAY (1).

(1) Le baron de Ville d'Avray était lui-même le petit-fils d'un des trois valets de chambre qui ont accompagné Louis XVI jusqu'au pied de l'échafaud. Lire à ce sujet mon volume, intitulé : *Pierre Leleu*.

La Fauvette du Nord

« A Monsieur Théodore Vibert.

« En vérité, Monsieur, si jamais les haineuses rivalités des partis pouvaient fraternellement s'éteindre dans un oubli généreux, la noble poésie de vos douze chants entraînerait les plus âpres sommités de la Montagne à faire vibrer tous leurs échos de ce cri d'enthousiasme : Vive la Gironde ! Mais, hélas ! aussi bien que nous, vous le savez sans aucun doute, la haine, que le sang même est impuissant à assouvir, est une furie implacable : elle poursuit jusque dans la tombe, ses ennemis immolés ; et, dans l'impossibilité de torturer des cadavres, elle se plaît encore à tourmenter jusqu'à des cendres. — Quant à nous, qui professons un religieux respect pour la poussière humaine, nous nous garderons bien de réveiller aujourd'hui, par une flatterie ou par une flétrissure, la rancune endormie de ces deux grandes rivales de la Révolution française. Qu'il nous soit permis seulement de risquer cette pensée : Si l'une de ces lionnes a mérité la couronne de l'héroïsme, à l'autre on peut hardiment décerner la palme du martyre ! Toutes les deux ont droit à la reconnaissance de la postérité ; car elles ont, en dépit de leur hostilité, concouru naturellement au triomphe des grands principes sur lesquels repose le fécond avenir des sociétés modernes.

« Votre poëme, — vous en faites l'aveu franc, — a fait bondir contre vous toute une meute acharnée ; rien au monde n'est moins étonnant. Si les colères de Zoïle sont quelquefois terribles, c'est surtout quand le génie de la Muse qui les soulève est en mesure, par son élévation, d'en braver fièrement les atteintes, comme l'aigle défie, du haut de la nue, la flèche que, d'en bas, lui décoche la main des Pygmées. Zoïle s'érige ordinairement en protecteur des roitelets, dont il se fait des vassaux corvéables à merci ; mais il rugit contre les rois, ce farouche démocrate, parce que la royauté a la coupable audace de répondre par un sourire de mépris aux orgueilleux emportements de son despotisme plébéien. — Quand un auteur a la chance de faire monter au paroxysme la rage de Zoïle, il peut caresser l'espérance d'être immortel de son vivant ; c'est-à-dire d'avoir, avant sa mort, une place réservée au Panthéon.

« Or, avant tout, nous avons à vous confesser une méfiance invincible qu'une foule de déceptions a justifiée : c'est celle dont nous ne pouvons nous défendre à l'endroit des gros livres. Trop fréquemment, en effet, les gros livres sont comme les grandes plantes que l'ombre produit. Ces plantes vaines sont surchargées de feuilles, mais vierges de fleurs et de fruits. De même, beaucoup de gros livres, vides d'idées et d'enseignements, n'ont pour ornement vain qu'un luxe de mots creux. — En voyant votre volume sortir de la boîte du facteur, nous avons immédiatement senti une attaque de la manie soupçonneuse que nous avons dénoncée ; mais la crise a redoublé lorsque, portant les yeux sur la couverture, nous y avons lu ce titre effrayant : *Les Girondins, poëme en douze chants*. — Parole d'honneur, frappé d'éblouissement, nous avons failli tomber à la renverse ! et l'évanouïssement de ce vertige fut suivi de cette série de réflexions :

« Est-ce pour nous jeter à la face un démenti formel,
« que ce démon de poésie souffle au monde, tout d'une
« haleine, dix mille deux cents vers ? S'imposant la plus
« rude des tâches, prétend-il s'ériger en vengeur de notre
« époque prosaïque, alors que tous les poëtes et nous-
« mêmes, déclarant une guerre à outrance aux divinités

« païennes auxquelles cette époque mercantile est vouée, « nous lui lançons les épithètes les plus brutales du voca- « bulaire de la satire et de l'indignation !... Nous allons « bien voir !... *Les Girondins*... quelle témérité ! Ce sujet se « heurte tout d'abord à un double écueil. — Le premier, « c'est que des écrivains éminents joignent à l'avantage de « la priorité le privilège d'une supériorité applaudie, contre « laquelle il nous paraît périlleux de lutter. Le second, « c'est la difficulté scabreuse d'élever à la hauteur de l'épo- « pée des héros vaincus, terrassés, anéantis, et qui ont « montré, pour mourir, plus de résignation et de courage « que d'adresse et de vaillance pour combattre. — Pour « oser ceindre d'une auréole de gloire le front des victimes « de la Montagne, c'est le pinceau de Raphaël qu'il fau- « drait avoir. — Il faudrait être héritier du génie du Tasse, « pour tenter le difficile essai de substituer une victoire à « une défaite, un char de triomphe à un sanglant échafaud, « des hymnes d'allégresse au funèbre son d'un glas qui « vibre encore sous le ciel de France. — Un poëme en douze « chants, en faveur d'une hécatombe, voilà de l'audace, au « moins ! Hercule littéraire, décidément, ce nourrisson des « Muses, coulé dans le moule antique d'Homère, a été « dodiné dans le berceau de Virgile. — Douze chants, chers « confrères, pensez-y donc, quelle voix de stentor ! Et qui « de vous, sur un pareil ton, oserait emboucher la trom- « pette héroïque ?... »

« Un mouvement d'épouvante, causé, Monsieur, par la grandeur de votre œuvre, détermina, dans notre main, l'ouverture du livre qu'elle avait pris, à l'endroit de votre longue préface. En constatant le chiffre énorme de soixante-six pages d'avant-propos, nos soupçons se fortifièrent ; et, reprenant le cours de notre monologue, cette malice nous échappa, à nous qui ne sommes pas méchant : « Si tant de miel est nécessaire à dorer la pilule destinée au lecteur, il faut qu'elle ait toute l'amertume du fiel. » — Et sans même nous donner la peine de lire une seule page des *Girondins,* la velléité nous prit d'épuiser à votre adresse tous les traits de notre carquois ; mais un petit scrupule vint nous arrêter court, en nous posant sous le nez ce point d'interrogation menaçant : — « Imprudent, avant de chercher chicane à ce monsieur, sais-tu bien ce qu'il est ? — Je n'y ai pas songé. — Eh bien ! il est... — Quoi donc ? — Avocat !... — Ah ! diable ! ce serait, en effet, attaquer le lion dans son antre et avec ses propres armes. » Cette observation judicieuse rectifia notre intention première, d'autant plus que notre plume est mal taillée pour l'éreintement et que nous avons peu d'estime pour les éreinteurs, que nous ne craignons pas, du reste. Or, voici les motifs de notre antipathie prononcée.

« En proie à l'orgueil, l'éreinteur, enragé de ne rien être, a la dent redoutable du dogue atteint d'hydrophobie. Modèle d'une modestie que l'ambition dévore en secret, il se dresse en juge suprême et, sous peine de châtiment, il prétend imposer à tous les iniques arrêts de sa manière de voir et les aveugles caprices de ses mauvaises passions. — L'éreinteur se recrute dans les rangs de la médiocrité envieuse, qui dans l'impuissance de produire elle-même quelque chose de bon, a juré de souiller, du venin dont elle use en guise d'encre, toutes les productions qui portent le cachet du talent ou renferment de simples éléments de succès. L'éreinteur a, dans son sac, un gros dictionnaire enrichi de tous les mots que la civilité a proscrits, de toutes les phrases que la conscience et le bon goût des écrivains sérieux répudient ; un catéchisme farci de banalités injurieuses et de personnalités grossières ; de triviales niaiseries et de sarcasmes vulgaires ; macédoine péniblement glanée dans le cours d'invectives professé par les éreinteurs les plus madrés. — La salade de celui-ci est un *fac simile* de la julienne de tous. — *Ab uno disce omnes :* c'est toujours le même thème outrageant, brodé d'insultes différentes. L'outrecuidance de l'éreinteur ne s'arrête qu'à la perfide limite où la police correctionnelle tend ses filets. C'est à l'homme qu'en veut l'éreinteur, et vous êtes tout surpris d'arriver à la fin d'une acerbe diatribe, sans qu'il ait lâché contre l'ouvrage, prétexte de l'attaque, un seul coup de gueule qui en vaille la peine. Cette appréciation est moins la fine esquisse d'un peintre que la rude ébauche d'un paysan inhabile à trouver des fleurs de rhétorique ; mais elle ne pèche ni par la vigueur de la touche, ni par la vérité du coloris. Mais tenez, Monsieur, acceptez plutôt un petit échantillon de la spirituelle et gracieuse manière d'un éreinteur des plus polis :

. . . .

« A part quelques pointes dont nous aurons la justice de ne pas accuser ces messieurs, tels sont à peu près et le style et le genre des éreinteurs. Et c'est là ce que maintenant on appelle la critique. — Et dire que de pareilles élucubrations ont eu quelquefois le déplorable résultat de tuer, dans leur germe, des talents réels, de beaux talents ! La critique du beau temps était un paternel flambeau ; — la critique de nos jours est un ignoble éteignoir. — Chez l'écrivain respectant l'homme, les Aristarques d'autrefois s'attachaient équitablement à l'œuvre : ils en signalaient les imperfections pour en provoquer le redressement et en empêcher le retour ; mais, en même temps, ils en faisaient, comme exemples, ressortir les beautés, rendant ainsi justice au mérite de l'auteur. Les Zoïles passionnés d'aujourd'hui se mettent en quatre pour ridiculiser l'écrivain dans l'homme ; ils lui prodiguent les traits les plus acérés de la médisance et n'hésitent même pas, en désespoir de cause, à recourir aux armes déloyales de la calomnie. — Quant à l'ouvrage, ils l'effleurent à peine, uniquement pour se procurer l'occasion de le siffler quand même. S'ils ne trouvent rien à mordre, ils se jettent avec fureur sur le chapeau, sur la chaussure, sur le pantalon, sur l'habit de leur victime ; ils la saisissent par la barbe, quand elle en a, et par les cheveux, même quand elle n'en a pas ! — Ah ! messieurs les éreinteurs, s'il y avait, en littérature, une cour suprême de cassation, comme vos pauvres arrêts seraient réduits en poussière, à vous surtout, singes de la province, qui vous faites les stupides échos des iniquités des grands juges de la capitale ! Mais quand, par hasard, ô redresseurs de torts, vous êtes en veine d'éloges, oh ! alors vos louanges ne tarissent plus ; vous brûlez l'encens à pleines cassolettes, vous prodiguez les fleurs à pleines mains ; mais, adulateurs que vous êtes, vous ne vous trompez jamais d'adresse, et ce n'est qu'aux gros bonnets de la littérature que vous faites de tels sacrifices. Heureusement, dans son impartialité vengeresse et souveraine, le grand, le véritable juge, qui se trompe rarement, celui qui se prononce en dernier ressort et sans appel, le public enfin, fait toujours bonne justice des tartines insipides des scribes sans conscience, et, bon gré, mal gré, les littérateurs parviennent tôt ou tard à s'élever au rang que leur mérite leur assigne.

« Après un telle profession de foi, vous ne vous attendrez certainement pas, Monsieur, à un éreintement de notre part, et vous aurez raison. Nous n'essaierons pas non plus une critique approfondie de votre beau poëme, que nous avons lu avec le plus vif plaisir. — Juger au fond et dans la forme une œuvre de cette importance, est une tâche longue et délicate que nous interdisent le temps et l'espace dont nous disposons. Nous nous bornerons à formuler sincèrement sur l'ensemble de votre livre une opinion toute personnelle que nous n'avons, nous, la vanité d'imposer à personne.

« Votre longue préface, Monsieur, est une mosaïque charmante comme la *Fauvette du Nord* serait fière d'en produire et que les Revues en vogue seraient heureuses de publier. Dans ce mélange original et piquant de vrais bons mots et de fines saillies, vous abordez les questions les plus élevées de l'économie politique et sociale avec une rare supériorité. On reconnaît dans cette prose substantielle et brillante, où le sel attique le dispute à l'esprit français, la plume magistrale de l'auteur d'*Edmond Reille,* votre roman philosophique, auquel de grands écrivains ont fréquemment puisé comme à une source des meilleures. — En ce qui touche *Les Girondins,* pour exprimer notre pensée avec la simplicité la plus laconique, nous dirons que votre poëme est une œuvre grande et à la fois courageuse ; car vous y arborez hautement votre drapeau et le laissez librement flotter, dans toute son ampleur, sur l'énergique épopée de vos douze chants. Les sentiments nobles et généreux qui coulent de votre plume dans ces flots de poésie, vous ont acquis notre profonde sympathie et — nous en avons la ferme conviction, — l'estime de tous ceux qui ont lu votre inspiration avec toute l'attention dont elle est digne à tous les titres et à tous les points de vue.

« Pour les idées, vous appartenez tout entier à votre siècle de mouvement et de progrès ; c'est naturel, c'est logique, et le contraire nous semblerait un défaut impardonnable; mais, ce dont personnellement nous ne vous ferons pas un reproche, c'est que, pour la forme, vous êtes classique, Monsieur ; et c'est là probablement votre péché capital, votre crime aux yeux de Zoïle, qui ne pardonne pas, lui, les qualités, et cela pour une excellente raison qu'il est inutile d'indiquer. — D'un autre côté, il ne manque pas d'hommes exclusifs qui, par système, ne seront pas vos admirateurs, parce qu'il ne trouve rien de plus sublime que les productions excentriques des Muses échevelées et bizarres auxquelles se rattachent les diverses écoles qui se disputent aujourd'hui les suffrages des amants de plus en plus rares de la poésie. Est-ce la décadence ou une transformation qui nous menace? Un sphynx répondra peut-être. — Mais revenons aux *Girondins*. Vous les avez, dit-on, grandis de cent coudées. On ne peut certes vous faire un reproche de ce tour de force ; car, quel poëte a jamais eu la maladresse de ne pas élever la taille de ses héros au degré qu'il ambitionne de leur faire atteindre? Dans tous les cas, vous avez su, Monsieur, avec une merveilleuse souplesse de talent, éviter dans votre carrière épique, tous les écueils que nous redoutions pour vous au début de cette fugue vagabonde, dont vous voudrez bien, avec nos lecteurs, nous pardonner l'escapade.

« En résumé, Monsieur, votre poëme, charpenté à la manière antique, est pensé avec une profondeur remarquable, est écrit avec une pureté de style qui rappelle les beaux jours de notre littérature. Que la hardiesse et la grandeur du plan s'harmonisent bien avec la grâce et la délicatesse des détails ! Comme l'expression saisit heureusement au vol la pensée, pour en faire ressortir toute la beauté ! Votre imagination, Monsieur, est féconde comme l'écrin d'une fée : il en jaillit des images fortes et saisissantes, des métaphores vigoureuses et grandioses. — Sous votre pinceau, d'une richesse à faire envie, il éclot des peintures d'une vérité frappante. — Votre poésie, énergiquement mouvementée, déroule avec éclat la pompe de ses chants, et le lecteur arrive au terme avec regret et la tentation de recommencer le voyage pour revoir encore les fleurs charmantes dont la route est semée.

« Vous avez, Monsieur, les défauts de vos qualités. — Votre poëme est un chêne jeune et robuste dont la sève et la vie débordent de toutes parts et s'épanchent avec trop de luxe peut-être en ramure et en feuillage. — Pour couronner votre œuvre hors ligne d'un de ces succès immenses que nos rois littéraires à la mode obtiennent si facilement, il ne vous faudrait, Monsieur, qu'usurper une seconde le nom de quelqu'un d'eux.

« Henri-Léon LIZOT. »

« 1er mai 1862 Roubaix.

La Marche

Les Girondins

Nous étions persuadé qu'il était impossible de lire sans ennui un poëme de douze chants ; cependant M. Théodore Vibert, avocat à la Cour Impériale de Paris, l'auteur des *Girondins*, nous a prouvé que rien n'était plus facile que de surmonter cette impossibilité.

Son poëme, qui a trois cents pages, est écrit avec verve et facilité, et malgré notre présomption nous sommes arrivé à la dernière ligne, convaincu, nous l'avouons, avec plaisir, que la poésie n'est pas morte en France, et que l'on peut encore intéresser le lecteur en traitant avec autant de talent un sujet qui paraissait cependant se prêter si peu à la poésie.

Nous croyons rendre service à nos abonnés en leur recommandant cet ouvrage qui renferme des beautés de premier ordre.

A. POTY.

1er mai 1862. Guéret.

La Publicité de Toulouse

Les Girondins,

Poëme en douze chants, par Th. Vibert, avocat à la Cour Impériale

« La rigueur d'un journaliste envers un auteur qui n'est pas journaliste, est en raison inverse du talent de ce même journaliste, et son indulgence en raison inverse du talent de l'auteur. » Voilà l'axiome que pose M. Théodore Vibert, dans le manifeste de la deuxième édition des *Girondins.*

Que répondre à ces paroles ? — Cela n'encourage pas à la franchise. Heureusement pour moi, je ne suis ni homme de lettres ni même journaliste, sans quoi je me verrais au début dans une fâcheuse position.

Le fond de cette épopée est connu de tous. Nombreuses plumes vaillantes avaient déjà esquissé cette page de notre histoire. M. Vibert suit l'exemple sans l'imiter, car c'est à la poésie qu'il emprunte ses accents. Vaste sujet, magnifique épisode qui demandait une lyre herculéenne !

M. Vibert a compris l'importance de sa tâche. Il entre fièrement dans l'arène sans se préoccuper de l'envie que ses chants pourront faire naître, des haines qu'ils pourront lui susciter. Il aborde son futur critique dans une longue préface amusante et le met dans une situation pénible. Il s'attaque à lui, le presse, l'enlace, lui impose sa loi. C'est un peu tyrannique.

Que signaler dans ce poëme ? Idées saines, droiture de vues, amour de la religion et de la patrie s'y rencontrent à chaque pas. Un enthousiasme naturel traduit les débats orageux, les colères vivaces, les luttes sanglantes de cet étrange époque où parfois le vice, singeant la vertu, sapait son trône et s'asseyait impudemment à sa place ; où le mal, terrassant le bien, régnait, souverain redouté, au milieu des scandales et des débauches. Au contraire, une sensibilité exquise dépeint les hésitations d'une âme aimante, les soupirs qu'on arrête mais qu'on ne peut étouffer, les larmes de tendresse, l'ivresse céleste dans laquelle un cœur épris est submergé. Ce contraste était nécessaire. L'auteur l'a senti, il en a tiré un excellent parti.

La vie des Girondins se déroule donc entière sous les yeux et, par conséquent, la joie, la douleur, la confiance, la crainte s'emparent tour à tour de nous et nous communiquent leurs délices ou leur amertume.

Un reproche ! peut-être un prochain coup de dent en récompense. M. Théodore Vibert fait prononcer de beaux discours à ses héros : c'est logique, car les Girondins comptaient dans leurs rangs des orateurs célèbres ; mais quelques-uns ne sont-ils pas trop traînards ? Beaucoup parler n'est pas, chez nous, synonyme de bien dire... De plus, la vérité n'est pas toujours bien traitée. L'auteur cache la nudité de l'histoire sous des costumes beaux, riches, pleins d'attrait sans doute, mais qui assurément empêchent de la reconnaître. Impartialité doit être la devise de l'historien... Enfin, l'aller grave ou léger, entraînant ou langoureux de ces vers a, par sa variété même, beaucoup de grâce, je l'avoue ; mais la facilité inouïe avec laquelle M. Vibert change de ton, ne peut pas excuser des imperfections de langage ou des longueurs.

La difficulté est (dans une certaine limite pourtant) proportionnelle à l'étendue de la course ; à ce titre, M. Vibert mérite un pardon général. Cependant ces négligences que j'ai signalées — véritables peccadilles — sont aisées à faire disparaître. Il ne resterait plus alors au lecteur que des éloges à décerner au poëte...

Œuvre gigantesque exécutée avec bonheur par une main habile, voilà en deux mots mon opinion sur *Les Girondins*.

20 mai 1862. Toulouse.

L. Ariste.

On trouve chez l'auteur, *Boulevart du Mont-Parnasse, à Paris,* 130, et dans toutes les librairies, le poëme des *Girondins* (*2e édition*) et *Edmond Reille*, roman philosophique en deux volumes in-18.

Adresser aussi les critiques à Paris, Boulevart du Mont-Parnasse, 130.

Des Collectionneurs bizarres

« Les Chasseurs de Boutons ». — Usages et mœurs de leur tribu. — Leur organe : « *Le bouton militaire* ». — Leurs territoires de chasse. — Leur méthode d'enseignement de l'Histoire de France par le bouton. — Curieuses révélations (1).

Vous me demandez, mon distingué confrère et cher ami, quel but poursuivent les collectionneurs de boutons civils et militaires, et quelle est la raison d'être de cette société singulière, vivant en marge des lois, comme n'ayant pas fait la déclaration exigée par la loi des Associations, et ayant un journal périodique comme organe mensuel de relations et d'échanges.

Dans ses « Notes parisiennes » quotidiennes, un de nos confrères de la *Liberté* écrivait les lignes suivantes le 9 janvier 1913. Elles sont d'autant plus exactes que son article lui a été inspiré justement par le dernier numéro de l'organe de la Société, et je vous invite à les lire attentivement, me réservant de les développer ci-après :

(1) Le présent volume était terminé quand me sont parvenus, bien en retard malheureusement pour la place occupée, mais heureusement pour mes lecteurs, les deux très intéressantes communications suivantes de mes excellents confrères et amis, MM. H. Defontaine et Roger Gay, que je m'empresse de faire figurer ici. — P. V.

Voici ce que dit la *Liberté* :

Notes Parisiennes

« Lisez-vous le *Bouton militaire ?*

« Non ? vous m'étonnez... Ce journal — son sous-titre l'indique — est un « organe d'échange entre les collectionneurs de boutons militaires ». Son directeur-fondateur est M. L. Jacquot, capitaine territorial, à Grenoble.

« Que de gens collectionnent les boutons militaires !

« Je lis, dans le numéro qui m'est adressé, cette note : « On nous excusera s'il se produit parfois quelque à-coup dans notre correspondance avec nos abonnés. Du 1er janvier 1911 au 31 décembre 1912, nous avons reçu d'eux exactement 940 lettres ; à chacune d'elles nous avons répondu... »

« Et l'on vient nous parler des progrès de l'antimilitarisme !...

« Je lis également dans ce passionnant organe :

Où et comment on trouve les boutons

« Oserai-je, en pleine période de douceurs et de gâteries, signaler une source de trouvailles de boutons bien... shocking ? Ma foi, tant pis : allons-y ! Il s'agit des latrines des très vieilles casernes, au fond desquelles des travaux de dessèchement ou de réparation ont permis parfois de retrouver, au milieu de boutons de culotte très modernes, des exemplaires souvent intéressants de boutons anciens. Il s'agirait d'être prévenu par les officiers du génie chargés des bâtiments militaires et, pour cela, de s'aboucher d'avance avec eux. »

BOUTONS

CIVILS ET MILITAIRES PENDANT LA RÉVOLUTION FRANÇAISE

1. Bouton des gardes françaises (*blanc*).
2. Bouton des gardes nationales de France de 1790, type général (*jaune*).
3. Bouton de la garde nationale de Perpignan, 1790 (*jaune*).
4. Bouton de la garde nationale de Pont-s.-Seine, 1791 (*jaune*)
5. Bouton des députés, époque de la fuite à Varennes (*doré*).
6. Bouton des districts, décret du 19 juillet 1790 (*jaune*).
7. Bouton des districts, décret du 21 septembre 1790 (*jaune*).
8. Bouton des districts, décret du 23 décembre 1790 (*jaune*).
9. Bouton des membres de la Convention (*doré*).
10. Bouton des armées ; variante du décret du 4 octobre 1792 (*jaune*).
11. Bouton civil des *sans-culottes* (*jaune*).
12. Bouton de médecin aux armées, 1792 (*doré*).
13. Bouton des fonctionnaires civils pendant toute la Révolution (*doré* ou *argenté*).
14. Bouton de l'habit du général Hoche (*doré*).
15. Bouton de la trésorerie aux armées, 1793 (*doré*).

Observations. — Les boutons indiqués *jaunes* ou *blancs* étaient, bien entendu, en cuivre ou en étain pour la troupe, dorés ou argentés pour les officiers.

GARDE NATIONALE DE FRANCE
TROUPES NATIONALES DE PERPIGNAN
GARDE NATIONALE DE PONT SUR SEINE
VIVRE LIBRE OU MOURIR
DEPARTEMENT DE LA SEINE INFERIEURE
DISTRICT DE DIEPPE
DISTRICT DE PARIS
LA LOI ET LE ROI
DISTRICT DE CHAUNY
LA NATION LA LOI ET LE ROI
REPUBLIQUE FRANÇAISE
CONVENTION NATIONALE
LIBERTÉ EGALITÉ
1792
ARMEE REVOLUTIONNAIRE
REPUBLICAIN FRANÇAIS
HOPITAUX MILITAIRES
HUMANITÉ
REPUBLIQUE FRANÇAISE
TRÉSORERIE
H. Defontaine fec.
1
2
3
4
5
6
7
8
9
10
11
12
13
14
15

« Voyez-vous les officiers du génie invitant les collectionneurs de boutons à procéder à ces fouilles singulières ?

« Tout ceci a l'air d'une fantaisie, mais c'est très sérieux... Au fait, il n'est pas plus ridicule de collectionner des boutons militaires que des tickets de métro, des boucles de soulier ou des bagues de cigares,.. Dis-moi ce que tu collectionnes, je te dirai qui tu es.

« Sans compter que le bouton militaire, c'est un peu de la France. Passez au tripoli un bouton de cuivre de la vieille garde et vous y verrez briller un reflet du soleil d'Austerlitz.

« D'Antin. »

A priori, le *Bouton militaire* peut passer aux yeux d'un esprit superficiel pour l'œuvre d'une vieille culotte de peau, tombée en enfance, et qui s'amuse, — tels certains fous comptant des pierres en lesquelles ils voient un trésor — à compter et recompter des vieux boutons de culottes. Il n'en est rien.

D'abord le directeur du *Bouton militaire* est juge honoraire. C'est dire qu'il est ancien magistrat, mais au contraire de Bridoison qui « jugeoit les procès au sort des dés » je puis vous certifier que M. L. Jacquot n'a jamais jugé les siens au sort des boutons, objets qui d'après leur forme circulaire se prêteraient mal d'ailleurs à ce jeu, au contraire des dés ; non plus d'ailleurs qu'à pile ou face, car même pour les boutons anciens, sans queue métallique, l'envers n'est jamais du poids de l'avers, autrement dit le culot n'est jamais du poids de la surface rapportée, et ceci ferait des dés pipés. De tout ceci il ressort donc assez clairement, je pense, que notre directeur est sain d'esprit, et possède une compréhension particulière de l'Histoire de France qui lui a valu des adeptes assez nombreux, pour lui permettre de les réunir en groupe et d'en faire le noyau d'un journal mensuel, bien plus moderne que les grands quotidiens puisqu'au lieu de retarder comme ceux-ci qui se servent encore de caractères d'imprimerie, il est, lui, imprimé... à la machine à écrire. Enfoncés ! les grands quotidiens ! C'est le progrès ou je n'y connais rien !

Vous allez me dire, vous, mon cher confrère, dont la logique est toujours présente, vous allez me dire « en vertu de l'axiome : qui se ressemble s'assemble, la mentalité des abonnés doit être égale à celle du rédacteur en chef du journal ? car je ne pense pas, qu'avec un caractère aussi original, votre directeur se laisse imposer sa direction politique, — pardon ! sa ligne de conduite par ses abonnés ? »

Je vous répondrai en vous énumérant les professions des abonnés du journal — dont l'abonnement, à propos, est seulement de 2 francs par an, — on accepte des abonnements semestriels (hein ! comme tout cela enfonce les grands quotidiens). Voici les professions des abonnés, on y trouve :

1 dessinateur, 1 pharmacien de première classe, 3 médecins, 3 anciens juges de paix, 1 capitaine de réserve, 4 capitaines de l'active, 2 commandants en retraite, 1 lieutenant de gendarmerie, 1 lieutenant-colonel, 1 ancien avoué, 1 intendant général, 1 publiciste, 2 antiquaires, 2 officiers d'état major, *1 ancienne buraliste,* 1 directeur de revue militaire rétrospective : la *Giberne,* 1 baron, 1 caviste, 1 propriétaire, 1 ébéniste d'art, 1 rentier, 1 directeur de grande imprimerie, 1 receveur principal des contributions indirectes, 1 procureur. Comme vous le voyez, notre petit bataillon est bien varié dans sa composition, nous pourrions ainsi avoir même une cantinière, et si nous n'avons point d'aumônier, c'est que ceux-ci ont été supprimés après la guerre.

Et ne croyez pas que les officiers qui sont des nôtres soient sans valeur, l'un d'eux qui fait campagne au Maroc actuellement vient d'avoir le bras cassé au champ d'honneur !

Tel est le *Bouton militaire*. Vous le connaissez maintenant aussi bien que moi. Voyons maintenant les sujets qu'il traite.

*
* *

L'Académie des Inscriptions et Belles Lettres classerait certainement dans la numismatique historique le *Bouton* français, car tous les exemplaires que nous en recueillons soigneusement (et dont certains *clous* atteignent par leur rareté et leur intérêt le prix de 20 francs) offrent pour l'observateur attentif une suite singulièrement curieuse de l'Histoire de France. Je vais essayer de le démontrer non pas en rapportant ma démonstration aux seuls Girondins, ceux-ci n'étant qu'un chapitre de la Révolution, mais à celle-ci tout entière, c'est-à-dire de 1789, à l'établissement du Consulat.

Vous saurez donc que le bouton fut de 1789 à 1820 environ l'emblème politique le plus vivace, le plus poursuivi souvent, le plus porté toujours. Ceci s'explique en sachant que, avant Charles X, il était d'usage en France de porter des boutons métalliques aux vêtements, et que la façon de les décorer variait suivant le goût de chacun et les opinions du moment. Tant qu'aux fonctionnaires civils et militaires, ils suivaient naturellement l'opinion du régime en en portant les boutons (1).

(1) En effet, à propos du bouton à cette époque, ce serait le cas de rappeler la parole célèbre d'Emerson ; « Béni soit celui qui agite les masses, dissout la torpeur et fait naître le mouvement ».

Pendant toute cette époque troublée, et même sous le premier Empire, un de mes arrière-grands-oncles, du côté maternel, dans le département de l'Aisne, qui était un fermier d'une certaine aisance et qui aimait à chanter sa chanson au dessert dans les fêtes de famille (*a*), de crainte de se trouver

(*a*) Voir mon volume : *Pierre Leleu*.

Le bouton, sous la Révolution, se distingue en trois sortes. Le bouton « patriotique », le bouton militaire, le bouton de fonctionnaire civil.

Prenons d'abord le bouton militaire, en raison de l'importance des gardes nationales et des corps francs à l'époque.

En 1790, l'organisation de la Garde nationale ne fut guère autre chose que la transformation des milices provinciales et des régiments provinciaux, des compagnies de l'Arc, de l'Arquebuse, du Gué, de la Jeunesse, etc., que chaque ville importante possédait et qui ont pour héritières de nos jours les Compagnies de sapeurs-pompiers, de gymnastique, de préparation militaire, tellement dans l'Histoire comme dans la Chimie, on peut parodier la phrase fameuse de Lavoisier : « Rien ne se perd, rien ne se crée ».

En conséquence, le bouton officiellement établi pour la Garde nationale fut ainsi décrété : de cuivre, portant au centre une fleur de lys héraldique non couronnée et en exergue : *Garde nationale de France.*

Ce modèle était économique, mais l'unité des provinces n'est née qu'à la Fédération, aussi presque toutes voulurent avoir leur bouton particulier. Pour ne prendre que quelques modèles-types je dirai que Versailles avait le *soleil* comme emblème et l'exergue *Garde bourgeoise de Versailles* ; qu'Amiens porta ses armes surmontées de l'inscription *Ville d'Amiens* ; que Beaune prit le *soleil* et l'exergue *Régiment national de*

à court d'argent un jour, avait remplacé tous les boutons de son bel habit bleu barbeau, par des doubles louis en or, ou plutôt par deux louis percés et cousus ensemble. C'était, comme il aimait à le répéter lui-même, longues années après la tourmente, une poire pour la soif.

Il avait aussi un juron aimable, comme c'était alors la mode dans nos campagnes du nord : *quatre écus, mon ami !*

Que n'ai-je, hélas, quelques beaux boutons en or de mon arrière-grand-oncle ! Aujourd'hui, ça aurait vraiment une grande valeur, au double point de vue, historique et numismatique. P. V.

Beaune ; que Boiscommun prit ses armes et l'exergue *Volontaires de Boiscommun ;* que Boulogne-sur-Mer autour de ses armes inscrivit *Pro patria et regi ;* que Brignon-l'Archevêque autour d'un cœur enflammé grava *Genti regique devotum ;* que Clermont-Ferrand apposa ses armes et l'inscription *Arverna civitas nobilissima ;* que Grenoble dessina un dauphin (le Dauphiné) et sur une banderolle les mots *Le Roi-La France ;* que Gap autour d'une grenade éclatante apposait en paroles cornéliennes *Dulce pro patria mori*, tandis que des villes comme Fontenay-le-Comte et Issoudun, se contentaient de dessiner leurs armoiries, avec l'exergue *Volontaires de Fontenay-le-Comte* pour la première et *Garde nationale d'Issoudun* pour la seconde. Paris portait ses armoiries, son navire légendaire sous forme d'une fringante frégate à trois mâts et entourées toutefois d'un cor de chasse pour les chasseurs. L'inscription n'est pour ainsi dire jamais celle officiellement désignée de *Garde nationale de France*. Vous citerai-je à l'appui de ce que j'avance : *Garde nationale de Saint-Jean-de-Losne ; Légion de Lautrec ; Ville de Lesoux ; Légion de Montpellier ; Régiment de Montreuil* (sur Mer? ou sous Bois ?), *Troupes nationales de Perpignan* (avec les symboles des trois ordres réunis par un ruban sur lequel se lit le mot *Union*), *Garde citoyenne de Vaucouleurs*.

Ceci ne peint-il pas la nuance plus ou moins claire ou foncée des sentiments du Tiers pour la Révolution à son aurore !

Cependant, les événements marchent avec rapidité, et Versailles transforme son bouton au *soleil* royal et à l'inscription *Garde bourgeoise de Versailles* par un autre aux armes de la ville (sommées cependant d'une couronne *royale*) auquel s'ajoutent ces mots : *Garde nationale de Versailles*, le bouton antérieur n'ayant d'ailleurs été que celui conservé de la milice de cette ville avant 1789.

Vous savez comme moi que la période monarchique de la Révolution a duré trois ans et trois mois, du 4 mai 1789, date de l'ouverture des Etats généraux, au 10 août 1792, date du renversement de la Royauté. Vous savez aussi que cette période se subdivise elle-même en deux autres périodes. D'abord, du 4 mai 1789 au 30 septembre 1791, une période de 2 ans et 4 mois, pendant laquelle les *Etats généraux*, transformés en *Assemblée constituante* procèdent à la *destruction de l'ancien régime* et à *l'édification du régime nouveau.* En second lieu, du 30 septembre 1791 au 10 août 1793, une période de onze mois, où l'on fait avec *l'Assemblée législative l'expérience du régime nouveau,* instauré par la Constitution de 1791.

Ceci rappelé, vous allez le voir commémoré par le *Bouton.*

Au lendemain de la première Fédération, le 19 juillet 1790, l'Assemblée nationale décréta, en *unifiant* l'uniforme des Gardes nationales.

« Sur le bouton il sera inscrit : *District de.....* ».

En conséquence, des boutons sont frappés et portés comme celui-ci par exemple :

Au centre : *District de Dieppe* (dans une couronne de chêne circulaire) ; en exergue : *Département de la Seine-Inférieure.*

Le 21 septembre 1790, confirmation de cette décision :

« 1° Le bouton uniforme des gardes nationales de France sera conforme à l'empreinte annexée au présent décret portant une couronne civique au milieu de laquelle sont écrits les mots : *La Loi, le Roi,* avec le nom du district en entourage entre la couronne civique et le cadre du bouton.

« 2° Dans les districts où il y a plusieurs sections, elles seront distinguées par un numéro placé à la suite du numéro du district. »

En. conséquence, les boutons portent par exemple : *District de Chauny* (en exergue) et au centre. dans une couronne civique : *La Loi et le Roi* (en dessous le chiffre 3).

Aux deux entités *la Loi, le Roi,* le décret du 23 décembre 1790 adjoint *la Nation*. De sorte que l'inscription centrale porte dorénavant les mots : *La Nation, la Loi, le Roi.* Le 13 juillet 1791, un nouveau décret confirme ces dispositions. Nous approchons de la proclamation de la République, les symptômes deviennent menaçants, les *Volontaires du Doubs* inscrivent sur leurs boutons les mots *Liberté, Egalité* au lieu de *la Nation, la Loi et le Roi,* d'aucuns grattent au poinçon le mot *le Roi*. Enfin, le 4 octobre 1792, la Convention Nationale décrète pour toutes les troupes de la République, états majors y compris, sans aucune exception, le bouton *jaune* du type bien connu *au faisceau surmonté du bonnet de la Liberté* et entouré de l'exergue *République Française,* en même temps elle proscrit le bouton *blanc,* couleur de la monarchie.

Ce décret fut diversement appliqué, mais ce type fut très porté néanmoins, car on en retrouve encore à Boulogne sur les emplacements du camp de l'an XI. Quelques demi-brigades le firent faire en étain, faute d'avoir du cuivre probablement sous la main. Tant qu'aux fonctionnaires civils, une déesse de la Liberté et l'exergue *République Française* décorèrent leurs boutons d'uniforme pendant toute la Révolution.

Un décret du 7 septembre 1793 autorisa l'infanterie légère à porter le faisceau dans un cor de chasse, attribut de cette arme. Certains corps francs, comme la *Légion des Ardennes,* porta en exergue l'appellation spéciale de *Chasseurs des Ardennes*.

Certaines administrations, alors civiles, mais à fonctions militaires, firent preuve de civisme en portant un énorme bonnet phrygien au centre de leurs boutons et les inscriptions ci-après relatives à leurs fonctions : « *Transports mili-*

taires », « *Fourages* » (*sic*), « *Charois* (*sic*) *des armées* », « *Convois* ». Il convient à propos de bonnet phrygien, de remarquer que les premiers affectèrent la forme du bonnet de Jacques Bonhomme, tandis que ceux de 1793 prirent la forme de celui des Suisses du régiment de Châteauvieux, retour des Galères.

A partir de 1796, le bouton des demi-brigades se modifia, au centre le numéro du corps, surmonté d'un minuscule bonnet phrygien, en exergue : *République Française*. Les grenadiers près la garde de la Convention avaient une *grenade* entourée des mots : *Grenadiers près la Rep^{on} nat^{le}* et le bouton était blanc (!). La *gendarmerie nationale* en plus de ce titre portait au centre l'inscription fatidique *Force à la loi* — et les officiers sur leurs sabres les mots : *Respect aux propriétés* mais en toutes petites lettres capitales.

Permettez-moi maintenant de faire un nécessaire retour en arrière. Nous voici arrivés au Directoire et le règlement du 20 thermidor an VI (7 août 1798) est d'une telle importance que je veux liquider la période révolutionnaire auparavant. Il me faut pour cela parler du bouton purement civil et je dois remonter à 1789.

Nous trouvons d'abord le bouton *aux trois ordres*, les symbolisant sous forme de trois députés des diverses classes se tenant par la main devant l'autel de la Patrie, ou bien par la crosse, l'épée et la faux avec l'inscription *La liberté les unit*. On voit aussi ces trois emblèmes avec l'exergue *Vive la Nation, Vive le Roi et la Liberté*. D'autres portent une balance et les mots *La Nation, la Loi, le Roi*, séparés par chacun un triangle en guise de point et la date *1789* au centre du bouton. Bien entendu le bouton suit l'état de l'esprit public et les décrets et le lys est entouré d'abord des mots *Vive le Roi et la Nation*, puis *La Nation, la Loi et le Roi*.

Pour le 14 juillet 1790, l'enthousiasme, — disons le mot :

la Fraternité, — était dans tous les cœurs, aussi en souvenir de ce jour des boutons furent frappés avec les mots : *Confédérés à jamais*, surmontés du bonnet de la Liberté, le tout dans une couronne de chêne et d'olivier. Mais la Fédération (jour mémorable où la France se déclara une et indivisible de façon solennelle), fut suivie d'événements nombreux et bientôt le bonnet de la Liberté, parfois dessiné en haut d'une pique, fut timbré en exergue des mots : *Républicain français* ou *Vivre libres ou mourir*. Les *sectionnaires* inscrivirent la devise *Liberté, Egalité, 1792, I.*, ce qui peut s'interpréter *première section* aussi bien que : 1792 [l'an (sous-entendu)], premier de la Liberté (la devise *Liberté, Egalité, Fraternité, ordre public* date de la IIe République seulement) (1).

Les députés à la Constituante portèrent un bouton doré à fleur de lys, où quoiqu'en relief, sont gravés en petites lettres les mots *Vivre libre ou mourir*, sur d'aucuns cette inscription est en gros caractères ensuite. Dans *A travers Paris*, de Georges Cain, on lit : « Le canal Saint-Martin. — C'est par ici que le samedi 25 juin 1791, Louis XVI et la famille royale rentrèrent dans Paris après leur capture à Varennes... Et le petit Dauphin, placé entre les jambes de Pétion, avait pu épeler à loisir l'inscription « *Vivre libre ou mourir* » gravée sur chacun des boutons de l'habit du député patriote ».

Les députés à la Convention portèrent eux un bouton doré ainsi établi. Dans le cercle extérieur les mots : *République française, 1792*. Dans le cercle intérieur, ceux de *Convention nationale*, autour d'une couronne civique au milieu de laquelle sont inscrits horizontalement les mots *Liberté et Egalité*. Enfin dépassant verticalement la couronne civique l'on aperçoit les extrémités d'un faisceau coiffé du bonnet rouge.

(1) Ceci doit servir de rectification à ce que l'on a dit à propos de Momoro, *le premier imprimeur de la Liberté*. P. V.

Certains citoyens portèrent encore des boutons au faisceau avec des inscriptions telles que celle-ci : *Notre union fait notre force.*

*
* *

Le règlement sur l'uniforme du 20 thermidor an VI (7 août 1798) est d'une importance capitale, et le chapitre des boutons y est largement traité. Je n'entreprendrai pas de le décrire par le menu, mais le style Directoire, tout à fait charmant, comme dernier reflet du Louis XVI, donne des productions frappées au balancier d'une netteté de louis d'or sortant de la Monnaie, opération obtenue d'autant plus facilement que la plupart des beaux boutons anciens sont tous montés en deux parties, la surface apposée sur culot de bois ou d'os, rarement de métal, et tous jusqu'à 1821 étant absolument plats, comme le bouton de livrée, en a conservé jusqu'à nos jours généralement l'usage. D'ailleurs les diamètres sont plus grands que ceux d'aujourd'hui.

La caractéristique du Directoire est que les mots *République Française* timbrent les boutons sans que le bonnet phrygien les accompagne. Plus d'emblèmes maçonniques tels que triangles, équerres, mais des dessins de caractère nettement militaire où, parfois même seules les *initiales* R. F. remplacent République Française. Certains boutons cependant sont d'un goût charmant, ainsi celui des ingénieurs géographes avec au centre *en relief* un planisphère, au bas R. F. et en exergue INGGÉODU-DEPOT-DE-LA-GUER (il n'est pas rare en effet que l'on trouve de grossières fautes d'orthographe sur les boutons jusqu'en 1804).

Bonaparte, lui, n'attend pas d'être premier consul et de monter l'escalier des Tuileries pour s'écrier à l'aspect des bonnets phrygiens de « lui enlever sans tarder toutes ces *saletés* là (*sic*) ». En effet, dès qu'il est général en chef, on voit que la Trésorerie générale porte sur ses boutons *Armée d'Italie* à la place de *République Française*. Cette dernière inscription est remplacée sur les boutons de l'artillerie également. Les canonniers ont toujours eu deux canons en X, mais sous la Révolution entre l'X s'érigeait verticalement une pique surmonté du bonnet rouge, et en exergue on lisait *République Française*. Sous le Directoire, pique et bonnet disparaissent ; Bonaparte lui, supprime le mot *République* et le remplace par *Artillerie*, ce qui donne *Artillerie française*. Quand il sera empereur, il ne mettra plus aucune inscription, mais il baissera les canons, et sur l'X qu'ils forment toujours, y placera un aigle couronné tenant ceux-ci dans ses serres.

Vous êtes étonnés ? c'est logique, et cela prouve quelle leçon d'histoire nous donne ainsi ce modeste accessoire de notre vêtement qu'est le bouton, n'est-ce pas, mon cher Vibert ?

D'ailleurs, le règlement du 1er vendémiaire an XII allait changer l'uniforme et le bouton encore une fois, et de façon tellement précise, que de même que la plupart des institutions consulaires, ce règlement a encore force de loi de nos jours. Mais ici je m'arrête, comme dit la chanson fameuse de Béranger, parce qu'en parlant du Consulat à vie, je suis arrivé au rétablissement du pouvoir personnel qui termine la Révolution.

Je vous dirai donc que le Directoire eut un bouton d'uniforme que j'ignore, que la garde de ce corps constitutif posséda des boutons au faisceau de licteur formé d'une hache, et sans bonnet, avec en exergue, les mots *Garde du Directoire exécutif*. La garde consulaire garda le faisceau tel quel et adopta l'inscription *Garde des Consuls* et *République Française* ou *Rép. Franç.* ou *R. F.* en plus.

Les généraux en chef ayant des gardes spéciales, on trouve des boutons avec les mots *Garde du général en chef* et au centre *R. F.* on en trouve aussi avec ceux-ci : *Garde du général en chef*, *Dragons* et au centre *Armée de l'Ouest*.

Je voudrais vous dire un mot de la marine. Sachez donc que ses boutons sont le plus souvent d'un genre similaire à ceux des troupes de terre, seulement l'ancre en fait l'ornement principal, et le bonnet phrygien la surmonte souvent. Souvent même une ancre constitue tout l'ornement. Seul le bouton d'amiral, splendide par les trophées qui l'ornent, fut réglementé dès 1798, mais ce n'est que le 27 mai 1804 que parut le règlement de l'an XII d'une importance capitale pour la marine, et ceci vous étonnera d'autant moins que vous savez l'importance qu'attachait le premier consul à la marine, clef de voûte du camp de Boulogne et de l'expédition projetée contre l'Angleterre.

Cette étude est fastidieuse pour les profanes, pour les amateurs, elle est trop courte comme un croquis, qu'elle ne remplace d'ailleurs pas, car mieux vaudrait que ma plume fût un crayon dans une main habile. Je terminerai donc en touchant ici un mot du bouton des corps d'émigrés, et particulièrement des chefs des chouans.

Pour les corps d'émigrés formés à l'étranger, on prit généralement des boutons unis de cuivre ou d'étain. Ainsi étaient d'ailleurs ceux des gardes françaises et suisses en 1789. Cependant avec le temps, on vit apparaître frappés à l'étranger des boutons au lys couronné et l'inscription *Deo et regi* (Charette avait pour devise : *Pro Deo et rege*) et un bouton très curieux formé de l'écu royal couronné ayant comme supports deux *chats-huants* (*chouans* en patois du Bas-Maine). Est-ce assez symbolique des luttes féroces de ces temps de guerres civiles.

Maintenant, voulez-vous savoir de nos jours quel est le bouton dont l'origine est la plus ancienne? C'est le bouton du génie avec la cuirasse surmontée du casque, c'est-à-dire de la cuirasse noircie et du pot en tête que revêtaient les sapeurs mineurs pour aller travailler à la tranchée sous le feu de l'assiégé. Le bouton du génie date de 1775. Il est noble, n'en doutez pas, mais a bien servi sous tous les régimes.

« *Et nunc erudimini...* », dirait Bossuet, et maintenant réfléchissez et comparez, dirai-je, et je suis persuadé que, comme je vous en prévenais au début, vous direz comme moi, mon distingué confrère et cher ami, qu'avec un bouton on peut commenter l'histoire de France, et qu'avec un certain nombre d'autres, aussi bien choisis que variés, on pourrait en faire un cours depuis Louis XV jusqu'à nos jours, et ce ne serait pas si bête, pour employer une de vos expressions favorites, seulement tout cela ne vous rajeunirait pas, comme vous dites, aussi ou à peu près. Et maintenant, si d'aucuns de ces contempteurs que vous clouez si prestement au pilori de la sottise, dans votre préface de *Pierre Leleu*, me disaient que faire la chasse aux boutons ne mène à rien, je pourrais leur répondre que cette distraction vaut toujours bien une collection de timbres-poste et coûte moins cher, ayant d'ailleurs un but qui rallie toutes les opinions, le culte de la France et de la Patrie, et que c'est grâce à cette similitude de goûts que des sociétés aussi puissantes que la *Sabretache* (dont Ed. Detaille, le président, vient de mourir) ont pu fonder et donner à l'Etat le Musée de l'Armée, que la Société de l'Histoire du Costume se doit d'exister, que la *Société des Amis du Musée de l'Armée* peut coopérer financièrement au reliquaire de nos gloires nationales. Et ce n'est déjà pas si bête, car tous ceux qui rêvent une France travaillant au progrès du monde dans la paix, ne peuvent que lui souhaiter une armée puissante, c'est l'opinion de votre serviteur qui astiqua pendant trois années de service militaire (et une campagne en Afrique) ses propres boutons de tunique, ce qui ne m'empêche pas de tenir une plume avec autant de conscience, mais, hélas ! sans autant de talent qu'Alfred de Vigny lorsqu'il écrivait son fameux ouvrage : *Grandeur et servitude militaires* (1).

H. DEFONTAINE.

(1) Le bouton est si bien un objet de collection depuis longues années que lorsque l'on va visiter le champ de bataille de Waterloo, à l'hôtel voisin du fameux lion de bronze, il y a un petit musée et l'on vous y vend des boutons d'uniformes français, anglais, prussiens que la charrue vient toujours de mettre au jour, par le plus grand des hasards.

Les Belges, excellents commerçants, ont certainement une fabrique, aussi mystérieuse que secrète, des boutons de la Grande Armée et de ses terribles adversaires !

C'est encore à Waterloo que l'on trouve des guides qui ont fait visiter le célèbre champ de bataille à MM. Thiers, Gambetta et Victor Hugo (*sic*)... quand ils voient que vous êtes Français. Que ces guides doivent donc être macrobiens maintenant !

P. V.

Conférence sur *Les Girondins*
de Théodore Vibert, faite par Roger Gay

« On a dit, mesdames et messieurs, que le Français n'avait pas la tête épique et je ne sais si on a eu raison de le dire. C'est pourtant d'une épopée que je vais vous parler, d'une épopée bien française, d'un grand poème national en douze chants, monument impérissable qui assurera l'immortalité à son auteur. S'il est un genre littéraire difficile entre tous, c'est certainement le genre épique. Aussi peu de poètes l'ont-ils abordé. Tous ceux qui ont tenté l'entreprise n'ont pas également réussi. Ronsard voulut écrire une épopée et il fit cette grotesque contrefaçon de l'*Enéide,* qui s'appelle la *Franciade*. Et pourtant, c'était Ronsard. Voltaire, qui se fit un jeu de traiter les sujets les plus divers, eut l'ambition de donner à la France l'épopée qui lui manquait et il écrivit cette œuvre, si peu digne de son talent, la *Henriade*. Et pourtant c'était Voltaire. Beaucoup d'autres sans doute ont essayé, mais en vain, de se faire un nom illustre dans le genre épique ; après bien des tâtonnements, ils ont reculé devant les difficultés de la tâche entreprise.

« L'épopée, c'est à la fois du drame, du roman, de la description, de l'histoire, du lyrisme, de la méditation philosophique, tous les genres pour ainsi dire réunis en un seul, qui doit les synthétiser. Le poète épique doit être le poète accompli, dans toute la force du terme. Tour à tour il sera lyrique, dramatique, méditatif ou descriptif, il devra être toujours puissant. Aussi de telles œuvres, si rarement abordées et si rarement menées à bonne fin, à de grands intervalles dans le temps et dans l'espace, marquent des dates glorieuses dans l'histoire générale de la littérature. Elles n'ont été permises qu'à des cerveaux d'une trempe exceptionnelle. Il faut s'appeler Homère ou Virgile, Le Camoëns ou le Tasse, Klopstock ou Milton. Et on écrit l'*Iliade*, l'*Enéide*, *Les Lusiades* ou *La Jérusalem délivrée*, *La Messiade* ou le *Paradis perdu*. Il faut posséder l'esprit puissant, l'érudition vaste, le cœur noble et l'âme généreuse de Théodore Vibert. Et on écrit les *Girondins*.

« Il ne faut pas avoir des appétits immédiats à assouvir, ne pas être un arriviste de la littérature. Il faut viser beaucoup plus loin et beaucoup plus haut que la gloire éphémère du boulevard, écrire son œuvre avec toute son âme et lui donner toute sa vie, dédaigner les railleries et les sarcasmes des envieux et des impuissants, et mourir, pauvre et oublié, comme Milton, mais grand comme lui, au milieu de la conspiration du silence. Et alors, on donne à son pays une grande épopée nationale ; alors, on écrit les *Girondins*.

« Le poète fut heureusement inspiré dans le choix de son sujet. Il a su comprendre le merveilleux parti que la poésie épique pouvait tirer de la Révolution française, ce grand événement historique, dont on ne saurait trop exagérer l'importance, événement considérable que tout ce qui précède semble avoir préparé et d'où tout découle nécessairement, par le jeu automatique des forces sociales en action.

« Les poètes épiques ont tour à tour chanté le merveilleux païen et le merveilleux chrétien. Ils nous ont fait asseoir à la table des dieux. Ils nous ont conduits dans les divers séjours des âmes, et leur imagination a su nous décrire magnifiquement les contrées mystérieuses de l'au delà, le ciel, le paradis, l'enfer, l'Eden enchanteur, où croissait l'arbre de la science. Dans les *Girondins,* nous ne voyons ni preux, ni chevaliers, ni messagers des dieux, ni anges, ni séraphins dans les jardins pleins de délices.

« La réalité de l'histoire est substituée à la fiction du rêve. Les héros sont des hommes presque contemporains, animés de toutes les passions humaines, à une période où elles ont atteint leur maximum d'intensité. C'est l'époque des plus grands crimes et des plus hautes vertus ; l'exagération est dans le bien, comme dans le mal. Ni merveilleux païen, ni merveilleux chrétien, mais la réalité humaine, toute simple, toute nue, dans toute sa vérité et dans toute sa grandeur. Le poète des *Girondins,* qui, au grand siècle de l'histoire, possédait au plus haut degré l'esprit historique, a su donner à son poème ce souffle ardent, qui vous entraîne et vous passionne et l'on peut dire qu'il a été Girondin avec les Girondins. Le cœur de la France d'alors et le cœur de Théodore Vibert ne font qu'un ; ils vibrent à l'unisson, et du premier jusqu'au dernier vers cette œuvre en douze chants, si noble d'inspiration, si puissante de conception, est une œuvre essentiellement vibrante, au patriotisme le plus pur.

« Nous sommes sous la Terreur, en 1793, en pleine effervescence révolutionnaire. C'est la lutte entre les Girondins, les Montagnards et les Jacobins. Ces trois partis se disputent le pouvoir. La Gironde s'est rendue suspecte en demandant un sursis pour la mort de Louis XVI ; on accuse les Girondins d'être les complices de la Royauté. « Nous voulons la guerre » disent les Girondins. — « Vous aurez la mort », répondent les Montagnards. Les dieux, les dieux révolutionnaires ont soif, soif de meurtre, de vengeance, de carnage. En un mot, mesdames et messieurs, pour vous représenter l'état de la France, au début du poème des *Girondins*, il me suffit de vous répéter que nous sommes sous le gouvernement de la Terreur, qui fit tomber la tête du grand et noble poète André Chénier. La guillotine ne cesse de fonctionner, et tel qui aujourd'hui en est le pourvoyeur montera lui-même demain à l'échafaud. On se traque les uns les autres, en violant à chaque instant toutes les lois de l'amitié et de l'hospitalité. Des hommes d'une sensibilité exquise deviennent de farouches, d'impitoyables jurés. Des crimes, des scènes horribles, mais aussi de charmants épisodes, émouvants, de beaux actes de dévouement, de la générosité, l'esprit d'abnégation et de sacrifice poussé à ses extrêmes limites.

« Au début du chant premier, le poète nous montre le tableau de la France, à l'époque des beaux rêves et des magnifiques enthousiasmes, qui marquèrent le commencement de la Révolution. Le principal héros du poème, Nicole, a vingt ans. Comment à cet âge ne pas se sentir enflammé d'une ardeur généreuse, quand il s'agit de lutter pour la revendication de ses droits ?

Il partit un matin porté par la tempête
Qui vibrait dans les cieux et secouait sa tête.
Il arrive à Paris, ivre de liberté.
Son âme est jeune encore et croit à la bonté.

« Or Nicole n'est pas un personnage fictif ; comme l'auteur nous l'apprend lui-même, Nicole s'appelle dans l'histoire Nicole de Ladevèze. Il a véritablement existé, comme les autres personnages que Théodore Vibert fait défiler sous nos yeux dans le cours de son poème. Nous assistons à un grand drame historique, aux derniers soupirs, à l'agonie de ces sublimes Girondins, auxquels la ville de Bordeaux a élevé un gigantesque monument, digne de leur mort glorieuse.

« A son arrivée à Paris, Nicole est introduit au sein de la Gironde, où se distinguent Salles, Louvet, Chabot, le bouillant Barbaroux, Pétion, Buzot, Genlis, Ducos, Fonfrède, Guadet, Duperret et tant d'autres. Entre tous, parmi les plus grands, il convient de citer l'éloquent Vergniaud, le philosophe Condorcet, le sage Brissot, le noble Roland et sa sublime épouse, la belle Pauline Roland, qui est l'âme même de la Gironde. Tous les Girondins se sont réunis dans un banquet, présidé par Vergniaud. A la fin du repas, Vergniaud, en qualité de président, prend la parole pour présenter à ses amis le jeune citoyen Nicole, fils d'un franc girondin et parent du cordelier Chabot. Chabot, qui est un défroqué, n'aura pas le beau rôle dans le poème des *Girondins* et le poète en cela ne fera que suivre la vérité historique. Au sein de la Gironde, l'ancien moine prépare la perte des Girondins et son attitude hostile se manifeste déjà au début du poème par un discours plein de fiel, en exhortant son cousin Nicole à ne pas suivre les Genlis, les Valazé, les Barbaroux et autres citoyens corrompus.

> Et tout entier alors au bien de la Patrie
> Tu lui consacreras tes vertus et ta vie,
> Tu ne seras pas vu prendre de l'étranger
> Des titres et de l'or pour mieux nous égorger,
> Tu seras citoyen, tu seras honnête homme,
> Tel ainsi qu'autrefois on devait être à Rome.

« Barbaroux, directement atteint par les paroles de Chabot, quitte la salle du banquet, en donnant libre cours à son indignation. Mme Roland, avec un admirable courage, fait sentir à Chabot la lâcheté de sa conduite. C'est un vrai désarroi. Tout le monde fuit la salle du festin et Nicole s'en va, suivi de son cousin Chabot, qui lui donne des conseils pernicieux et lui montre les Girondins comme des gens vendus à la Royauté.

Fuis-les, viens avec nous, si tu veux, je me vante
De monter ta maison en valet et servante,
Dignes d'un citoyen, dignes d'un Montagnard,
Puis, comme je l'ai dit, si ton cœur par hasard
Veut, pour se délasser les soupirs d'une belle
Je saurai te trouver quelque enfant peu rebelle.

« Mais Nicole répond avec une fierté, qui lui fait honneur.

Citoyen, oui j'accepte.
Permets que, néanmoins, de tes offres j'excepte
La dernière; tu sais que difficilement
L'on fait naître l'amour par un commandement.

« Puis, nous voyons Chabot quitter Nicole, pour aller aux Chambres démasquer des complots. Nicole, rentré seul dans son logis, est en proie à l'accablement et à l'angoisse du doute. Il éprouve l'amère souffrance du désenchantement. Il voit s'évanouir ses belles illusions. Il se demande :

Où donc est la vertu
De ces héros si fiers que l'on vante en provinces,
Se roulant à leur tour dans la fange des princes,
Ces Girondins, amis des rois, de l'étranger,
Ces rudes Montagnards prêts à s'entr'égorger ?

. . . .

Tous corrompus, cruels ; tous, leurs chères délices,
C'est de boire du sang, c'est de boire des vices.

« La vérité apparaît à Nicole ; il n'aperçoit plus les partis et les hommes à travers le prisme déformateur de son imagination provinciale. Vus de loin, les hommes sont des héros ; vus de près, ce sont des hommes tout simplement, pareils à tous les autres hommes, soumis aux navrantes petites misères qui affligent cette pauvre nature humaine.

Ah ! s'ils sont tous ainsi, je te plains, ô ma France !
Ils te feront bien cher solder ta délivrance.

« Plus que d'eux tous, Nicole se méfie de son cousin Chabot et ne veut point l'accepter pour guide. Toute la nuit se passe en réflexion et il ne s'endort qu'au point du jour. Pendant son sommeil, une femme lui apparaît. C'est la Patrie ensanglantée.

Elle étreint une enfant à la douce figure ;
Celle-ci lui sourit, lui présente ses mains,
Que dans leurs doubles nœuds serrent d'odieux freins.
Ses vêtements souillés, sa poitrine entr'ouverte,
Expriment la douleur que l'enfant a soufferte.

« Cet enfant, c'est la Fraternité.

Mère, apaise ton courroux
Dans ce peuple aveuglé, tous ne sont pas des loups.
Admire ce beau front qui devant nous rayonne,
Son âme te chérit, la vertu le couronne.

« A ce moment quelqu'un frappe au logis de Nicole,

A son logis, qui peut venir aussi matin ?

« Il va ouvrir et une enfant jeune et belle apparaît à ses yeux. Et cette jeune fille parle ainsi :

L'on m'a dit, citoyen, qu'il dépendait de vous,
De ranimer mon sein de l'espoir le plus doux,
Et pour vous éclairer, il faut que je vous donne
Ce billet où Chabot à vos soins m'abandonne.

« Cette jeune fille s'appelle Isma de Narbonne. C'est une ci-devant, comme on disait à cette époque. Sa mère est en prison. Nicole lui apprend le danger qu'elle a failli courir.

Je dis qu'il se pourrait que loin de votre mère
Dans un cachot obscur où l'âme désespère,
Où le cœur est en proie au sombre abattement,
Où le corps s'affaiblit par manque d'aliment,
L'on voulût vous jeter sur une horrible couche,
Espérant qu'avant peu devenant moins farouche,
Vous livreriez, enfant, vos charmes, vos appas
Pour un peu de soleil, pour un faible repas.

« Puis il fait lire à Isma la lettre de Chabot. Et tandis qu'elle parcourt le billet, Nicole la contemple et éprouve pour cette belle jeune fille l'amour le plus pur. En des termes d'une grande délicatesse, il fait à Isma l'aveu sincère de cet amour chaste. La jeune fille croit à l'amour de Nicole et le prie, au nom de cet amour, d'arracher sa mère aux cachots de la Terreur. Et elle se retire, confiante en celui qui l'aime et qu'elle aime déjà. Comme elle s'éloigne survient Vergniaud, qui reproche à Nicole de s'endormir en de vaines amours. Mais Nicole raconte à Vergniaud le piège que lui a tendu Chabot. C'est Chabot qui a envoyé vers lui cette jeune fille, pour qu'il en fasse sa maîtresse par la violence.

« Alors Vergniaud de s'écrier :

Ami, qu'as-tu fait, toi ?

« Et Nicole de faire cette belle réponse :

Dans mon âme oppressée,
Mes esprits abattus, un instant je gémis ;
Mais prenant le billet, à l'enfant le remis,
Disant : « Ne craignez rien, ici, je vous le jure,
J'ouvrirai la prison, sans qu'on vous fasse injure.

« Mais Nicole est obligé d'avouer à Vergniaud son amour pour Isma. Vergniaud supplie Nicole de renoncer à cet amour qui causera sa perte. Sans compter, ajoute-t-il :

Que cette aristocrate
Sera certainement, comme tout noble, ingrate
Que lui font tes vertus? Que lui fait ton amour ?
Crois-tu donc qu'elle t'aime ? Aussitôt que le jour
Sera rendu par toi, radieux, à sa mère,
Elle dira merci, votre amitié m'est chère,
Mais.....»

« Et voici l'admirable réponse de Nicole, que vous me permettrez, mesdames et messieurs, de vous lire en entier, car elle a une grandeur vraiment cornélienne.

Non, ma noble Isma ne peut ainsi mentir
Au jour dit, je l'espère, elle saura venir :
Mais rassure ton cœur, je veux que ma patrie
Ne souffre nullement de mon âme meurtrie.
Je ferai mon devoir tout en aimant Isma,
Ce ne peut être en vain que son cœur m'enflamma.
Sans trahir mon pays, je veux rendre la joie
A son âme attristée en ravissant la proie
A l'hydre ivre de pleurs que nos dissensions
Ont fait jaillir des flancs des révolutions.
J'aurais beau faire, ami, je le sens en mon âme
Je ne saurais éteindre une si noble flamme.
Quoi ! parmi nous il est des cœurs bardés de fer
Que pour notre malheur nous a vomis l'enfer,
Et nous abaisserions sous leurs haches sanglantes
Nos fronts humiliés, nos têtes indolentes,
Non, non, je ne veux pas comme un timide agneau
Tendre un cou, sans courage, à l'acier du bourreau.
Ami, je veux lutter contre la tyrannie,
Qu'elle vienne d'en haut ou d'en bas, je la nie.
S'il arrivait qu'un jour mon front sous leur acier
Dût se ployer dompté comme un noble coursier,
Pressé, vaincu, surpris, il se cabre en arrière,
Son front avec orgueil agite sa crinière,

Son pied impatient sur le sol a frémi,
Et ses hennissements font trembler l'ennemi;
Il meurt; en succombant son regard étincelle,
Et sous cet œil en feu son assassin chancelle :
Je saurais résister et repousser les coups,
De ces monstres sans nom, de ce troupeau de loups,
Qui de chair affamés, jettent sur notre France
Un crêpe maculé du sang de l'innocence.
Je veux sauver Isma sans trahir mon pays :
Commandez les assauts, vous serez obéis ;
Je dis plus, ma valeur puise en ma noble flamme
Un surcroît d'aliments pour embraser mon âme.

« Tout ce passage est admirable, mais j'appelle surtout votre attention sur ces deux vers.

Ami, je veux lutter contre la tyrannie
Qu'elle vienne d'en haut ou d'en bas, je la nie.

« C'est sans doute Nicole qui parle ; c'est surtout le poète lui-même, le grand Théodore Vibert qui s'exprime avec une aussi mâle fierté. Ces deux vers sont tout un programme, toute une ligne de conduite, nettement, courageusement affirmée, la belle devise d'un homme qui ne craint pas de braver les tyrans au moment de leur toute-puissance, parmi l'agenouillement universel.

« Il faut replacer ces vers à l'époque où ils furent écrits. Rappelez-vous que les *Girondins* furent publiés en 1860, à l'apogée du second empire, sous la deuxième tyrannie napoléonienne, sous le Napoléon des déportations en masse de Cayenne et de Lambessa, celui que Victor Hugo a flétri pour toujours du nom de Napoléon le petit. Seuls les poètes ont ce rare courage d'oser dire la vérité aux maîtres de l'heure, même quand ils savent que leur rude franchise sera punie de la prison ou des rigueurs de l'exil. Les véritables écrivains manqueront toujours de souplesse dorsale pour les courbettes et les génuflexions. Et pour Théodore Vibert je ne vois qu'une attitude possible, celle de nos grands citoyens, coulés en bronze sur nos places publiques, la tête haute, le regard droit et la poitrine tendue, défiant tous les mensonges, toutes les impostures, toutes les lâchetés, toutes les tyrannies.

« Mais revenons à notre poème, à nos personnages des Girondins. Vergniaud, ébranlé par la fière réponse de Nicole, n'ose plus blâmer son amour pour Isma de Narbonne, et il le quitte sur cette promesse qu'il luttera à ses côtés.

« C'est en vain que Nicole s'efforce d'obtenir la mise en liberté de la mère d'Isma. Toute la journée il se dépense en inutiles démarches. Le lendemain, de sa fenêtre, il voit la rue envahie par une émeute,

> Une tourbe en fureur qui s'élance, qui roule
> Comme un vaste océan agité par la houle.

« Il descend dans la rue et se mêle à la vague populaire. Une voix s'élève.

> Citoyens, en avant, en avant ! et la foule,
> Comme un torrent fangeux en grondant se déroule.

« Nicole se sent pris par le bras, il se retourne et voit devant lui Chabot, qui veut l'entraîner. Nicole refuse de le suivre. Il dédaigne les menaces de Chabot qui s'éloigne. D'une rue, débouchent à la tête d'une troupe de citoyens en armes Vergniaud et Pétion. Vergniaud s'avance vers Nicole et lui fait part des craintes, heureusement injustifiées, qu'il avait à son sujet et il est joyeux de constater que Nicole suit la bonne voie et ose se soustraire à l'influence funeste de Chabot l'astucieux. Ici, le poète trace de l'émeute une description magistrale, si vivante, si saisissante que l'on croit y assister. Je regrette, mesdames et messieurs, que le temps me manque pour vous lire, toutes les fois qu'ils se présentent si nombreux, les magnifiques passages que je voudrais soumettre à votre admiration. C'est le poème tout entier qu'il faudrait vous lire ; cette captivante lecture, beaucoup d'entre vous l'ont déjà faite et je les entretiens d'une œuvre amie, qu'ils ont savourée dans ses moindres détails.

« Nicole est entouré par l'émeute, assailli de tous côtés. Mais il est sauvé par Vergniaud qui vole à son secours. Le soir venu, il retourne à son logis. Il pense à Isma, dont il n'a pu délivrer la mère, quand se présente à lui un étranger, qui se dit envoyé par Chabot, pour servir de guide à Nicole. En réalité c'est une sorte d'espion qui a reçu mission de surveiller les faits et gestes du jeune Girondin. Aussi Nicole lui réserve l'accueil qu'il mérite. Comme l'envoyé, soi-disant officieux chargé de servir les intérêts de Nicole, prononce une véritable harangue, Nicole lui répond :

Qu'il ne veut pas d'homme
Qui de si longs discours à tout moment l'assomme.

« Puis, à bout de patience, il menace de le mettre dehors, ce qu'il fait d'ailleurs sans tarder, en joignant le geste à la parole. Mais l'autre, dans un rugissement de colère :

Malheureux ! quel horrible dessein
Chasser comme un valet que l'on jette à la porte
Un sage conseiller qui chez toi se transporte.

« Et il tente d'assassiner Nicole en plongeant un poignard dans sa poitrine. Nicole chancelle et son meurtrier prend la fuite.

« Dans le chant deuxième nous voyons Nicole, à peine rétabli de sa blessure, reprendre sa place au sein de la Gironde, qu'il défend par la parole et par la plume.

Il frappait vite et fort, ne ménageant personne,
Sa voix retentissait comme la foudre tonne.

« Mais il est emprisonné, à la suite d'un article qu'il a publié dans le *Journal français*. Cet article est lu, relu et commenté au comité de surveillance. Le cordelier Chabot le lit à la tribune et parle de l'urgente nécessité de bâillonner la presse, qui se permet de pareils écarts, car il était personnellement visé dans l'article de Nicole. Chabot a pour lui les applaudissements de la Montagne, qui veut attaquer la Gironde. C'est alors que Vergniaud monte à la tribune et prononce un discours véhément sur la liberté de la presse.

Je ne viens pas ici défendre un journaliste,
Ni ravir au bourreau le front d'un royaliste,
Non ! non ! je viens parler au nom du droit de tous
D'imprimer librement sans craindre le courroux
De ces hommes pervers qui, lancés par leur haine,
Veulent river nos mains aux anneaux d'une chaîne.
Enseignez à l'Europe attentive à nos voix
Comment un grand pays sait défendre ses droits;
Donnez, donnez au monde un magnanime exemple,
Erigez à la presse un inviolable temple.

« Puis Danton vient à son tour proclamer la liberté de la presse.

. . . .

Certes ce n'est pas moi qui nirai devant vous
Que la presse parfois n'excite vos courroux.
Mais le soleil lui-même embrasant sa carrière
Ne prodigue-t-il pas la mort et la lumière?

« Cette dernière comparaison ne saurait être plus heureuse; elle est d'un vrai poète.

. . . .

Mais que fais-je ? Pourquoi viendrais-je dans ces lieux
Combattre pour un droit conquis par nos aïeux ?
La presse ne craint rien; mettez-lui des entraves,
Vous la verrez briser tous vos liens d'esclaves.
Resserrez, resserrez, despotes, tous vos nœuds,
Vous les verrez broyés dans ses membres nerveux.

« Tu peux en prendre pour ton grade, mon petit Napoléon. Théodore Vibert, le fier indépendant, l'homme libre par excellence, n'a pas peur de te dire en face la vérité, par la bouche de Danton. Entouré des muets du sérail, le son de cette voix, de cette voix mâle et forte, te doit sembler bien étrange. Oui, avant Gambetta, avant l'avocat tribun, c'est Théodore Vibert, c'est le poète faisant le courageux procès de toutes les tyrannies. Quand le poète parle de la presse, ah ! il ne s'agit pas, mesdames et messieurs, de cette presse mercantile, qui se vend, se livre au plus puissant ou au plus riche, de cette presse qui n'est en somme qu'une vulgaire prostituée de carrefour, la « faiseuse de gloire » du probe romancier et conteur Paul Brulat. Non, la presse dont il est question, c'est la presse telle que l'ont conçue des esprits généreux, cette presse dont le rôle pourrait être si grand, si noble, si pur, une fois affranchie de tous les coquins, de tous les filous (et je voudrais ajouter un autre terme) qui l'exploitent en la déshonorant.

La presse, cet engin d'un peuple incorruptible,
Plus vous l'enchaînerez, plus vous l'aurez terrible !

« Ainsi conclut Danton. C'est en vain que Chabot s'élance à la tribune suivi de Marat. Il s'épuise en efforts impuissants. L'assemblée, houleuse, ne l'écoute pas et cette défaite le rend furieux. La Chambre ordonne la mise en liberté de Nicole, qui est absous pour l'article incriminé. Vergniaud s'empresse d'apporter à son jeune et vaillant ami la nouvelle de sa délivrance. Mais Nicole a retrouvé Isma en prison. Brutus, l'acolyte de Chabot, a dit à la jeune fille qu'elle n'obtiendrait la liberté de sa mère qu'en prenant sa place dans le même cachot, et Isma, par dévouement filial, a accepté ce sacrifice. Voilà pourquoi elle est emprisonnée, tandis que sa mère est libre ou passe pour être libre. Nicole rapporte à Vergniaud ces paroles d'Isma, en réponse à cette objection :

Quoi ! tu ne sais donc pas la rage de ces hommes ?
— « Je sais qu'en ce donjon, tous autant que nous sommes
Nous gravirons un jour le funeste instrument,
Toi pour notre patrie, et moi par dévoûment ;
Ils peuvent bien tuer le corps, mais non pas l'âme.
Elle se rit, ami, de leur gibet infâme,
Notre amour, ici-bas, n'eût été que d'un jour,
Qu'il rayonne éternel dans l'éternel séjour !

« Aussi il refuse de sortir de prison ; il veut rester auprès de celle qu'il aime, jusqu'à la mort. Mais Vergniaud lui dit qu'il doit vivre, dans l'intérêt de sa patrie, pour le plus grand bien de la cause qu'il défend. Nicole déclare que sans Isma il lui est impossible de vivre. A ce moment Isma apparaît. Vergniaud, se tournant vers elle, lui demande comme une grâce, de ne pas retenir Nicole, à qui il apporte la liberté. La jeune fille, heureuse d'apprendre que Nicole est libre, exhorte celui-ci à sortir de prison, pour reprendre sa place au sein des assemblées. Quant à elle, elle saura mourir courageusement, s'il le faut.

La mort est insensible à qui sait la souffrir.

« Nicole consent à jouir de sa liberté, pour défendre son pays, mais il promet de sauver Isma. Il quitte sa prison.

« Ensuite l'auteur nous trace le tableau des divers partis en présence : les Jacobins, avec Saint-Just, Collot, Couthon, Robespierre, Legendre, Tallien, Amar, Billaud, Barère ; les Cordeliers avec Chabot, Marat, Danton, Bazire, Jullien, Lacroix, Hérault, Camille ; les Girondins, attaqués par les deux partis précédents et dirigés par Guadet, Isnard et Vergniaud. En ce moment, les Girondins sont au pouvoir ; Roland est ministre. Il y a aussi le Marais. Son nom indique ce qu'il est. C'est la grande masse des flottants, de ces flottants dont l'indécision fait les majorités et les minorités. Ils sont tantôt centre droit, tantôt centre gauche. Ils se laissent faire la cour par les partis extrêmes, qui recherchent leurs suffrages et entre les deux leur cœur balance. Ne voulant ni avancer, ni reculer, à tous les efforts d'action ou de réaction, ils opposent la force d'inertie. C'est le Marais.

« Danton désirerait l'union entre les divers partis ; il voudrait une politique de concorde. Il serait prêt à offrir son concours aux Girondins. Vergniaud accepterait volontiers Danton dans les rangs de la Gironde. Mais Guadet s'y oppose en ces termes :

Vergniaud, ne vois-tu pas le sang de toute part
Dresser entre eux et nous un sinistre rempart?
Ne crains-tu pas qu'un jour, tout le sang de la rue
Ne te soit reproché par la France éperdue?
Et qu'en voyant nos mains presser les Cordeliers
Nous ne soyons taxés d'être au crime liés?
Ne crains-tu pas, enfin, que le sang de septembre
Ne déploie, à ta voix, son voile sur la Chambre?

« Malgré les efforts de conciliation de Vergniaud et de Roland, c'est l'avis de Guadet qui prédomine. Danton ne dissimule pas sa rage de se voir ainsi repoussé par la Gironde. C'est une véritable déclaration de guerre. Pour comble de malheur, la Discorde, fille de Satan, va semer le trouble parmi les Girondins. Le poète nous la représente, sous la forme d'une allégorie, faisant naître la jalousie dans l'esprit de Roland, en essayant de lui insinuer que le jacobin Barbaroux a demandé son admission au sein de la Gironde, non par sympathie pour les idées et les tendances du parti, mais uniquement par amour pour Mme Roland. Aussitôt Roland, poussé par le démon de la jalousie, vole chez Barbaroux et, en termes violents, lui reproche sa conduite et le traite d'infâme suborneur. C'est en vain que Barbaroux fait appel au bon sens de Roland. Un duel au pistolet aura lieu entre les deux Girondins. Non seulement la Gironde est attaquée par tous les autres partis à la fois, mais, ce qui est pire encore, la division est dans ses rangs.

« Le chant troisième est consacré aux Cordeliers. Au début de ce chant, nous assistons, mesdames et messieurs, à une scène bien amusante, vraiment comique et significative à la fois, entre Chabot et son officieux, le citoyen Brutus, celui-là même qui a tenté d'assassiner Nicole. Chabot,

sur le parquet fangeux d'un salon sans parure

se promène à grands pas. Pour la troisième fois, il vient de sonner son valet, qui ne se presse guère pour le servir. L'irritable cordelier, énervé par l'attente, manifeste son mécontentement en des termes pleins d'amertume.

Aujourd'hui l'on se rit
De nos commandements, même du plus petit
Tous ils sont quelque chose..... Il faut que chacun aille
Dans les clubs discuter les droits de la canaille,
Pendant que nous, les chefs, nous sommes là béants
A jurer, maugréer contre ces mécréants.

« Et quand l'officieux paraît :

Mais, sais-tu, citoyen, qu'aucun chef ne tolère
D'être par ses valets si mal servi que moi ?
Chacun de vous désire à son tour être roi !

« Mais le citoyen Brutus se dresse sur ses ergots et n'entend pas être ainsi traité de valet :

D'abord, je ne suis pas un valet, que je sache,
C'est pour la liberté qu'à tes pas je m'attache.
Et comme tu la sers, je te sers, citoyen
Noblement, fièrement, non pas comme un vil chien.

« Ensuite Brutus apprend à son maître qu'il vient de le défendre au club du Faubourg. Le luxe dont il s'entoure est suspect aux républicains.

Quoi ! Chabot, se dit-on, le grand Chabot lui-même
De l'aristocratie a revêtu l'emblème.

« Et, anxieux, Chabot demande à son valet ce qu'il a répondu :

Patience, Chabot, j'y viens, j'ai dit : Nicole,
Ce pâle Girondin qui toujours nous immole
Ce royaliste ardent, ce cousin de Chabot...
— Arrête, malheureux ! pourquoi ce dernier mot ?
Je nie appartenir à la sotte famille
De cet ami des rois, car... — A chaque vétille,
Pourquoi jeter ainsi quelque entrave à mes pas ?
Pour toutes, cette fois, laisse là tes hélas !
Je reprends, et tais-toi : j'ai besoin de silence
Pour retrouver le fil de ma chaude éloquence :
Ce cousin de Chabot, ce royaliste ardent,
Ce gueux, ce scélérat, ce menteur impudent,
Fut arrêté, par qui ? par Chabot, je le jure,
Qui sut dans son grand cœur, bâillonner la nature
Plutôt que de trahir la patrie et les lois,
Plutôt que d'épargner un seul ami des rois.

« Puis nous voyons Brutus conseiller à Chabot d'aller trouver Danton, pour le rendre hostile à la Gironde.

« Cours vite, hâte-toi », lui dit-il. C'est le valet qui donne des ordres à son maître. N'est-elle pas vraiment comique cette situation d'un homme qui fait trembler les assemblées, devant qui chacun tremble et qui tremble lui-même devant son domestique, lui obéissant comme un enfant ? Cette scène de haute comédie, qui révèle chez l'auteur un réel sens dramatique, a une portée beaucoup plus haute, qu'il n'apparaît à première vue. Ce Brutus qui se dresse en face de Chabot, c'est toute une classe qui se pose en face d'une autre classe. Chabot lutte contre la noblesse et il représente la bourgeoisie. Mais le valet Brutus, en présence du moine défroqué Chabot, n'est-ce pas le quatrième Etat donnant déjà des leçons au tiers Etat bourgeois ? Brutus entraînant Chabot, c'est le courant démagogique entraînant malgré elle la bourgeoisie apeurée. Que pensera le peuple du Faubourg ? voilà ce que se demande avec inquiétude Chabot, préoccupé avant tout de ne pas déplaire aux meneurs des clubs. C'est en vain que cet orgueilleux dirigeant essaie de secouer le joug. Il croit mener le peuple et c'est le peuple qui le mène.

Qui donc commande ici ? Qui dirige mes pas ?
— Allons, Chabot, allons, tu sais bien que nous sommes
Deux citoyens égaux, je veux dire deux hommes,
Dont l'un c'est moi, Brutus, prépare le dessein
Et dont l'autre, Chabot, exécute soudain ;
C'est ainsi qu'on le veut dans le faubourg Antoine.
Et tous les citoyens ont dit ! C'est bien ! le moine
Auprès du fier Danton doit être accrédité :
Par lui cet orgueilleux sera vite dompté.

« Chabot se dirige vers le domicile de Danton et, chemin faisant, le poète lui prête des réflexions, qui mettent bien en lumière le caractère au fond indécis et tremblant du farouche cordelier. Je crains, mesdames et messieurs, de faire trop de citations et de dépasser le cadre de ma conférence en la prolongeant plus qu'il ne conviendrait, mais entraîné par la beauté du poème lui-même, je ne puis résister au désir de vous lire ces quelques vers :

Le blanc nous mène aux rois, le rouge me fait peur.
Du haut de la tribune, enflammé de fureur,
Je fais trembler les blancs, mais, ici, dans ces Chambres
La voix de ce Brutus fait palpiter mes membres.
Quoi ! mon valet, toujours me dominer ainsi !
Quoi ! sous la liberté, je tremble même ici.
Je ne peux même pas... Mais, après tout, que dis-je ?
Brutus est mon valet ! Oui ! mais plein de prestige,
Il est le chef d'un club dans le vaste Faubourg,
Un tel valet honore et projette un grand jour,
Un jour resplendissant sur toute ma personne
Quand je dis ce qu'il veut, c'est le peuple qui tonne.
Voilà, voilà, dit-on, lorsqu'on entend ma voix,
L'oracle du Faubourg, le héraut de nos droits.

« Chabot arrive chez Danton. Il lui dit ce que le peuple du Faubourg pense de lui : Danton passe pour vouloir trop concilier tout le monde et pour ménager la chèvre et le chou ; aussi sa conduite est suspecte. Il lui fait lire dans le journal de Vergniaud l'article où Nicole exhorte Danton à rompre avec les Montagnards, Nicole est l'ami de la Royauté. Dumouriez, qui est traître à la patrie, appartient à la coterie girondine. Selon Chabot, le peuple accuse Danton d'être le complice de l'un et de l'autre. Pour confondre ses accusateurs, Danton devra monter à la tribune pour demander et obtenir la tête de Nicole, et il fera ainsi preuve de patriotisme. C'est alors que Danton fait cette réponse sublime :

— Quoi du sang encore,
Du sang, toujours du sang, quelle soif vous dévore !
Ah ! n'en avons-nous pas assez déjà versé !
Que pensera l'histoire ? Oh ! quel siècle insensé !

« Et plus loin :

C'est le sang à longs flots s'échappant de nos veines,
C'est la mort en tous lieux obéissant aux haines.

« Certes, Chabot, faisant le doux apôtre, paraît lui aussi déplorer cette nécessité cruelle de verser du sang, toujours du sang, mais les dieux ont soif !

— C'est vrai, grand citoyen, qu'il est triste le temps
Où l'amour du pays nous fait tous combattants !
Mais, veux-tu donc laisser notre patrie en proie
Aux tyrans qui déjà font éclater leur joie ?

« Danton demande ce que pensera l'histoire ? Eh bien ! voici ce qu'elle dira :

Il existait un homme, un homme plein de gloire
Un homme dont la voix savait broyer les fronts ;
Un homme qui pouvait nous sauver des affronts ;
Cet homme s'est vendu, honte sur son génie ;
Cet homme s'est vendu, le peuple le renie.

« Danton est définitivement gagné par ce discours et il s'écrie : « Mort aux Girondins ! » Chabot, de retour chez lui, apprend par son valet Brutus, que le lendemain, les sections vont descendre dans la rue et faire contre la Gironde un grand mouvement populaire, qui, comme toujours, sera une émeute sanglante. L'Assemblée aura ainsi l'appui du Faubourg en armes.

« Mais les Girondins ont été mis au courant du complot qui se trame et de la coalition dirigée contre eux. En toute hâte Vergniaud, sentant que la Gironde a plus que jamais le besoin d'être unie pour garder toute sa force, court chez Roland et le conjure d'oublier tout ressentiment, à l'égard de Barbaroux. Après bien des hésitations, Roland y consent dans l'intérêt du parti. Vergniaud tente chez Barbaroux une démarche semblable. Mais Barbaroux ne peut oublier l'injure. La Gironde s'est réunie. Entendez Isnard :

> Amis, ah ! croyez-moi, laissons notre querelle,
> Nous donnons aux vautours la victoire trop belle.

« Ecoutez maintenant Barbaroux :

> Pendant qu'on temporise, entendez-vous là-bas
> Sonner de votre mort le sanguinaire glas ?
> Que de fois je l'ai dit, encor, je le répète,
> Frappons, si nous voulons la victoire complète ;
> A quoi bon raisonner sous la gueule des loups,
> Il faut les dévorer ou tomber sous leurs coups.

« Viger, Guadet, Vergniaud prennent tour à tour la parole. Roland et Barbaroux ont une altercation. Survient Nicole, qui apprend à ses amis, que le peuple du Faubourg à longs cris, menace la Gironde. Tous les Girondins, oubliant leurs querelles intestines, volent au secours de leur parti en péril. Nicole soutient vaillamment le choc des assaillants, qui le repoussent jusqu'à la Convention, où Barbaroux prononce contre les Montagnards un violent réquisitoire. Il attaque surtout Marat, qu'il rend responsable de tout le sang versé.

> Marat a dit : « Pillez ». Et des hordes sauvages,
> Dans mille magasins promènent leurs ravages.
> Marat a dit : « Pendez ». Et dix mille bourreaux
> Ont livré ce matin cent bourgeois aux corbeaux !

« Marat bondit à la tribune et se défend avec une âpre énergie. La Montagne l'applaudit. Après un discours de Legendre, Barbaroux prend de nouveau la parole. Puis, c'est Isnard. A un moment donné, on ne s'entend plus ; tout le monde parle à la fois ; on s'invective, en se montrant le poing.

> Et l'impuissant airain du faible président
> Eteint sa grêle voix dans le bruit discordant.

« Finalement c'est Vergniaud qui par sa chaude éloquence remporte la victoire et l'Assemblée décide que Marat sera mis au secret.

« Dans le chant quatrième, le poète nous montre les agissements des Montagnards. La Montagne veut sauver Marat l'ami du peuple. Ce sont des combats, des émeutes et l'auteur s'apitoie sur les horreurs de la guerre civile.

> Qu'importe la victoire en ces combats de rue,
> Des Français sont vainqueurs, mais la France est vaincue.

« Chabot est de nouveau délégué auprès de Danton pour l'exciter contre les Girondins. Brutus va trouver Nicole, non pas pour renouveler sa tentative d'assassinat, mais pour acheter son silence. S'il consent à ne plus écrire, s'il renonce à la tribune, il lui offre la liberté d'Isma. Ici se place une de ces scènes, comme on en trouve dans le théâtre de Corneille ; c'est la lutte entre la passion et le devoir, entre l'amour d'une femme et celui de la patrie. Mais Brutus laisse entendre à Nicole qu'Isma pourrait peut-être chercher des consolations auprès d'un autre, plus malin que lui. Cet heureux rival serait le frère de Brutus lui-même, le citoyen Cicéron. Il aurait même déjà obtenu de la belle captive un rendez-vous amoureux. Comme preuve à l'appui, l'officieux de Chabot met sous les yeux de Nicole un billet qu'Isma aurait fait parvenir à Cicéron. En réalité c'est un billet intercepté et truqué, que la jeune fille destinait à Nicole. Mais celui-ci, devant Brutus, refuse de croire à l'infidélité de celle qu'il aime. Brutus est obligé de s'éloigner, sans pouvoir faire renoncer Nicole à la tribune et au journalisme. Dès qu'il est seul, le jeune Girondin compare le billet qui vient de lui être remis à ceux qu'il a déjà reçus d'Isma. A son grand désespoir, il remarque la ressemblance des deux écritures, ainsi qu'une même faute d'orthographe. Il ne se rend pas compte qu'il est victime d'un chantage et n'aperçoit pas le subterfuge. Il se croit trahi par Isma et, découragé, il se demande s'il ne vaut pas mieux mourir. Maintenant que lui importe la vie ? Plus rien n'existe pour lui ; c'est déjà une mort anticipée.

« Il entend une voix amie, au timbre bien connu, lui dire qu'il doit vivre, malgré sa cruelle déception d'amour, et continuer la lutte plus que jamais.

Au nom de la Patrie, ami, fais ton devoir,
Et s'il te faut un jour succomber dans la lutte
Tu mourras honoré dans une grande chute.

« C'est Vergniaud qui vient d'entrer, pour mettre Nicole au courant des agissements du parti jacobin, qui veut ravir Marat à la mort. Danton va sortir de son mutisme, pour prêter l'appui de son éloquence aux Jacobins et aux Montagnards, unis contre la Gironde. Nicole devra pourchasser les mutins, soulevés à la voix de la Montagne. Il importe de frapper de grands coups sans attendre plus longtemps. Une dernière tentative de Vergniaud pour réconcilier Roland et Barbaroux, échoue encore une fois. Les deux Girondins se battent en duel au pistolet. Barbaroux est blessé, mais sa blessure n'est pas mortelle.

« Puis nous voyons l'émeute dans les rues de Paris. Un seul cri, mais un cri formidable, clamé par toutes les bouches : « Mort aux Girondins ! Mort aux suspects ! » Le citoyen Brutus excite le peuple du Faubourg par un appel à la violence. Il faut arracher Marat au sort que lui préparent les amis de la Royauté.

Le commerçant craintif fortifiait ses portes,
Faible digue opposée aux sauvages cohortes;
Tels quand un fleuve gronde, on voit au long des bords,
Les riverains émus, réunir leurs efforts,
Pour refouler au loin la vague mugissante.

« Dans l'émeute, Brutus vient parlementer avec Nicole et lui dit qu'il est délégué par trente sections pour porter aux députés les vœux de la Patrie. Il demande à Nicole de le conduire à la Convention.

Brutus, dès qu'il est introduit au sein de l'Assemblée, apprend aux Conventionnels que le peuple du Faubourg exige la mort de Nicole, pour le bonheur du pays. Robespierre profite de l'occasion pour se mettre en vedette, en attaquant violemment la Gironde en général, et Vergniaud en particulier. Celui-ci soutient courageusement l'attaque en se défendant avec une admirable éloquence :

Quoi ! vous nous accusez, nous que dans tous les temps
L'on vit, sans reculer, démasquer les tyrans;
Nous, toujours combattant, lorsqu'à l'ombre des caves,
Vous abritiez, honteux, vos courages d'esclaves !
Soutenir Dumouriez ! défendre les Bourbons !
Ne vous souvient-il pas que tous leurs rejetons
Voguèrent pour l'exil sous le vent de notre âme !

. . . .

Soutenir Dumouriez ! défendre ses élus !
Ne vous souvient-il pas, que dans ce palais même,
A votre d'Orléans nous jetions l'anathème ?
Soutenir Dumouriez ! ne vous souvient-il pas
Des persécutions qui rougirent nos pas ?
Soutenir Dumouriez ! quand c'est notre énergie
Qui bannit à jamais la royale effigie.
Soutenir Dumouriez ! ignorez-vous enfin,
Qui les a rappelés naguère en votre sein ?
Quoi ! Dumouriez conspire ! et c'est nous qu'on accuse !
Nous qui le combattons ! qui dévoilons sa ruse !

« Vergniaud est sur le point de gagner l'Assemblée à sa cause, quand Marat, rendu à la liberté, fait une entrée triomphale, porté sur un pavois. La populace acclame longuement l'ami du peuple, et les cris de : vive Marat ! alternent avec ceux de : à bas les Girondins ! C'est en vain que Vergniaud revient à la tribune ; si Roland et Barbaroux avaient su oublier leur querelle pour joindre leurs efforts à ceux de Vergniaud, la Gironde était sauvée. Guadet lui-même se tait ; c'est alors que Danton, qui jusqu'à ce moment s'était tenu à l'écart de toute lutte, montant à la tribune, porte à la Gironde le dernier coup. La Gironde est vaincue ; c'est la Montagne qui triomphe. »

« Au début du cinquième chant, le poète nous montre les Girondins fuyant devant le triomphe de Marat, que la Montagne acclame. Nicole est resté seul au milieu de la mêlée, sous les insultes et les outrages de la foule, qui l'aurait mis en pièces, sans l'intervention de Chabot, Nicole sera emprisonné. A peine est-il parvenu au seuil de sa prison qu'Isma surgit du sein de la multitude et s'approche de lui. Le jeune Girondin lui adresse des reproches amers, car il la croit parjure. Isma ne tarde pas à la convaincre de sa fidélité. Elle lui fait part des amoureuses avances de son geôlier, l'infâme Cicéron. Or, comme nous allons l'apprendre plus loin, Cicéron n'est autre que Chabot, le moine libidineux. Isma, par ruse bien féminine, a feint de prêter une oreille favorable aux déclarations d'amour du fourbe cordelier, qu'elle prend pour le gardien de sa prison. Cicéron-Chabot devient de plus en plus pressant. Il exige un rendez-vous. C'est pour Isma l'occasion de sortir de son cachot. Elle acceptera le rendez-vous, mais elle poignardera son lâche suborneur. Puis, libre, elle se hâtera d'accourir vers Nicole et c'est ce qu'elle a fait.

« Mais à ce moment apparaît le cruel Chabot. Il n'a été

que légèrement blessé. Il dit à la foule de s'éloigner. Ensuite il s'approche des deux amants. Il donne des ordres pour que Nicole soit enfermé. Resté seul avec la jeune fille, il lui fait une proposition honteuse. En acceptant l'amour de Chabot, Isma obtiendra la liberté de Nicole. Dans le cas contraire, Nicole, le lendemain même, montera sur l'échafaud. Il n'est pas, mesdames et messieurs, de situation plus dramatique que celle-là ; c'est un dilemne bien cruel, qui se pose pour la jeune fille. Isma doit choisir entre son déshonneur et la mort de Nicole, c'est-à-dire la perte de tout ce qui lui est le plus cher au monde. Mais le cordelier insiste et veut briser toute résistance ; il la possédera avant la fin du jour.

Hâte-toi, dit Chabot, reprenant la parole,
Désires-tu la vie ou la mort de Nicole ?
La malheureuse enfant, dans un suprême effort,
S'écrie : — Oh ! non jamais ! Je ne veux pas sa mort.
Quoi ! je verrais son front sous l'acier populaire.
Oh ! je puis le sauver ! Monstre, que faut-il faire ?
— M'épouser, je l'ai dit. Comme ces corrompus,
Volant de fleurs en fleurs, et ne sont point repus,
Je ne viens pas flétrir ta chasteté jalouse ;
A la face du ciel, tu seras mon épouse
Et Nicole vivra.

« Pour sauver Nicole, Isma accepte l'odieux marché. Elle abandonnera son corps à Chabot, mais elle ne survivra pas à son déshonneur. Et quand l'horrible sacrifice est consommé, Nicole, sorti de prison, accourt. Mais Isma, qui s'est percé le sein de son poignard, est déjà expirante. Elle meurt dans les bras de Nicole.

« Le poète nous fait pressentir le règne de Robespierre, qui se prépare. Les Girondins, au moment de fuir Paris, se sont assemblés une dernière fois. Ils veulent lutter jusqu'à la mort. Et Barbaroux expose en ces termes le plan de défense du parti girondin dans Paris et la France entière.

Amis, dit Barbaroux, que ces instants troublés
Qui nous restent encor soient vite mis en œuvre,
Afin de bien mener, plus tard, notre manœuvre.
Guadet, Pétion, moi, nous nous rendons à Caen
Pour lancer ces pays sur les pas du tyran.
Rivière, Isnard, Louvet sur les rives de Loire
De Marseille à Lyon conduisent la victoire
Qui devra couronner quelque jour vos efforts ;
Tandis qu'au Bordelais, oubliant ses transports,
Roland contre Paris mènera son armée ;
Et qu'ici sous ses murs, la Gironde enflammée
A la voix de Nicole, armant ses bataillons,
Roulera le tyran dans ses noirs tourbillons.
Surtout, marchons d'accord. Que la même journée
Lance sur la Terreur la vengeance ajournée.
Quand nous serons tous prêts, qu'un discret messager
Porte à chacun de nous l'heure de nous venger,
D'arracher au cachot notre noble Gironde,
Attendant l'échafaud sur une couche immonde. —
Il dit. Les Girondins, dérobant leur courroux
Unis par le péril, jurent d'unir leurs coups.

« Nous arrivons, mesdames et messieurs, au sixième chant, qui est sans contredit l'un des plus beaux du poème. Il est consacré à Charlotte Corday. Barbaroux, le bouillant Barbaroux, à l'éloquence persuasive, est aller à Caen soulever l'ancienne Neustrie contre l'odieux régime de la Terreur. Les crimes de Marat provoquent l'indignation de la province. Une jeune fille va s'offrir pour délivrer la France de son infâme dictateur. C'est l'héroïque Charlotte Corday. Elle fait part de son audacieux projet à Barbaroux, qui l'admire, mais ne peut s'empêcher de trembler pour elle. La courageuse jeune fille accepte d'avance le sort qui l'attend. Elle sait fort bien qu'elle court à la mort.

— Ne pleure pas sur moi ;
Il est beau de mourir quand on meurt pour sa foi,
Je ne tremblerai pas. Fille du grand Corneille,
Aux récits des hauts faits mon âme se réveille.

« Elle vient d'apprendre que Nicole est libre ; elle ira le trouver et se confiera à lui. Elle se fera indiquer le domicile de Marat. Elle prie Barbaroux de lui donner quelques mots de recommandation pour le jeune Girondin. Elle verra Duperret, qu'elle connait. « Qu'il soit fait ainsi que tu le désires », lui répond Barbaroux. Il lui remet les missives sollicitées et elle part.

« Trois jours après, elle arrive à Paris chez Duperret. Par la lettre de Barbaroux, celui-ci est mis au courant de la mission, qu'est venue remplir la jeune fille. Il lui indique la maison où se cache Nicole sous le faux nom du citoyen Charles. Maintenant qu'elle possède l'adresse du jeune Girondin, Charlotte Corday court de suite le trouver et lui apprend qu'elle veut délivrer la France en tuant Marat.

« Ce sera un crime inutile, objecte Nicole. Mais Charlotte répond qu'elle ne va pas commettre un crime.

Est-ce donc criminel
D'exterminer un tigre à la face du ciel ?

. . . .

Je dois exterminer Marat sur la Montagne,
Même au sein de la Cour qui, dit-on l'accompagne.
Est-ce un crime, Nicole ? Oh ! quand la loi se tait,
Quand sur la nation domine le forfait ;
Quand le sang, à longs flots, s'échappe de nos veines ;
Quand l'ivresse du fer a pris nos seins pour gaines ;
Quand partout on entend murmurer sur Paris
Des grincements, des pleurs, de longs concerts de cris ;
Quand le fleuve, gonflé par des torrents de larmes,
Inonde au loin nos champs de douleurs et d'alarmes ;
Quand l'enfer ameuté déchaîne son chaos
Et dévore en riant la chair de nos héros,

Nous devrions, tremblants de commettre des crimes,
Livrer nos fronts soumis, indolentes victimes.
A l'acier palpitant !... Sauver la nation,
Fut-il en aucun âge une lâche action ?
Un crime, dites-vous ? Ah ! c'est un crime noble
Que d'étouffer enfin cet assassin ignoble.

« Nicole essaie de montrer à Charlotte Corday l'inutilité de son acte. Marat est usé par la maladie.

A quoi bon prévenir la justice céleste ?

« Il ne s'agit pas, selon la jeune fille, de hâter la mort de Marat. Ce meurtre doit être une leçon et un exemple.

Nicole, donnez-moi le logis de cet homme,
Et qu'il apprenne enfin comment jadis à Rome,
Sous un stylet vengeur périssait un tyran.

« Charlotte Corday quitte Nicole, sans pouvoir obtenir de lui l'adresse de Marat. Cette adresse, un passant, dans la rue, la lui donne. Aussitôt la jeune fille adresse ces quelques mots à l'ami du Peuple, pour solliciter une audience :

— « Je viens du Calvados ; je me confie à vous,
Connaissant votre amour pour le salut de tous,
Marat, recevez-moi. je saurai vous transmettre
Des choses qui pourront, croyez-le, vous permettre
De rendre à la patrie un service important. »

« Le démon du meurtre vole prévenir Marat de l'attentat qui le menace. Ici se place, mesdames et messieurs, un portrait du dictateur, tracé de main de maître. C'est bien Marat, tel que nous le représente l'histoire. Admirez le réalisme avec lequel le poète sait nous mettre sous les yeux cette loque physique, rongée par les ulcères.

Marat, depuis un mois, accablé de souffrance,
Promettait avant peu de délivrer la France ;
Ce n'était plus le tigre aux regards affamés,
Qui rongeait chaque jour mille fronts renommés :
L'œil morne maintenant, la lèvre pantelante,
Sa tête, à se mouvoir, était et lourde et lente.
Aux cris de sa douleur tout son corps frémissait,
Le sang qu'il avait bu sans cesse l'étouffait,
Et les feux du remords embrasaient sa poitrine ;
En vain il reniait la justice divine,
La douleur, en grinçant, l'attestait dans son sein ;
Les flammes de la honte éclairaient son destin ;
Et le jour et la nuit, la justice éternelle,
Ecrasait de son pied sa tête criminelle ;
Il demandait en vain à la fraîcheur des eaux,
Quelques moments d'oubli pour ses chairs en lambeaux ;
Mais les eaux s'embrasaient : leurs ardeurs vengeresses
Prodiguaient à ses flancs d'infernales caresses,
Dans son esprit en feu le flambeau du remords,
Sur l'onde miroitait tout un peuple de morts.
L'eau, qui jadis lava les ulcères du monde,
Demeurait sans vertu sur cette tête immonde.

« Marat laisse sans réponse la lettre de Charlotte Corday. Celle-ci lui envoie une seconde lettre :

— « Marat n'aurais-tu pas ce matin lu ma lettre ;
Faut-il le dire encor ? Je saurai te transmettre,
Pour le bien du pays des secrets importants.
Poursuivie en tous lieux, d'ailleurs, par les méchants,
A quel autre qu'à toi, sauveur de la patrie,
Pourrais-je m'adresser, pour vaincre la furie
Des ennemis du peuple et de la nation ?
Malheureuse ! j'ai droit à ta protection ! »

« Après cette seconde lettre, Marat accorde à l'étrangère l'entrevue demandée. Il est dans son bain et il ne se doute pas du sort qui l'attend. « Que me veux-tu ? » demande-t-il à Charlotte :

— Je viens du Calvados, où Guadet, Barbaroux,
Exaltent du pays contre toi le courroux.
Ils lèvent une armée ; avant peu cent mille hommes.
Nous auront massacrés, tous autant que nous sommes.

« Marat lui répond qu'elle peut être sans inquiétude. Il a donné des ordres en conséquence :

Non ! sur tout le pays, je veux des échafauds
Promenant de nos lois l'égalitaire faux.

« Il n'a pas prononcé ces terribles paroles, que Charlotte Corday lui a déjà percé le cœur d'un coup de poignard.

« Mais, aussitôt, avec la rapidité de l'éclair, la nouvelle du meurtre de Marat se répand dans la foule. On accourt de tous côtés et le peuple a pour la victime des lamentations sans fin. On veut mettre à mort la meurtrière sur-le-champ. La voix de Chabot se fait entendre, dominant le tumulte, pour dire à la foule de différer l'heure du châtiment. Il faut garder pour l'échafaud la tête d'un tel assassin. Charlotte est ligottée, déposée séance tenante au pied du tribunal révolutionnaire, qui siège entouré d'un grand appareil.

— Quoi ! pour broyer ce front, faut-il tant de héros ?
Peuple, rassure-toi, consulte les échos,
Ecoute sans trembler la voix de l'héroïne !
Calme les battements de ta faible poitrine !
Pourquoi tous ces apprêts ? Oh ! pourquoi tant de bras ?
Disait la noble fille ; oh ! je ne fuirai pas.
Que m'importe la mort ? Ma mission finie
Ne vient pas disputer au fer son agonie ;

De la France j'ai vu le sang couler à flot,
Et mon cœur a gémi dans un morne sanglot.
J'ai vu sur tous les seins gronder les cris de guerre ;
J'ai vu sur tous les fronts planer le cimeterre,
J'ai vu la mort monter ; et j'ai dit en mon cœur :
Marat, prêtre du mal, à toi, monstre, malheur !
Toi qui nourris la mort durant toute une année,
Qu'elle dévore enfin ta noire destinée !
Allez, prenez ma tête, elle s'offre en rançon,
Pour celles dont le tigre eût grossi sa moisson.

« Charlotte Corday est condamnée à mort. Au moment où le tribunal prononce la terrible sentence, Chabot s'approche de la jeune fille et porte sur elle une main sacrilège. Il déchire l'étoffe qui voile son sein et met complètement à nu la poitrine de Charlotte. Celle-ci, de ses deux mains ouvertes, essaie de cacher sa nudité. Une enfant de la rue a pitié d'elle, et, arrachant sa mantille, elle la jette sur les épaules de la malheureuse condamnée.

« Devant l'échafaud, Charlotte Corday a une attitude courageuse. Non loin d'elle, elle aperçoit une figure amie. C'est Nicole qui est venu l'assister à ses derniers moments. Elle harangue la foule, mais ses paroles se perdent dans le tumulte. Elle répond aux hurlements sauvages d'une populace stupide par le charme de son regard et toute la grâce de son sourire. Le couperet a accompli son œuvre de mort, au nom d'une justice variable et incertaine.

« Et comme il faut du sang, encore du sang et toujours du sang, comme les Dieux qui président aux révolutions humaines ont une soif inextinguible, qui les exaspère de plus en plus, le soir même de cette exécution, le sanguinaire Chabot monte à la tribune de la Convention pour demander la tête de Duperret, qui a accueilli dans sa maison la criminelle de Caen, la meurtrière de Marat, et la tête de Fauchet, l'évêque apostat.

« Dans le chant septième, le poète nous décrit les horreurs de la guerre civile. La Montagne est affolée par la mort de Marat. La Convention ordonne des massacres en province. A Evreux, par exemple, Lindet terrorise la population par les nombreux gibets qu'il dresse chaque jour. Les Girondins, fuyant Paris sur qui règne la Montagne, vont organiser la résistance dans les départements. Nous avons vu Barbaroux dans la Normandie. A son appel le peuple des campagnes se soulève et des bandes de paysans armés se préparent au combat fratricide. Les guerriers de Bayeux ouvrent la marche. De Landelle, de Bocages, de Blangy, de Saint-Jean, accourent de paisibles travailleurs des champs, qui deviennent de très rudes soldats.

« Les chefs s'appellent Nanteaux, Saint-Victor, Wimpfen. Roland essaie de recruter un corps d'armée dans le Bordelais. Isnard et Lanjuinais font à Lyon la même tentative. Les uns et les autres ont peine à rassembler quelques milliers d'amis.

« En Normandie, Barbaroux lutte inutilement contre Sépher, qui est à la tête des Montagnards. Les Girondins sont vaincus. Beaucoup de leurs partisans ont succombé, après de nombreux échecs. Guadet, Salles et Barbaroux, croyant conjurer le courroux de la Montagne, ont le tort de se livrer à Sépher.

« Pendant ce temps, que fait Nicole à Paris ? Il assemble tous les siens, aux cris de : « Mort aux Jacobins ! » et s'efforce de tenir tête aux cohortes montagnardes, chères aux peuples des faubourgs.

« De véritables scènes d'orgie ont pour théâtre l'église Notre-Dame, en l'honneur de la déesse Raison. L'impudique Maillard, folle baladine, qui fut la maîtresse de Marat, les flancs nus, étendue sur le maitre-autel, s'expose à l'adoration d'une foule délirante, cependant que deux évêques apostats, Gobel et Chaumette, sont en train d'officier. Tout autour de la courtisane, des jeunes filles, le corps simplement voilé d'une gaze transparente, exécutent des danses lascives.

> Fleurs, parfums, diamants, dentelles, jeunes filles !
> Seins veloutés et nus, secouant les mantilles !

« Puis le cortège quitte l'église et se répand à travers les rues.

> La vile multitude, en longs flots se déroule ;
> Prêtres, divinité, suivent, tremblants la foule.

« Le bruit a couru, vite propagé, que l'on se battait.

« Nicole sème la mort dans les rangs ennemis. Il peut croire un instant que la victoire lui reste. Mais bientôt il se heurte à cent mille Montagnards. Il va succomber, quand Dumons accourt et lui indique une porte, par où il pourra échapper aux prises de l'émeute. Ainsi fait le jeune Girondin, obligé de fuir devant la supériorité du nombre. Il n'aurait pu opposer aux assaillants qu'un courage inutile.

« Dans le champ huitième, nous voyons la Montagne réclamer furieusement la mort des Girondins détenus. Le triomphe de Sépher en Normandie est sans résultats, puisque Marat n'est plus. Que faire sans Marat?

« Le valeureux Danton estime qu'on a déjà versé beaucoup trop de sang. Il voudrait sauver les Girondins, mais Robespierre oppose le refus le plus formel.

> Citoyen montagnard, envîrais-tu leur sort ?

« Et Danton de répondre :

> Leur sort, dis-tu ? leur sort ? en fut-il de plus beau ?
> Les générations charmeront leur tombeau.

« Nous allons assister maintenant au procès et à la mort des Girondins. Devant le Tribunal Révolutionnaire, Vergniaud plaide sa cause avec une noble éloquence, à tel point que, malgré toutes ses préventions, le jury est vivement impressionné. Mais, dès que le chef de la Gironde a fini de parler, Fouquier-Tinville, l'accusateur public, le grand pourvoyeur de la guillotine, se lève et prononce un violent réquisitoire. Les Girondins accusés sont condamnés à mort.

« Pour faire leurs adieux à la vie, ils se réunissent une dernière fois en un banquet, dans la prison de la Conciergerie. Je ne sais rien de plus poétique et de plus impressionnant que cette scène du banquet, qui rappelle « la mort de Socrate » de Lamartine et a la grandeur philosophique d'un dialogue de Platon. Les derniers entretiens des Girondins sont véritablement sublimes. Ni regrets, ni lamentations, mais sous une forme aimable et enjouée de hautes considérations sur l'homme, les choses, l'idéal, la vie et la mort. Ils attendent le moment suprême avec une admirable impassibilité d'âme, digne des héros de l'antiquité.

« Et à la manière antique, les coupes s'emplissent d'un vin généreux et chacun des convives lève la sienne en un geste plein de grandeur.

« Mais Vergniaud, qui préside cet ultime festin, est anxieux. Quelqu'un doit venir, qu'il attend et qu'il ne voit pas encore..... Cet ami, le voilà. Il arrive en toute hâte. C'est Nicole qui avait promis de venir embrasser tous les siens avant l'heure fatale. Plusieurs fois, Vergniaud le presse contre sa poitrine.

« Je recommande, mesdames et messieurs, toute cette scène à votre admiration. C'est noble et c'est simple, c'est touchant, c'est sublime surtout. Il faut être un très grand poète, pour s'élever si haut dans la sublime simplicité.

« Nicole a pu pénétrer jusqu'à ses amis, grâce au billet

qu'Isma fit signer à Chabot avant de se donner à lui et ainsi libellé :

« Membre du comité,
Moi, Chabot, ici-même, ai mis en liberté
Le vaillant Girondin, le citoyen Nicole,
Qui sur les Montagnards fit tonner sa parole,
Et jure sur mon âme à toute heure, en tout lieu,
De veiller à ses jours ainsi que j'étais Dieu. »

« Par ce billet, Nicole tient Chabot sous la crainte d'une révélation.

« Le chef de la Gironde s'entretient longuement avec Nicole et lui donne ses dernières instructions. Il lui recommande de fuir Paris, où il luttera en vain, de retourner auprès de son vieux père. Mais Nicole répond qu'il veut continuer la lutte jusqu'au bout et venger les Girondins.

Et quand Vergniaud se tut, comme aux grandes journées,
Tout le chœur s'écria : — Buvons aux destinées
Du peuple qu'on abuse, au triomphe des bons.
A la liberté sainte, à la France buvons !

« Et comme arrive l'heure de la séparation cruelle, Vergniaud fait ses adieux à Nicole.

Nicole, adieu ! je meurs, tu restes dans la lutte,
Nos travaux sont finis ; toi, venge notre chute.

« Un geôlier, précédant le pasteur Emery, vient chercher les condamnés, qui prennent place sur l'horrible voiture, sur le char qui les mène à la mort, par une pluie torrentielle. Malgré le mauvais temps, l'affluence est nombreuse. Les Girondins montent sur l'échafaud, dans l'ordre que désigne le sort. Ce sont à côté de Vergniaud, Genlis, Fauchet, Duchâtel, Brissot, Carra, Boyer, Ducos, Gardien, Viger,

Mainvielle, Gensonné, Lacaze, Lasource, Duprat, Fonfrède, Guadet, Beauvais, Boileau et Valazé.

« Après la mort des Girondins, c'est-à-dire au début du chant neuvième, Nicole va trouver Chabot. Il lui dit de voir Danton. Mais Chabot recule devant une telle démarche. Il sait que Danton devient suspect à Robespierre et il craint de se compromettre dans une entrevue avec le chef des Cordeliers. Nicole insiste. Chabot, terrorisé par le billet que possède le jeune Girondin, feint d'obéir à ses vœux. Il ira chez Danton. Nicole n'a guère confiance en son parent. Aussi recommande-t-il à son valet Dumons de suivre Chabot, pour savoir où il va. Chabot, très perplexe, se demande comment il pourra se tirer de ce mauvais pas.

— Si je vais chez Danton, dit-il, je suis perdu,
Car déjà le bruit court que cet homme est vendu.
Et ma tête, suivant la tête de ce traître
Sur le rouge instrument se verrait apparaître.
Et moi, je ne veux pas !... A d'autres à mourir ;
Que chacun ici-bas suive son bon plaisir.

« Il n'est pas homme à ne pas trouver une échappatoire. Il vole au comité pour dénoncer Danton, qui selon lui, tramerait des complots avec Nicole. Dumons, qui a épié tous les faits et gestes de l'ancien moine, va rapporter ce propos à son maître.

Immédiatement, Nicole, déguisé, revêtu de la carmagnole et chaussé de sabots, se rend au club des Jacobins, où se trouvait assemblée une foule compacte. Il demande la parole qui lui est aussitôt accordée. Son réquisitoire contre Danton est couvert d'applaudissements. Puis, en donnant lecture du fameux billet arraché par Isma à Chabot, il n'a pas de peine à prouver que celui-ci trahit son parti et soutient avec Danton les intérêts de la Gironde, c'est-à-dire de la Royauté. Chabot, qui est présent, veut essayer de se disculper, mais il est conspué par l'assistance houleuse, qui le traite de capucin et d'ignoble frocard.

— Amis ! que voulez-vous ? Nicole est son parent !
— Mon parent ! vous mentez !.....

« Pendant que cette scène se déroule chez les Jacobins, Robespierre, apprenant la révélation que Chabot a faite à la Convention, se rend au sein de cette assemblée et mène contre Danton une charge à fond de train :

— Le voilà ! Le voilà ! ce zélé citoyen,
Cet homme vertueux ne rêvant que le bien,
Sous vos pas, il semait, voilant le précipice,
Des fleurs dont il voulait orner le sacrifice.
Il jetait un bandeau de roses sur vos yeux,
Et vous menant aux fers, il vous montrait les cieux.

« C'est en vain que Danton cherche à se défendre. L'assemblée silencieuse a un sourire narquois, plus exaspérant que les interruptions ou les murmures. Robespierre demande la mort de Danton, Clootz, Julien, Kock, Chabot, Hébert, Fabre, Hérault et de mille autres encore.

— Qu'importe ! mugis-tu dans ton âme en démence,
C'est encore régner, régnons sur le silence !

« Une partie du plan de Nicole se trouve ainsi réalisée. Mais ce n'est pas tout. Après Danton, après Chabot, c'est Robespierre, le funeste dictateur, qu'il faut abattre à son tour. Dans Lyon, Isnard résiste encore. Par quel moyen atteindre et frapper Robespierre ? se demande Nicole. Sur les conseils de son valet Dumons, il va consulter une vieille sorcière, qui s'appelle Catherine Théos et qui demeure au numéro 9 de la rue, maintenant rue de Blainville et autrefois rue Contrescarpe avant 1865. Ici, le poète nous fait assister, mesdames et messieurs, à une très curieuse scène de magie noire, qui dénote une connaissance approfondie des pratiques du satanisme. Je ne puis vous rendre la vivacité du dialogue qu'en vous lisant une partie du passage lui-même :

Une vieille courbée, au poids de cent hivers,
Fit craquer sous son pied un bois rongé des vers.
Et la porte glissant sur la sombre penture,
A Nicole dévoile une horrible figure.
— Citoyenne Théos, dit Nicole ? — C'est moi.
Eh ! eh ! en ricanant fit la vieille à part soi ;
Tu fais erreur, enfant, ta bouche est trop mignonne,
Et moi je suis trop laide et déjà l'on grisonne.
C'est en bas qu'il fallait... — Non, reprit le héros,
Je ne viens pas d'amour rechercher les propos.
— Eh ! eh ! que veux-tu donc ? beau, bien fait, à ton âge,
Que peut-on désirer de faire de plus sage ?
— Catherine Théos, à tes charmes puissants
Mon esprit vient ployer ses vœux obéissants.
— Pardonne, dit Théos ! ah ! vois-tu, la jeunesse
Méprise maintenant si souvent la vieillesse,
Que sur ton noble but mon cœur s'était mépris.
Entre donc, assieds-toi là-bas, sur ce débris,
Voyons ta main, enfant. — Mais non, reprit Nicole,
Ce n'est pas... – Donne, donne. — Ah ! cette femme est folle
Murmure le héros ; réfléchissant soudain,
Il plaça vingt écus dans sa rugueuse main.
La main se replia. — Mais la voix : — Donne, donne.
— Encor, disait Nicole. Allons, Dieu me pardonne,
Ce stupide Dumons m'a dans ce guet-apens
Fait venir ce matin pour rire à mes dépens.
— Toutefois, dans la main roide et toujours ouverte,
Il mit cinquante écus. La vieille reprit : — certe,
En recevant l'argent, c'est ta main que je veux.
Nicole dut enfin se soumettre à ses vœux.
— Par satan, quelle main ! c'est la main d'un grand homme ;
J'en vis comme cela jadis du temps de Rome ;

Mais, sais-tu bien, enfant, qu'un terrible destin
Jaillit en traits de sang du fond de cette main.
Tu mourras, jeune preux, sous un acier tragique,
Tes membres pâliront sur la place publique.
— J'en dirais bien autant, murmurait le héros.
— Tu ris de ma parole. avait repris Théos.
— Moi, moi ?... je ne dis rien. — C'est vrai, mais dans ton
[âme,
Je lis comme au papier le penser qui s'y trame.
— Quoi ! dit Nicole ému ! ton magique savoir
Peut lire dans la main, comme dans un miroir ?

« Non seulement la sorcière lit l'avenir dans les lignes de la main, mais elle peut aussi à son gré évoquer les esprits.

— Enfant ! je fais bien plus ; je fais gémir les ombres
Et mon regard profond lit dans les sphères sombres.
Tu ris de mon pouvoir ! fille de Lucifer,
A ma voix les démons jaillissent de l'enfer !

« Elle fait entrer Nicole dans une autre pièce et le fait asseoir devant une glace magique.

— La Sibylle, aussitôt d'un chant cabalistique
Entrecoupé de mots étranges, inconnus,
Invoquait à grands cris tous les êtres cornus.
Elle arrêta son chant, et marchant à la glace,
D'un mouvement fébrile, imprimant sa surface,
Elle la fit tourner ainsi quelques instants.
Puis, immobile enfin, elle cria : « j'attends ! »
Et la glace, toujours tournant sur elle-même,
Un cri sourd échappé de cet affreux système,
Fit retentir ces mots : « Me voilà ! me voilà ! »
La salle en ce moment de soufre se voila :

« Et aussitôt Nicole voit apparaître tour à tour Marat, Charlotte Corday, Danton, la princesse de Lamballe, Mirabeau, Fargeau. le duc d'Orléans, Hébert, Chabot, enfin

Isma elle-même. Nicole voudrait pouvoir fixer l'image fugitive. Il s'élance vers le miroir. Mais la vision s'évanouit. Puis la glace en tournant fait défiler les Girondins sous les yeux de Nicole, qui, soudain, entend la voix de Vergniaud. Le chef de la Gironde indique à son jeune ami le moyen qu'il doit employer pour abattre la puissance de Robespierre. Le règne du dictateur ne sera pas de bien longue durée. Sa fin est proche. Que Nicole aille trouver Brutus, l'ancien valet de Chabot, qu'il lui dise que Robespierre complote et puise à pleines mains dans la caisse de Junius, le banquier des Bourbons. Ce sera la perte de Robespierre.

« Pour venger les Girondins, après Danton et Chabot, c'est contre le despote sanguinaire que Nicole devra poursuivre la lutte. Mais, au début du chant dixième, tandis qu'Isnard résiste héroïquement à Lyon, Nicole s'endort, pendant un mois entier, dans une sorte de rêve voluptueux, comme autrefois les soldats d'Annibal dans les délices de Capoue. Chaque nuit il revoit Isma en songe, comme une obsédante vision. Il entend le son de sa voix. Il croit la tenir étroitement enlacée. Cette hallucination paralyse son énergie, annihile sa volonté. Avec quelle richesse verbale, avec quel charme d'expression, le poète sait nous décrire cette idéale région, où Nicole est transporté pendant ses rêves.

La glycine amoureuse
Promène, en longs festons, sa grappe vaporeuse

. . . .

Puis, autour des gazons, l'on admirait encore,
Tout ce que produisait une amoureuse Flore.

. . . .

La rose qui náquit d'un soupir de Vénus,
Et qui jette en nos seins des charmes inconnus.

. . . .

Là, sur un tamarix, un bruyant rossignol,
Fait pleuvoir ses chansons en perles sur le sol.

. . . .

Tout cause, tout gazouille en ces charmants bosquets ;
Tout s'entretient d'amour, fruits, oiseaux et bouquets.
. . . .
Chacun veut un baiser, être heureux et mourir.
. . . .
Seul le zéphir se mêle aux chansons de l'amour.

« Qui de nous, mesdames et messieurs, n'a pas rêvé dans sa jeunesse d'un Eden mystérieux, où parmi les fleurs, nous goûterions le parfait amour, tel le paladin Renaud dans les jardins d'Armide ? Chacun de nous porte en son âme l'inconsolable regret d'un paradis perdu, que l'on veut retrouver et c'est ainsi que nous entretenons en nos esprits et en nos cœurs la fleur merveilleuse de l'idéal. En prenant la palette du peintre, Théodore Vibert ne s'est pas seulement préoccupé de faire un tableau délicieux, qui charme nos regards. Le passage tout entier dans cette allégorie a une portée beaucoup plus haute et, si je puis dire, un caractère symbolique. Ce jardin merveilleux, c'est le jardin de nos rèves, de nos rêves splendides, où, comme l'a dit l'un des plus grands parmi nos poètes, notre âme ressemble à une infante en robe de parade.

« Mais à côté du rêve, voici, par un contraste saisissant, la réalité dans toute son horreur. Le sang ruisselle dans les rues ; l'émeute ne cesse de gronder. La foule piétine des cadavres, quand les fleuves ne les charrient pas. L'eau des rivières a perdu sa couleur azurée ; tout est rouge, tout est rouge, le sang versé et le flamboiement des maisons incendiées. C'est partout le meurtre, des massacres et encore des massacres. Partout, les airs retentissent lugubrement de l'appel des mourants et des cris sauvages de ceux qui tuent. « A mort ! à mort ! tout le monde crie : « à mort ! » Même ceux qui succombent en poussant cette horrible exclamation. Notre beau pays, dans ces luttes fratricides, est devenu un véritable charnier, au-dessus duquel planent repus et satisfaits les vautours et les corbeaux. Où sont les fleurs ? Où sont les chansons d'amour ? Les fleurs sont foulées aux pieds des hordes révolutionnaires et les chansons d'amour sont des chansons de mort.

« Maintenant, avec le poète nous allons entendre gronder le canon ; nous verrons voler de toutes parts le plomb meurtrier, qui jaillit des couleuvrines. Nous sommes à Lyon, où Isnard prolonge les derniers soupirs du parti girondin.

Les boulets enflammés, en rouges étincelles,
Pleuvent sur les palais, les quais, les citadelles,
Font sauter en éclats des monuments entiers,
Propagent l'incendie aux plus lointains quartiers,
Que de feu ! que de plomb ! que de cris ! quels désastres !
L'on dirait que Lyon, sous une grêle d'astres,
Englouti, va crouler au sein d'un lac de feu ;
Tel autrefois marqué par la fureur de Dieu,
Sodome succomba sous des torrents de laves.
Tel apparut Lyon sous son peuple de braves.

« C'est Couthon, le sanguinaire Couthon, qui est à la tête des milices montagnardes et dirige le siège.

Couthon, monstre sans âme, aux entrailles de pierre,
Le Séide bancal du cruel Robespierre.

« Je ne sais rien de plus grandiose dans le genre tragique que cette remarquable description du siège de Lyon. Elle a sa place toute marquée à côté des plus beaux récits de batailles, comme par exemple les batailles de Waterloo et le cimetière d'Eylau. Couthon a fait partout des levées en masse pour avoir raison de la ville rebelle.

Partout, aux alentours, il fait lever en masse,
Paysans, ouvriers, par la sombre menace ;

Dans les villes, les champs, chacun sous les drapeaux,
Délaissant le travail, l'atelier, les troupeaux,
Doit pour l'œuvre de mort se munir de la hache;
L'échafaud est promis à quiconque se cache.

. . . .

En vain, Isnard, Louvet, soutiennent leurs cohortes,
En vain, le cœur en feu, Précy s'élance aux portes.

. . . .

Ils frappent et leurs coups, grandis par la fureur,
Font rouler à leurs pieds des cohortes entières;
Le feu, le plomb croisé, les bombes meurtrières,
La foudre qui résonne, et le fer et les rocs
Et les cris des mourants et les horribles chocs,
Et le sang répandu, le tocsin, la fumée,
Enveloppent jurant, et l'une et l'autre armée;
Isnard est en tous lieux; on dirait que son bras,
Pour frapper les bandits ne sera jamais las.
Qui pourrait donc citer les héros qui succombent?
Dix mille sont vainqueurs et dix mille autres tombent.

. . . .

« Couthon excite Kellermann :

— Souviens-toi de Custine.

« Et le général de répondre noblement :

— Il me faut des soldats et non pas des bandits;

« Nous savons, mesdames et messieurs, que par ordre du Comité de Salut Public, la ville de Lyon fut complètement rasée et ses ruines fumantes portèrent ironiquement le nom de Commune affranchie.

Plus un seul combattant.
De l'honneur girondin, formidable hécatombe,
Tous gisent étouffés comme aux flancs d'une tombe.

. . . .

Le lendemain, Paris, apprenait que Lyon
Avait cessé de vivre à la voix de Couthon,

Qu'Isnard, Précy, Louvet, chassés dans les campagnes,
Réclamaient un abri des antres des montagnes.

« Dans le chant onzième, nous voyons la maîtresse de Robespierre, la folle Méricourt, exhorter son amant à s'emparer du trône. Le moment est favorable. Mais Robespierre recule devant cette résolution. Il voudrait devenir le fondateur d'une nouvelle dynastie ; la crainte le retient. Pourquoi trembles-tu ? lui dit la courtisane. Les Girondins sont morts. Roland et Condorcet se sont empoisonnés. Isnard et Louvet ont succombé à Lyon. Paris, Lyon, Marseille, Bordeaux, Caen, Nantes, sont autant de villes domptées. La province est soumise. Nul n'osera résister à Robespierre. Le tyran a peur, malgré tout :

— C'est là, Méricourt, justement,
Ce qui fait en tout lieu, mon effroi, mon tourment.
Je le sais, à mes pieds, la France est enchaînée ;
Depuis longtemps son souffle est à ma destinée
Rivé comme un boulet au talon du forçat.
Avancer, c'est du sang, un éternel combat.
Oui, c'est le trône au bout ; mais peut-être la tombe.
Qui donc m'épargnera si jamais je succombe ?

« Maintenant, le poète nous montre Nicole sortant enfin de sa longue torpeur. Le jeune héros se rappelle les paroles de Vergniaud chez la sorcière Catherine Théos. Il doit frapper Robespierre, sur les marches du trône qu'il se prépare. Son rêve a duré trop longtemps ; adieu, la volupté ! Il faut que les destinés s'accomplissent. Il appelle Dumons, son valet. Il lui dit de rassembler de suite vingt hommes et de le suivre. Ils resteront dans la rue, tandis que lui-même montera chez Brutus. Voici Nicole en face du farouche Sans-Culotte. Fort adroitement Nicole fait naître dans l'esprit de Brutus des soupçons sur la sincérité de Robespierre, Brutus défend Robespierre, en disant que ses actes sont excusés par la pureté de ses intentions. Mais Nicole :

— En es-tu convaincu? crois-tu que Robespierre
En frappant les partis ne voit pas en arrière?
— Que supposes-tu donc? Ah ! s'il nous trahissait !
Non, non, tu mens ! tu prends tes vœux pour un forfait.
— J'ai des preuves en mains si ton cœur le désire,
Je te mène au banquier qui nourrit le vampire.
— Son nom? — C'est Junius — Tu dis? — Que les Bourbons
Dans les mains de cet homme ont confié leurs bons ;
Que dans la caisse ouverte, en puisant à brassée,
Robespierre alimente une faim insensée.
Cependant ne crois pas qu'il travaille pour eux ;
Il trompe tout le monde et prépare ses vœux.
Avant qu'il soit longtemps, tu verras la Patrie
Se courber sous le joug d'une autre dynastie.

« Brutus et Nicole vont ensemble chez le banquier Junius. Celui-ci, pour capter la confiance du peuple, a réuni les citoyens en un somptueux banquet. Il cherchait à noyer les soupçons dans les vins les plus capiteux. N'est-il pas curieux d'entendre cet accapareur et ce ventru tonner précisément contre les accapareurs et les ventrus, parmi les acclamations de la foule enivrée. Combien parmi nos politiciens, même encore et surtout de nos jours, ressemblent à cet exploiteur de la crédulité publique ! Ne sont-ils pas, eux aussi, des Janus double-face?

Mais quelqu'un troubla la fête...

« Le banquier des Bourbons et de Robespierre, à la voix impérieuse de Nicole et de Brutus, est obligé de monter dans son cabinet. Sous les yeux atterés de Junius, Brutus retire d'un meuble, après des fouilles minutieuses, le titre où les Bourbons nommaient Robespierre leur mandataire. Le complot est découvert. La trahison est certaine. La justice de Brutus est sommaire. De son poignard il perce le cœur du financier royaliste :

Telle est, à qui trahit, la prime qu'on destine.

« Nicole gagne la rue et rassemble les siens.

« Devant lui, lui fermant toute issue, Tallien apparaît.

« Le jeune Girondin s'apprête à lever son bras pour le frapper de son épée, quand Tallien lui apprend que, quoique Montagnard, il a résolu de sauver le parti Girondin.

« Et comme Nicole s'étonne :

— Qui ne sait de l'amour les éternels miracles ?

se contente de répondre Tallien.

« Le chant se termine par une invocation à Jéhovah, d'une impressionnante beauté et d'une grandeur biblique. Je ne puis résister au désir de vous la lire en entier. La Fraternité, allégoriquement représentée, s'envole dans les airs.

Et les astres chantaient aux cieux sa bienvenue.
Les soleils s'animaient d'une ivresse inconnue.
Ce jour-là sur la terre un délice soudain,
De joie et de bonheur fit bondir chaque sein.
L'on crut de la Terreur entrevoir l'agonie;
L'on crut des Girondins voir planer le génie ;
Et les astres chantaient : — Qui donc a tout produit ?
Jéhovah ! Jéhovah ! celui par qui tout luit !
Qui jeta les soleils au travers des abîmes ?
Qui suspendit aux cieux ces firmaments sublimes ?
Jéhovah ! Jéhovah ! Qui fit mugir les vents ?
Qui balança dans l'air ces univers vivants ?
Qui fit bondir au ciel, au travers de l'espace,
Rapides comme un songe, ou quelque éclair qui passe,
Tous ces astres en feu, redoutés des humains,
Et dont Dieu seul connaît la course et les destins ?

Jéhovah ! Savez-vous quand grondent les tempêtes
Dont les cris font trembler les plus solides têtes,
Qui gonfle la fureur des éclairs, des autans?
Qui fait rugir les flots, bondir les océans?
Jéhovah ! Jéhovah ! Qui créa ces archanges,
Chantant de l'Eternel la grandeur, les louanges?
Jéhovah ! Jéhovah ! Qui créa les mortels
Pour remplacer aux cieux des anges criminels?
Jéhovah ! Jéhovah ! Qui condamne leur vie
A couler son matin à la honte asservie,
Pour qu'ils sachent un jour dans le céleste lieu,
Que l'immensité règne entre un mortel et Dieu?
Jéhovah ! Pour dompter, humilier l'infâme,
Qui fit, comme un lion, triompher une femme?
Jéhovah ! Jéhovah ! Qui vous a tous frappés,
Quand menés par vos rois, dans la honte campés,
Vous vous êtes vautrés aux fanges de l'orgie?
Jéhovah ! Qui vous donne en ce jour l'énergie.
De briser l'échafaud, de briser vos tyrans,
De jeter la terreur aux flots des océans?
Jéhovah ! Jéhovah ! Qui dit à la tempête,
Comme dit un mortel à son coursier : « Arrête! »
Jéhovah ! Le Seigneur aima l'immensité;
Par l'éternel amour l'abîme fut dompté.
Mondes, espaces, vie, âme, reconnaissance,
Splendeur et majesté, vastitude, puissance,
Archanges et soleils, trônes, astres, éclairs,
Dominations, vents, étoiles, univers,
Jaillirent en un jour du sein de l'Immuable.
A la voix du Seigneur le néant fut palpable !
Dieu vit son œuvre et dit : — tout est bien, adorez !
Et les vents, les soleils, les astres altérés.
De bonheur et d'amour se courbent en silence,
Et l'Eternel aima les fils de son essence.
Mais ô crime, ô douleur ! toi qui fus enfanté,
Archange ambitieux, par ton éternité,
Tu rêvas pour ton front un autre diadème.
Que celui qu'y plaça la volonté suprême
Ecoutez, ô mortels ! écoutez ! c'est par lui
Que vous avez la vie et l'éternel appui !
L'orgueilleux Lucifer, le premier des archanges,
Ameuta contre Dieu d'innombrables phalanges.

Lui, qui n'était qu'un astre émané de son Dieu,
Rêva que l'Eternel croulerait à son vœu.
Vœu, désir insensé ! Dieu pouvait, d'un seul signe,
Précipiter au feu ce satellite indigne;
Il ne le voulut pas. L'orgueil de Lucifer
Eut été satisfait que l'éternel éclair,
Enflammé de courroux éclatât sur son âme,
Dieu commanda Michel : — Que ta vertu s'enflamme ;
Je t'ai fait le second ; qu'à ta voix ton aîné,
Aux gouffres du néant soit de suite enchaîné,
Qu'aux feux de son orgueil s'embrasent les abîmes ;
Que le chaos gémisse aux larmes de ses crimes.
Roulant de ciel en ciel, qu'un océan de pleurs
Enfante autour de lui des linceuls de douleurs.
— Alors Dieu soupira : — Je veux combler les vides,
Que dans les cieux troublés, par des calculs perfides,
Ont laissé en tombant ces astres orgueilleux ;
Qu'un être faible, en pleurs, dépendant, malheureux,
Abîmé sous la main du criminel archange,
En triomphant de lui, le remplace et me venge.
Plus l'homme sera bas, plus l'orgueil du démon,
Quand il sera dompté par un faible limon
Subira de tourments. Allons ! sors de l'abîme,
Mortel, et venge-moi d'un mémorable crime.
— Hommes, ne tremblez plus; punissant vos erreurs,
L'Eternel a permis que toutes les fureurs
Qui hurlent aux enfers s'abattent sur vos têtes ;
Mais votre repentir enchaîne les tempêtes.
A la voix du Seigneur, les démons sont domptés,
L'allégresse renaît au sein de vos cités.
Mortels, rassurez-vous, aux antres de la terre,
Un enfant va plonger l'horrible Robespierre.

. . . .

— Ainsi chantaient dans l'air, les chœurs harmonieux,
Leurs hymnes ravissaient et la terre et les cieux.

« Dans les premiers vers du chant douzième, le poète nous fait pénétrer au club des Sans-Culottes du faubourg Antoine. C'est là que Brutus règne par son éloquence, et il est précisément en train de prononcer un discours très agressif contre Robespierre. Il met son auditoire au courant du complot découvert grâce au Girondin Nicole. Robespierre conspire pour les Bourbons contre la République. La foule applaudit frénétiquement les fortes paroles de son président, en poussant les cris de : mort aux Jacobins !

« Resté avec quelques sans-culottes, Brutus, quand l'auditoire s'est dispersé, avoue qu'il n'est pas dupe des manœuvres du citoyen Nicole.

— Jamais pour les petits un bourgeois ne s'occupe ;

« Nicole veut tout simplement venger les Girondins. Aussi convient-il de le surveiller étroitement. Lui, Brutus se chargera de l'immoler, le moment venu.

Le véritable peuple enfin sera le roi.

« Nicole a rassemblé les derniers Girondins, Louvet, Isnard, Lanjuinais, Larivière, Servan, Laréveillère et vingt autres. Il leur fait connaître les dernières paroles de Vergniaud. Il leur apprend ainsi que le moment est venu de frapper un grand coup et d'abattre la néfaste puissance de Robespierre. Il faut délivrer la Convention du tyran, qui la terrorise. Le peuple du faubourg va se soulever à la voix de Brutus, qui veut, lui aussi, envoyer Robespierre à la mort. Tallien doit donner à la tribune le signal de l'attaque. C'est enfin Boissy d'Anglas qui présidera les débats de l'assemblée.

« De son côté, Robespierre, chez les Jacobins, use de toute son éloquence pour enflammer ses partisans. Obéissant aux désirs de sa maîtresse, il va, par un coup décisif, s'emparer du pouvoir et mettre sur son front la couronne royale. Il se propose de marcher sur la Convention, soutenu par les soldats d'Henriot.

« Mais du Faubourg s'élance vers la Convention une

troupe conduite par Brutus. Nicole s'avance à la tête d'un grand nombre de citoyens en armes. L'un et l'autre vont contrarier les projets de Robespierre.

« La Chambre était divisée en trois camps : les Jacobins, le Faubourg et le Marais. Les Jacobins étaient dirigés par Robespierre, Saint-Just, Couthon, Collot d'Herbois, l'ancien cabotin. Le Faubourg comptait parmi ses chefs Carrier, Amar, Bilhaud, Brutus. Entre ces deux partis se tenait prudemment Bertrand Barère, tantôt chantant avec les Jacobins les louanges de Robespierre, tantôt faisant le sans-culotte avec la populace du Faubourg. Le Marais a dans ses rangs Féraud, Boissy d'Anglas, Dubois, Sieyès.

Par la peur enhardi,
A l'aspect de la mort son courage a grandi ;

« Le Marais va s'unir au Faubourg contre les Jacobins, contre Robespierre, qui envoie même ses amis à la guillotine. Bilhaud commence l'attaque. Il arrive du dehors. Il a empêché les soldats d'Henriot de seconder les projets audacieux du tyran. Il faut dévoiler l'infamie du despote.

Ce matin, Robespierre a dit que ses canons,
Dans le temple des Lois broîraient jusqu'à vos noms.

« Robespierre avait préparé un grand discours qui sentait l'huile et dont il espérait le meilleur effet sur l'assemblée. Ce discours n'était qu'une attaque violente contre les intrigants et les conspirateurs.

« Et voilà qu'il est attaqué à son tour, obligé de se défendre. Or il n'est nullement préparé pour une telle défense. Néanmoins il parvient à tenir les membres de la Convention sous le charme de sa voix.

« Mais Tallien veille, Tallien, ancien proconsul envoyé

dans le Bordelais pour y établir le régime de la Terreur, farouche Montagnard, converti et ramené à la modération par les beaux yeux d'une jeune captive de vingt ans, détenue comme aristocrate.

« Il montre un poignard à l'assemblée et déclare qu'il est prêt à frapper le tyran, si la Convention refuse le décret de mise en accusation.

« Au milieu d'un grand tumulte, le scrutin est ouvert. Les résultats sont proclamés. Robespierre, Saint-Just et Couthon sont mis hors la loi et monteront à leur tour sur l'échafaud.

« Soudain, on entend les appels du tocsin et le bruit du canon. L'assemblée est troublée. La porte vole en éclats et Brutus, à la tête des sans-culottes du Faubourg, pénètre dans l'enceinte. Il vole vers le président. Devant le tumulte grandissant, Boissy d'Anglas s'est couvert. De son corps, le député Féraud fait un rempart au président. Le peuple s'élance sur lui et le met à mort. Brutus, séparant la tête du tronc, la présente au bout d'une pique à Boissy-d'Anglas, qui demeure impassible.

« Sur ces entrefaites, Nicole à son tour fait irruption dans la salle des séances, suivi de ses combattants. Il met en fuite la troupe de Brutus. Peu à peu, le calme revient après ce violent orage. La Convention reprend ses délibérations, Barère monte à la tribune, pour porter le dernier coup au parti jacobin.

« L'assemblée décide que non seulement Robespierre, Couthon et Saint-Just expieront leurs crimes sur l'échafaud, mais encore qu'Isnard et tous les autres proscrits rentreront dans son sein et qu'enfin Nicole recevra le titre de sauveur du pays.

« Comme le jeune héros, au milieu de son triomphe, sortait de la Convention entouré de tous ses amis, Brutus lui barra le passage et levant un poignard, il le plongea dans le sein de Nicole :

> — Traître, s'écria-t-il, tu mourras de ma main.
> Et le héros tombant sous cette arme enivrée :
> — Il est trop tard, Brutus, la France est délivrée !

« Tel est ce poème, dont vous pouvez maintenant, mesdames et messieurs, saisir l'harmonieuse unité. Un jeune héros, Nicole, à qui vont toutes nos sympathies, est comme le noyau central auprès duquel nous voyons graviter les personnages et les faits de notre grande Révolution. Malgré cette unité, chaque chant reste comme un tout qui pourrait se suffire à lui-même et se détacher de l'ensemble de l'œuvre, qui demande à être savourée dans ses moindres détails. Aux regards de la Postérité, les frères Girondins, qui ont lutté jusqu'à la mort pour le triomphe de leur idéal patriotique, et le noble poète, qui a su les chanter en des vers immortels, seront confondus dans une même gloire.

> Les générations charmeront leur tombeau.

« Aussi que, dans un but d'instruction morale et civique, les passages essentiels de ce poème des Girondins soient lus et commentés par nos maîtres dans toutes nos écoles de France.

« En terminant, laissez-moi, mesdames et messieurs, formuler un vœu qui m'est bien cher, celui de voir ce livre entre les mains de nos élèves, au même titre que les chefs-d'œuvre classiques. Puissent les jeunes Français, à la lecture de ces vers enflammés, puiser des leçons de civisme et de haute vertu ! »

Deux Précurseurs de la Révolution
Jean-Jacques Rousseau et Diderot

J'ai dans la presse et dans mes volumes (1) si souvent parlé de J.-J. Rousseau, de ses ouvrages, de ses voyages et de ses demeures successives, que je n'ai point le moins du monde l'idée d'y revenir, ni encore moins de faire l'historique, par le menu, de la célèbre *Profession de foi du Vicaire savoyard ;* mais je veux seulement, au double point de vue philosophique et sociologique, exposer ici les quelques réflexions qu'elle comporte pour le penseur, en toute indépendance de vue et de convictions personnelles, quelles qu'elles puissent être.

On sait que l'on désigne sous le nom de *Profession de foi du Vicaire savoyard,* la partie de l'*Emile* de J.-J. Rousseau, certainement la plus remarquable par son éloquence étonnante et par la profondeur des idées exposées. Elle est consacrée tout entière à la religion ; mais, comme on l'a dit souvent, à la religion en dehors de tout dogme révélé ou non, à ce que l'on appelait autrefois la religion naturelle et à ce que l'on appellerait aujourd'hui — bien improprement

(1) J'ai pensé que ce chapitre sur les Précurseurs de la Révolution et celui qui suit sur les Biens nationaux devaient trouver place à la fin de ce volume, après la belle conférence de mon ami Roger Gay, le jeune et éminent professeur du Lycée de Foix, car ils servent peut-être à mieux préciser encore l'esprit libéral de notre immortelle Révolution.

P. V.

d'ailleurs, si l'on s'en tient au sens absolu du mot — le panthéisme.

L'*Emile,* qui n'est qu'un livre d'éducation officiellement, est en réalité un ouvrage de haute philosophie sociale, et l'on peut dire que Jean-Jacques, en dramatisant son style, est arrivé facilement, tout naturellement, comme à son insu, à la plus haute éloquence.

Au moment où il croit son élève assez âgé pour le comprendre, il conduit Emile, son élève, sur le sommet d'une colline, au soleil levant, au milieu d'un paysage grandiose, encadré au loin par une incomparable ceinture formée par la chaîne des Alpes, et là, en présence de cette sublime nature qui, suivant ses propres expressions, semble étaler à ses yeux toute sa magnificence, il s'empare d'elle en quelque sorte et en profite pour en offrir le texte à ses entretiens sur Dieu et l'âme immortelle.

Et s'il a l'air de rendre hommage à Jésus-Christ, comme on l'a fait remarquer souvent, Jean-Jacques était bien trop intelligent pour croire à cette théogonie enfantine qui nous raconte la mort d'un pauvre diable qui aurait été un Dieu ! Pauvre Dieu !

Rousseau était bien un panthéiste, dans le sens conventionnel que l'on attache à ce mot, c'est-à-dire un admirateur et un amant passionné de la belle nature, de la grande *alma mater* de tous.

On a beaucoup écrit à ce propos, et je ne puis mieux faire que de citer l'admirable résumé d'Henri Martin. Le grand historien, dans son *Histoire de France,* tome XVI, s'exprime en ces termes :

« On a combattu le système d'après lequel Rousseau conduit son élève presque jusqu'à l'âge mur avant de lui faire connaître et son créateur et lui-même, à cause de l'impuissance où il croit l'enfant de se faire de Dieu une idée raisonnable. C'est là une exagération de la méthode négative adoptée par Rousseau envers l'enfant.

« Il existe une objection décisive : dans quelque condition que l'on suppose l'enfant, à moins de le séquestrer de toute communication avec les hommes, il est absolument impossible que, jusqu'à seize ou dix-huit ans, il n'entende point parler de Dieu : par conséquent, on ne peut lui épargner ainsi le danger redouté par Rousseau, de s'en former de fausses idées.

« Quoi qu'il en soit, le lecteur ne peut se défendre d'un véritable saisissement, lorsque ce philosophe, lorsque l'homme, rejetant les fictions de l'écrivain, entre directement en scène avec le prêtre de Turin, son premier maître, et se pose en face des Alpes et du soleil levant, les questions fondamentales de la nature et de la destinée humaine.

« Les fastes de l'esprit humain n'avaient pas vu de moment aussi solennel, depuis l'heure où le doute de Descartes s'était révélé dans son immortelle affirmation.

« La philosophie du sentiment allait avoir, comme celle de la raison pure, son discours de la méthode.

« La raison s'est obscurcie de nouveau ; le doute est revenu ; l'âme en souffrance flotte dans l'infinie variété des opinions humaines. Que faire ?

« Borner nos recherches à ce qui nous intéresse immédiatement et laisser le reste ; laisser là les philosophes et leurs raisonnements, qui ne nous donnent que des résultats négatifs, et prendre un autre guide, la lumière intérieure, la conscience ; admettez pour évidentes les idées auxquelles, dans la sincérité de notre cœur, nous ne pourrons refuser notre consentement, pour vraies celles qui nous paraissent avoir un lien nécessaire avec ces premières, et ne pas nous tourmenter des autres, quand elles ne riment à rien d'utile pour la pratique.

« C'est donc l'évidence du cœur, l'évidence morale, et non l'évidence rationnelle et mathématique, qui devient le principe de la certitude. La route que prétend suivre Rousseau n'est pas la route transcendante de Descartes, mais celle qui est à la portée des simples, la grande route de l'esprit humain. »

Comme je le disais il y a quelques jours, dans *Le Grand National :* dans l'ordre intellectuel, dans le monde de la pensée, rien ne s'improvise sur la terre, tout d'un coup, pas plus dans la cervelle d'un homme que dans le monde physique.

C'est là une vérité qui crève les yeux et que je n'ai cessé de proclamer depuis la guerre ; mais c'est dur d'enfoncer un clou dans la cervelle de l'opinion publique, si j'ose dire et c'est avec raison que Robert Kemp vient de donner un nouveau coup de marteau :

Diderot, le seul de son siècle, a deviné l'avenir des sciences expérimentales, de la physique et de la physiologie, Diderot pressentit avant Lamarck, avant Darwin, dix ans avant la *Contemplation de la Nature* de Charles Bonnet, la théorie transformiste, et l'évolutionnisme. Voici le passage, dans l'*Interprétation de la Nature,* qui fut écrite en 1754 :

« De même que dans les règnes animal et végétal un individu commence, pour ainsi dire, s'accroît, dure, dépérit et passe, n'en serait-il pas de même des espèces entières ? Ne pourrait-on soupçonner que l'animalité avait de toute éternité ses éléments particuliers épars et confondus dans la masse de la matière ; qu'il est arrivé à ces éléments de se réunir, parce qu'il était possible que cela fût ; que l'embryon formé de ces éléments a passé par une infinité d'organisations et de développements... qu'il s'est écoulé des millions d'années entre chacun de ces développements, qu'il a peut-être d'autres développements à prendre et d'autres accroissements à subir qui nous sont inconnus. »

C'est tellement précis que, si nous n'avions par les éditions originales, nous soupçonnerions une interpolation très postérieure.

Et ceci n'est qu'un exemple. L'œuvre de Diderot n'est qu'un *fatras fumeux*. Possible. Mais ce fatras fume encore. Il jette, après un siècle et demi, des étincelles, et nous pouvons y allumer des flambeaux !

Ce qu'eut Diderot au plus haut point, ce que nous étions menacés de perdre depuis quelques années, et ce que nous commençons par bonheur à retrouver, c'est l'enthousiasme, — l'enthousiasme sacré pour les idées et les doctrines : la foi en l'avenir ; l'amour de créer, de discuter, et l'ivresse de penser !

Voilà qui est parfaitement dit sur cette tête encyclopédique, comme il appelle Diderot et ceci prouve simplement que les idées les plus géniales ne s'improvisent pas et ne sont que la résultante d'une longue civilisation antérieure.

Chose curieuse, Jean-Jacques était né en 1712 et mort en 1778, et Diderot vécut de 1713 à 1784 ; ces illustres précurseurs de la Révolution, ces nobles *préfaciers*, si j'ose dire, du Drame sublime de la Liberté qui allait se jouer, étaient tout à fait contemporains et tous deux furent bien des précurseurs d'une foule d'écrivains qui n'ont fait que les commenter ou... les piller depuis et même parfois sans vergogne. Cette philosophie du sentiment qui, chez Rousseau, n'était qu'un moyen détourné et habile de montrer son scepticisme pour bien affirmer qu'en fait de croyances religieuses, on ne peut rien démontrer par la raison, mais seulement s'en rapporter aux rêveries de son cœur, cette philosophie du sentiment, dis-je, a été reprise, avec une incroyable audace et tout à fait à contre-pied des idées du grand philosophe de Genève, par M. Bergson, sous le nom fallacieux de méthode intuitive, — ce qui est la négation même de la raison — pour faire sa cour aux idées religieuses, encore chères à trop de femmes ignorantes.

La filiation ou plutôt la déformation est ici bien curieuse et tout à l'honneur de l'auteur immortel de l'*Emile* qui, lui-même, n'avait rien inventé, en conduisant son élève sur sa colline savoyarde et n'avait fait que suivre l'exemple immortel de Platon, admirant l'immortelle nature, devant le temple de Minerve, la déesse de la Sagesse, au cap Sunium, au sud de l'Attique, tant il est vrai qu'il n'y a rien de nouveau sous le soleil !

Enfin, lorsque l'on étudie sans passion, comme sans parti pris, cette admirable *Profession de foi du vicaire savoyard*, on est surpris de voir combien il y a de points de ressemblance, toutes proportions gardées du temps et du milieu, entre l'auteur du *Contrat social* et Tolstoï et si l'on veut bien se donner la peine d'y réfléchir un instant, il ne pouvait pas en être autrement. Tous deux ont été les victimes de leur temps et de leur milieu, encore bien arriérés par certains côtés, au point de vue de leur pleine émancipation; et puis la prudence la plus élémentaire leur interdisait de dire nettement, carrément toute leur pensée philosophique.

Enfin, ils n'étaient pas encore entièrement dégagés de toutes préoccupations mystiques, Rousseau, à cause de son époque, Tolstoï, à cause de son milieu ignorant.

Ils ont été, si l'on veut, comme des échelons, des jalons, dans la marche vers la lumière, vers l'émancipation totale de l'esprit et, certes, à ce point de vue, Jean-Jacques occupe bien toujours la première place.

Théodore ou Théophile de Viau, qui d'ailleurs ne savait

pas se tenir tranquille, pour son propre compte et a été un terrible et admirable lutteur pour son temps, au commencement du dix-septième siècle, écrivait dans son ode à M. de Lozières :

J'ayme bien mieux ne dire mot
Du plus infime et du plus sot
Et me sauver dans le silence,
Que d'exposer mal à propos
A l'effort d'une violence
Ma renommée et mon repos.

Jean-Jacques, en écrivant son *Emile,* n'a pas craint pour son repos ; il s'est attiré les haines de tous les hypocrites de son temps, mais la postérité, dans son immanente justice, le proclame un peu plus grand et un peu plus immortel chaque jour !

Rousseau, comme Diderot, comme tous les encyclopédistes, avait non seulement préparé la grande Révolution, mais avait su lui donner une âme stoïque, une âme romaine qui nous arrache encore des larmes d'admiration aujourd'hui, à chaque page de ce drame admirable et surhumain ; relisez seulement mon chapitre sur Momoro et vous verrez combien ce rapprochement est frappant.

Dernièrement le musée Carnavalet recevait de M. Roucher, petit-fils du poète des *Mois,* qui fut guillottiné avec son ami Chénier, les dessins originaux de Charles-Nicolas Cochin, de Marillier et de Moreau le Jeune dont les reproductions gravées illustrent les *Mois.*

M. Roucher y a joint un portrait de son grand-père, exécuté par Le Roy, à Saint-Lazare, le 6 thermidor, an II, avant le départ pour l'échafaud, et sous lequel J.-A. Roucher a, d'une main ferme, écrit ce quatrain d'adieu à sa famille :

Ne vous étonnez pas, objets sacrés et doux,
Si quelque air de tristesse obscurcit mon visage ;
Quand un savant crayon dessinait cette image,
J'attendais l'échafaud et je pensais à vous.

Non, jamais les Romains eux-mêmes n'ont été héroïques avec plus de bonne grâce, de charme et d'esprit !

Quelle mélancolie, quel sentiment touchant venant du cœur et quel sentiment du rhythme venant du cerveau.

Au moment de mourir, c'est simplement admirable et voilà pourquoi mon père avait mille fois raison de penser que cette époque resterait toujours une source inépuisable de poésie lyrique et épique, entre toutes.

Les Biens nationaux et les cahiers de Doléances

A part le génie poétique de mon père, on peut dire que l'apparition de sa grande Epopée nationale des *Girondins*, parue il y a cinquante-trois ans, a eu pour résultat merveilleux de pousser tous les savants, tous les érudits et tous les lettrés à l'étude de la Révolution. On accusait mon père dans la presse réactionnaire d'avoir *traité un sujet trop récent !* (sic). Mais n'empêche qu'à sa suite tous les historiens se jetèrent passionnément dans l'étude de cette époque mémorable, encore beaucoup plus sociale que politique.

Naturellement les découvertes intéressantes furent innombrables et non moins naturellement encore le gouvernement fut long à s'apercevoir qu'il était de son devoir de favoriser ces recherches, ces travaux historiques et d'apporter de nouveaux matériaux destinés à favoriser les investigations des érudits. On aurait pu croire que cette heureuse intervention se serait produite, dès le lendemain de l'avènement de la troisième République, après la guerre si l'on veut, dès 1872 par exemple. Il n'en fut rien et ce n'est guère qu'à la fin du siècle dernier que les pouvoirs publics se décidèrent à ordonner cette vaste enquête qui devait permettre à la Démocratie Française de retrouver et de fixer définitivement ses origines et comme la charte même de son existence.

C'est ainsi que l'on a poursuivi de vastes enquêtes sur les *Biens Nationaux* et sur les cahiers de Doléances, aujourd'hui très avancées et qui ne tarderont pas à être menées à bonne fin.

C'est ainsi que dernièrement l'assemblée générale des comités départementaux chargés de la recherche et de la publication des documents relatifs à l'histoire économique de la Révolution française a émis un vœu tendant à obtenir que les archivistes départementaux fussent autorisés à entreprendre, dans les greffes de diverses juridictions, toutes recherches concernant les cahiers de doléances de 1789.

De nombreux documents d'archives intéressant l'histoire économique et sociale de la France avant 1789 se trouvent encore actuellement dans les greffes des diverses juridictions et pourraient fournir d'utiles matériaux pour les recherches historiques.

Dans le but de favoriser ces études, M. L. Barthou, garde des sceaux, s'associant au vœu émis par l'assemblée générale des comités départementaux, a adressé aux premiers présidents une circulaire pour les inviter à examiner avec la plus grande bienveillance les demandes qui leur seraient adressées par les archivistes départementaux en vue d'obtenir l'autorisation de procéder à des recherches ayant un caractère historique, dans les archives du greffe, soit de la cour d'appel, soit des tribunaux de leur ressort.

Mon excellent confrère Robert Kemp a résumé leurs travaux en de courtes notes que je suis heureux de rappeler ici en partie : par arrêté du 8 mars 1910, le ministre de l'Instruction publique a chargé MM. Marion, Beuzacar et Caudriller, professeurs à l'Université et au lycée de Bordeaux, de publier les documents relatifs à la *vente des Biens Nationaux* dans le département de la Gironde. Le deuxième volume de ce travail de patience vient de paraître. Près de 650 pages de noms, de chiffres, sans une ligne de commentaire. Il faut être de vrais savants, désintéressés et modestes pour se résoudre à préparer ainsi les jugements de l'avenir, sans intervenir soi-même.

Des travaux semblables ont déjà paru pour les Bouches-du-Rhône, l'Yonne, l'Ille-et-Vilaine, etc. Dans quelques années, le dépouillement sera fait pour la France entière.

Les biens nationaux se composaient, on le sait, du domaine royal et des biens du clergé, sur lesquels la nation mit la main le 2 novembre 1789, après un débat passionné à l'Assemblée Constituante. Le vote, 568 voix contre 346, portait sur une motion de l'évêque d'Autun, Talleyrand, révolutionnaire à ce moment-là.

Au mois de février 1792, les émigrés déclarés suspects dès novembre 1791, et fermement rappelés en France, n'ayant tenu compte ni des avertissements ni des menaces, et persévérant dans leurs conspirations et leurs armements contre la France, l'Assemblée confisqua leurs biens, qu'elle ajouta aux premiers biens nationaux.

Il est à remarquer en passant que ces fameux émigrés, fine fleur de la noblesse française, se trouvaient dans les armées de Cobourg et de Brunswick et qu'en portant ainsi les armes contre la mère patrie, ils s'étaient tous rendus coupables du crime de haute trahison. La Révolution n'accomplissait que son devoir le plus strict en confisquant leurs propriétés.

Cette masse énorme de territoires devait garantir la valeur des assignats. Il fallait de l'argent pour sauver la patrie.

Les biens du clergé avaient été mis en vente dès avril 1790, ceux des émigrés, à partir de 1792. Il faut, pour expliquer le prodigieux succès de ces ventes, faire observer que les plus grandes facilités de paîment étaient données aux acheteurs, et que les mises à prix étaient fort modestes. D'autre part, prendre part aux enchères, acheter, c'était faire preuve de civisme et de patriotisme.

Aussi toutes les enchères sont-elles très supérieures aux estimations. Exemple : le 17 germinal an III, on vend, à Donzac, petit village du district de Cadillac, qui m'intéresse parce qu'il fut le berceau de ma famille paternelle, une maison, des parcs à bestiaux, granges, et du mobilier, dépendant de l'hôpital de Cadillac. Estimation, 21.278 livres. Adjugé à Mathieu Larrat, raffineur bordelais, 79.000 livres ! Le 14 février 1791, trois journaux de pré appartenant aux Bénédictins de Soulac, estimés 1.200 livres, sont vendus 2.500 à Guilhem Roux... »

Ainsi tombe d'elle-même cette accusation inepte que les républicains s'étaient enrichis à bon compte, avec les dépouilles des émigrés. La vérité est tout autre et chacun, pour venir patriotiquement en aide au gouvernement, avait acheté les Biens Nationaux le plus cher possible, souvent plus cher que leur valeur réelle.

Les acheteurs étaient d'humbles paysans. Souvent leur nom est accompagné de la mention : « Ne sait pas signer ».

Des vignes de Sainte-Croix-du-Mont se vendent quatre fois le prix d'estimation !

On conçoit l'importance de ces documents pour l'histoire des lieux et l'intelligence des « dessous » économiques de la Révolution.

Les émigrés furent indemnisés d'un milliard en 1825.

Ce fut un milliard volé à la nation dans les conditions les plus odieuses et les plus misérables et cette action infâme restera comme un fer rouge marquant Louis XVIII et sa meute affamée et les désignant à l'éternel mépris de l'histoire.

S'il y avait eu un gouvernement tant soit peu propre et honnête, non seulement on n'aurait pas donné un milliard aux émigrés, mais on ne les aurait jamais laissés rentrer en France et ceux qui auraient été surpris y rentrant secrètement, auraient dû être exécutés séance tenante, pour crime de haute trahison envers la France.

Cette première enquête sur la vente des Biens Nationaux est donc en train de présenter ces grands événements historiques sous leur vrai jour, entièrement favorable aux républicains et l'on doit être profondément reconnaissant envers les savants modestes et désintéressés qui ont su la mener à bien dans un temps relativement aussi court.

L'enquête menée sur *les cahiers de Doléances* n'est pas moins intéressante, moins curieuse à plus d'un titre.

« Je vous ai déjà dit le prodigieux travail de classement et de publication auquel, sur l'ordre du ministère de l'Instruction publique, se livrent des professeurs et des érudits : il s'agit de retrouver et de mettre au jour toutes les pièces, tous les documents capables de mieux nous renseigner sur la Révolution.

L'autre jour, je parlais des Biens Nationaux. On publie aussi, bailliage par bailliage, les fameux cahiers de doléances. Voici par exemple, réunis par M. Charles Etienne, professeur à Toul, les cahiers du bailliage de Dieuze. Dieuze, hélas ! la *Decem Pagi* de César, qui n'est plus française depuis le 10 mai 1871, mais qui, de pensée, d'intérêts, de cœur, l'était vraiment, le 20 mars 1789, quand eut lieu la réunion des délégués des villes, villages et communautés.

Rien ne s'est perdu, ou presque rien, de cet amas de papiers jaunis. Les 73 cahiers sont présents : celui du Clergé, celui de la Noblesse, celui du Tiers, résument les 70 cahiers des villes. On n'a égaré qu'un mémoire joint au cahier de Dieuze. Tous ces cahiers, — à l'exception des deux du Clergé et du Tiers, — étaient inédits. Ils étaient conservés aux Archives de Meurthe-et-Moselle.

Si nous les feuilletons, nous y retrouvons les grandes plaintes, et les vœux qui montèrent de tous les coins de France vers le trône de Louis XVI. Sauf dans les cahiers des tout petits villages, préoccupés de petits intérêts de clocher, nous voyons apparaître les questions qui passionnèrent l'Assemblée nationale : il ne faut plus que les impôs soient fixés sans l'adhésion des Etats Provinciaux; il faut qu'aux Etats Généraux qui vont s'ouvrir, on vote *par tête* et non *par ordre*.

Jusque dans le cahier de la noblesse lorraine, nous distinguons des marques de l'esprit nouveau : les nobles demandent la convocation des Etats Généraux tous les trois ans ; la suppression des lettres de cachet, des Fermiers généraux ; la réduction de tous les impôts à *un impôt unique sur les fonds, industries et facultés ;* ils réclament évidemment le maintien de leurs privilèges, mais en admettant qu'ils puissent être convertis en prestations pécuniaires... »

Il convient de constater à propos de cette fameuse question de l'impôt unique qui devait être reprise bientôt par le baron de Colins, sous le nom *de nationalisation du sol,* quoi qu'en disent ses disciples aujourd'hui, en affirmant qu'il ne faut pas confondre la théorie de *la nationalisation du sol* de Colins avec celle de *l'impôt unique* du célèbre sociologue américain Henry George, qu'il n'est pas douteux que la seconde devait être fatalement la conséquence de la première.

Quant à cette concession que les privilèges pourraient être convertis en prestations pécuniaires, ceci montre combien la noblesse elle-même se rendait compte de la monstruosité immorale de ses privilèges.

On sent que Jean-Jacques Rousseau et les encyclopédistes avaient si bien et si heureusement modifié la mentalité de la nation, que les vieilles féodalités guerrières et sacerdotales elles-mêmes n'osaient plus défendre l'intégralité de leurs incroyables privilèges, alors que la masse de la Nation n'avait que celui de mourir de faim !

Et Robert Kemp ajoute : « Le clergé est plus libéral : clergé de petite campagne pauvre ». Naturellement, car il ne faut pas oublier que les desservants, dans ces villages, formaient le prolétariat le plus misérable du clergé tandis que les prélats menaient grand train et levaient des corps d'armées pour piller et pressurer des provinces entières. Dans ces conditions le bas clergé professait le mépris et la haine du haut clergé et c'est pourquoi tout d'abord il avait été plutôt favorable à la Révolution et pourquoi, plus tard, on vit un si grand nombre de prêtres assermentés... « Quant au Tiers-Etat, il amorce l'unification des poids et mesures, il plaide pour « la liberté indéfinie de la presse, en ce qui n'attaquera pas la religion, la majesté du trône, les mœurs et l'honneur du citoyen », — et ne pouvait mieux pour le moment ; il propose même « d'admettre les juifs aux droits de citoyens »». En somme, nous voyons là une preuve de plus, mais éclatante, que la Révolution de 1789 était l'aboutissement nécessaire du travail unanime de la Nation. Elle devait se faire, telle qu'elle s'est faite.

Ces résultats étaient acquis depuis longtemps. Je ne crois pas que cette publication, une fois achevée pour la France entière, changera quoi que ce soit aux opinions des historiens actuels. Elle les rendra définitives, c'est tout.

Seulement, elle sera une mine de renseignements pour l'histoire provinciale, pour l'histoire locale. Nulle part, on ne trouvera tableau plus fidèle de ce qu'était, à la fin du dix-huitième siècle, la triste et simple vie d'un petit village français.

Là je ne suis pas tout à fait de l'avis de Robert Kemp et je pense au contraire, que ces vastes et définitives enquêtes vont avoir pour résultat fécond, non pas de modifier l'opinion des historiens, mais d'éclairer l'opinion publique, demeurée parfois encore sous le coup des légendes absurdes et malhonnêtes de la réaction cléricale, témoin la légende de la soi-disant mort du Dauphin au Temple et surtout d'empêcher ladite réaction cléricale de répandre ses mensonges, ses calomnies et ses diffamations sur notre grande et sublime Révolution.

Si elle continue, du moins personne ne la croira plus et tous les honnêtes gens lui riront au nez.

Mais voici qu'il se produit, en ce moment, me disent de divers côtés, les amis que je possède dans l'Université, un mouvement d'opinion qui ne peut que me combler de joie. En effet beaucoup de professeurs seraient résolus à demander que l'étude des *Girondins* de mon père soit lue, étudiée et commentée dans tous les collèges et lycées, en même temps que les œuvres des classiques, tels que Corneille, Racine et Boileau. Une quantité prodigieuse de vers des *Girondins* frappés en médailles, disent-ils, devraient être appris par cœur et devenir des proverbes ou des maximes, à l'égal de ceux de l'*Art poétique*, par exemple, mais avec une portée bien supérieure, car ils deviendraient comme les chants et le catéchisme même de la jeune génération républicaine qui grandit.

Il y a donc un devoir social supérieur à obtenir l'enseignement officiel des *Girondins* dans tous les établissements d'instruction publique. Ceci dit, je ne saurais trop remercier mes amis universitaires pour leur belle campagne; c'est aussi mon avis et je serai fort heureux si je puis assister, avant ma mort, aux réparations légitimes et nécessaires envers la grande mémoire de mon père.

En effet pour les jeunes générations qui viennent, chaque

homme, chaque épisode de la Révolution doivent être un enseignement, que dis-je, un exemple et les héros de l'immortelle Epopée Paternelle doivent devenir, comme je l'ai déjà dit, nos saints laïques vénérés, nos exemples sacrés. Prenez n'importe quel homme de la révolution, il est plus grand à nos yeux que les héros de l'antiquité, que ceux même de Plutarque. Voyez au hasard, prenez Billaud-Varennes, ce conventionnel Jacobin, né en 1762 et mort en 1819 à peine âgé de cinquante-sept ans, après la vie la plus douloureuse, il resta simplement un héros stoïque jusqu'à son dernier jour et comme à son insu.

Déporté à Cayenne au 18 fructidor, plus tard il refusa l'amnistie que l'on voulait absolument lui faire accepter, à peu près en ces termes : « Je sais que les consuls romains tenaient du peuple certains droits ; mais le droit de faire grâce, que s'arrogent les consuls français, n'ayant pas été puisé à la même source, je ne puis accepter l'amnistie qu'ils prétendent m'accorder ». Et malgré les supplications du gouvernement, fort empêché par cette résistance, Billaud-Varennes reste inflexible.

On sait comment sa femme qu'il adorait, l'abandonna lâchement en divorçant et comment plus tard, devenue veuve et prise de tardifs remords, voulut aller le retrouver.

Après plusieurs années de supplications épistolaires, il lui fit enfin cette réponse laconique, douloureuse et éloquente : « Il est des fautes irréparables ! »

Mais lors de la restauration des Bourbons, rentrés dans les fourgons de l'étranger, il pense qu'il ne pouvait pas rester dans une colonie française, en face d'une pareille humiliation et une pareille honte pour la Patrie et il quitta la Guyane pour se retirer à Port-au-Prince, la nouvelle capitale de la jeune République d'Haïti où il était du moins sûr de retrouver la Liberté, l'idole de sa vie. Pétion qui était alors Président de la République, l'accueillit avec des marques de joie et de respect bien capables de toucher ce noble caractère. Le général Alexandre Sabès, dit Pétion, était un général de valeur, né en 1770, mort en 1818 et qui était devenu Président de la République d'Haïti en 1807, trois ans après la proclamation de son indépendance, tandis que Billaud-Varennes, né à la Rochelle le 23 avril 1756 — d'autres disent 1762 — mourut le 3 juin 1819 dans cette ville de Port-au-Prince où il avait trouvé une si large et si bonne hospitalité de la part des esclaves émancipés de la ville. Lors de mon séjour à Port-au-Prince en 1894, les lettrés âgés de la ville avaient encore entendu parler dans leur jeunesse de ce Français héroïque, dont l'âme était trempée à l'antique, sans même qu'il ait jamais eu l'air de s'en douter. Cet épisode est tout à l'honneur de Billaud-Varennes, de Pétion et du pays de ma femme et c'est pourquoi j'ai tenu à le rappeler ici à la mémoire de mes lecteurs.

OUVRAGES DE THÉODORE VIBERT

POÉSIES

Les Girondins, poème national en douze chants, 3e édition (1) . . . . 1 vol.
Les quatre morts, poème, 7e édition . . . . . 1 vol.
Rimes d'un vrai libre-penseur, poésies diverses . . 1 vol.
Martura, poème . . . . 1 vol.
Les Quarante, sonnets . . . . 1 vol.
Le Peuple, poème . . . . 1 vol.
Rimes plébéiennes, poésies diverses. . . . . . 1 vol.

ROMANS

Edmond Reille . . . . 2 vol.
Le Conseiller Renaud . . . . 1 vol.

HISTOIRE UNIVERSELLE

I. — **Le Droit Divin de la Démocratie**. . . . 1 vol.
II. — **La Race sémitique**, 3e édition . . . . . . 1 vol.

POUR PARAÎTRE :

III. — **La Race chamitique** . . . . 1 vol.
IV. — **Les Races primitives de l'Amérique** (notes inachevées) . . . . 1 vol.

---

(1) Plus, en 1910, une quatrième édition, dite *Edition du Cinquantenaire*, avec portrait de l'auteur.

OUVRAGES DE PAUL VIBERT

POÉSIES

Sonnets Parisiens, 3e édition . . . . 1 vol.
Sonnets Parisiens (traduction en sonnets italiens) . 1 vol.

POLÉMIQUE

Arsène Thévenot, sa vie, ses œuvres . . . . . 1 vol.
Affaire Sardou, mémoire à la presse. . . . . . 1 vol.

THÉATRE

L'Affairé, traduction de L. de HOLBERG, par A. FLINCH et PAUL VIBERT . . . . 1 vol.

ROMANS

Le Péché de la baronne, idylles normandes. . . 1 vol.
Pour lire en Automobile, nouvelles fantastiques . 1 vol.
Pour lire en Bateau-Mouche, nouvelles surprenantes 1 vol.
Pour lire en Ballon, nouvelles sentimentales. . . 1 vol.
Pour lire en Traîneau, nouvelles entraînantes . . 1 vol.
Pierre Leleu. — Le département de l'Aisne il y a un siècle. — Le département de Seine-et-Oise il y a cinquante ans. — Souvenirs de mon enfance. — Souvenirs littéraires de ma jeunesse . . . 1 vol.

ÉCONOMIE POLITIQUE

La Concurrence Etrangère, industries parisiennes. — Politique coloniale. — Vins et Alcools. —

Musées commerciaux, etc. (Thèmes de Conférences). . . . . 1 vol.

L'Extinction du Paupérisme . . . . 1 vol.

Les Panoramas Géographiques à l'Exposition universelle de Paris de 1889. — Le Niagara. — La Baie de Rio-de-Janeiro. — Le Pétrole. — Les Transatlantiques. — Jérusalem. — Le Monde antédiluvien (Edition illustrée) . . . . . . 1 vol.

Le Musée Commercial, Universel, Colonial et Métropolitain de Paris et l'Exposition universelle 1 vol.

L'Electricité à la portée des Gens du Monde, ouvrage de vulgarisation . . . . 1 vol.

Mon Berceau, histoire anecdotique des curiosités ignorées du premier arrondissement de Paris . 1 vol.

Situation économique de l'Amérique Centrale, plaquette . . . . 1 vol.

La République d'Haïti, son présent, son avenir économique (Edition illustrée) . . . . . . 1 vol.

Exploration aux Antilles, par Paul Vibert, chargé de missions économiques aux Antilles (Extrait du *Bulletin de la Société normande de Géographie*, 3e cahier de 1895), plaquette . . . . 1 vol.

Les Industries Nationales. — Celles qui naissent ou grandissent. — Celles qui meurent ou se transforment. . . . . 1 vol.

Conférence sur les transports en commun dans Paris, plaquette . . . . 1 vol.

Les Transports par Terre et par Mer, documents pour servir à l'histoire de la Troisième République . . . . 2 vol.

Silhouettes Contemporaines, les hommes de mon temps . . . . 1 vol.

Causeries Agricoles. — Vins et Alcools. — Les Cultures en montagne. — Exemples de la Savoie. Conseils pratiques . . . . 1 vol.

La Colonisation pratique et comparée (deux années de cours libres à la Sorbonne) :

Les Colonies Françaises, colonisation pratique . . 1 vol.

Les Colonies Etrangères, colonisation comparée. . 1 vol.

La Philosophie de la Colonisation. — Les questions brûlantes. — Exemples d'hier et d'aujourd'hui . 2 vol.

Le Rachat de l'Ouest. — Les crimes de l'Etatisme . 1 vol.

HISTOIRE

La nouvelle France Catholique. — Le Canada catholique. — Une page d'histoire contemporaine dans le Nouveau-Monde . . . . . . 1 vol.

L'Italie contemporaine, résumé de mes discours. . 1 vol.

Le Cinquantenaire des Girondins, Epopée nationale en XII chants, de Théodore Vibert. — Résumé des discours et conférences prononcés en 1910. 1 vol.

BROCHURES DE PROPAGANDE SOCIALE

Les Grands Monopoles Industriels (Brochure) . . 1 vol.

L'Alliance Franco-Russe (Brochure) . . . . . 1 vol.

L'Avenir de la Race Latine (Brochure) . . . . 1 vol.

Une Science morte (Brochure) . . . . 1 vol.

La Dépopulation de la France (Brochure) . . . . 1 vol.

L'Evolution de l'idée de Patrie (Brochure) . . . 1 vol.

Le Privilège catholique des Pompes Funèbres (Brochure). . . . . 1 vol.

L'Allemagne Tentaculaire . . . . 1 vol.

Le Pape et l'Empereur . . . . 1 vol.

Au Pays du Caoutchouc (Brochure). . . . . . 1 vol.

Paris Port de Mer (Brochure) . . . . 1 vol.

Question Américaine. — Castro et le Vénézuéla. — La Domination cléricale à Saint-Pierre et Miquelon . . . . 1 vol.

COLLECTION COMPLÈTE
DES NOUVELLES PHILOSOPHIQUES

DE

Paul VIBERT
(Théodore-Vibert fils)

Pour lire en Automobile, nouvelles fantastiques . 1 vol.
Pour lire en Bateau-Mouche, nouvelles surprenantes . . . . 1 vol.
Pour lire en Ballon, nouvelles sentimentales . . . 1 vol.
Pour lire en Traîneau, nouvelles entraînantes . . 1 vol.
Pierre Leleu. — Le département de l'Aisne il y a un siècle.
Le département de Seine-et-Oise il y a cinquante ans. — Souvenirs de mon enfance. — Souvenirs littéraires de ma jeunesse . . . . 1 vol.

SOUS PRESSE :

Pour lire en Sous-Marin, nouvelles enivrantes . . 1 vol.

POUR PARAITRE :

Pour lire en Palanquin, nouvelles émouvantes . . 1 vol.
De Paris aux Baléares, *de Paris à Palma, par Barcelone*. — *Trois mois aux Pyrénées*, nouvelles colorées . . . . 1 vol.

PRÉFECTURE DE POLICE

RÉPUBLIQUE FRANÇAISE

Secrétariat Général

Paris, le 2 Décembre 1910.

ARCHIVES

Liste de photographies "de documents conservés aux Archives de la Préfecture de Police" remises le 2 Décembre 1910 à Monsieur Paul-Théodore Vibert pour son exposition sur les "Girondins".

N° 1 — 30 Avril 1793 - Transfèrement du député Mainvielle de la prison de l'Abbaye à son domicile pour y être détenu.

Nos 2 et 2 bis — 31 Mai - 1er juin 1793 - Écrou de Mme Roland à la prison de l'Abbaye.

N° 3 — 24 juin 1793 - Mise en liberté de Mme Roland.

Nos 4 et 4 bis — 24 - 25 juin 1793 - Écrou de Mme Roland à la prison de Ste Pélagie.

Nos 5 et 5 bis — 13 - 14 juillet 1793 - Écrous de Charlotte Corday et du député Lauze Duperret à la prison de l'Abbaye.

N° 6 — 26 Juillet 1793 - Écrous des Girondins à la prison du Luxembourg.

N° 7 — 31 juillet 1793 - Transfèrement de Vergniaud de la prison du Luxembourg à la prison de la Force.

N° 8 — 9 Août 1793 - Arrestation de la citoyenne Pétion et de son fils conduits à la prison de Ste Pélagie.

N° 9 — 8 Septembre 1793 - Transfèrement du député Lehardy de la prison du Luxembourg à la Conciergerie.

Nos 10 et 10 bis — 6 Octobre 1793 - transfèrement de Vergniaud de la prison de la Force à la Conciergerie.

N° 11. — 30 Octobre 1793 - Transfèrement des Girondins de la Conciergerie à la barre du tribunal révolutionnaire.

PLANCHE I

Ordre du Ministre de la Justice Gohier, du *30 Avril 1793*, en vertu duquel le citoyen MAINVIELLE, député à la Convention Nationale, est extrait de la prison de l'Abbaÿe pour être conduit chez lui, où il sera « tenu en état d'arrestation ».

(Carton 16, pièce 186).

186

EXÉCUTION
DES DÉCRETS
D'ACCUSATION,
&
MANDATS
D'ARRESTATION.

BUREAU DES DÉCRETS
DU DÉPARTEMENT DE LA JUSTICE.

Du *Trente Avril 1793*,
l'an ~~second~~ de la République Françoise.

Le Citoyen La Vacquerie, Concierge des prisons de l'abbaye remettra au Citoyen ______ Grenadier gendarme, le Citoyen Mainvielle, Député à la Convention nationale, pour être conduit chez lui, et y être tenu en état d'arrestation.

Le Ministre de la Justice,

Gohier

27.

NOMS des Commissaires qui ont rédigé les Procès-verbaux, ou signé les mandats d'arrêt.	LEURS SECTIONS.	DATES des Procès-verbaux ou mandats d'arrêt.	NOMS, SURNOMS, AGE, PAYS NATAL, Profession & Demeure des Prisonniers avant leur Arrestation.	SIGNALEMENS des PRISONNIERS.	DATES de l'entrée des détenus dans la prison.
Marquet président par interim et Clemence secrétaire de la commission	Municipalité de Paris et Comité revolutionnaire central, d'après un arrêté pris par la commission.	31 may	La Citoyenne epouse de Rolland ex ministre		Du 1er juin 1793
Guerard Président par interim et gillet secrét. [illegible]	Sections de l'unité d'après un arrêté du Comité central	2 juin	La Citoyenne Prudhomme Letellier	non enoncé	Du 2 juin 1793

PLANCHES II ET II *bis*

Ecrou de Mme ROLAND, arrêtée en vertu d'un ordre de la Municipalité de Paris, du *31 Mai 1793*, inscrit à la date du lendemain 1er Juin sur le 27me feuillet du « Livre d'écrou » de la prison de l'ABBAYE.

(Ce registre commence au 29 Janvier 1793 et finit au 23 Ventôse an II, 13 Mars 1794).

MOTIFS de leur ARRESTATION.	TRANSFÉREMENS de la Prison d'où ils sortent à celle où ils entrent.	MORT NATURELLE ou par accident quelconque dans l'intérieur de la Prison.	SORTIE par jugement de mise en liberté, peines afflictives ou à mort.	OBSERVATIONS tendantes à informer jour par jour et sur-le-champ, des événemens qui se sont passés dans la Prison, et de la conduite des Guichetiers
non motivé			Du 20 juin 1793 mise en liberté ordre de Police signé Louvet administrateur	
comme suspect d'incivisme Sur la reclamation des Citoyens [illegible] Denis [illegible] rue des Bouchers n° 235 Jaques [illegible] rue des Bouchers n° 260 [illegible] pour le C. Boufiers [illegible] rue des Bouchers n° 60 [illegible] [illegible]		Du	2 juin 1793 2e de la république fr[illegible] Renoir Membre du Comité central des autorités constituées de	pour décharge et sortie à l'effet d'assister à la levée des scellés apposés chez lui et y rester en liberté s'il y a lieu le [illegible] de la commune [illegible]

PLANCHE III

Mise en liberté de Mme ROLAND, ordonnée le *24 Juin 1793* par le Département de Police de la Commune de Paris.

Mme Roland était détenue à la prison de l'ABBAYE.

(Carton 20, pièce 342).

DÉPARTEMENT DE POLICE.

COMMUNE DE PARIS.

342

Le 24 juin 1793,

L'an second de la République,

une et indivisible.

Le Concierge de l'abbaye mettra en liberté la Citoyenne Rolland femme de l'ex-ministre arrêtée en vertu d'un ordre du Comité révolutionnaire de la Ville, laquelle, après son interrogatoire nous n'avons rien trouvé qui puisse la retenir dans la maison d'arrêt de l'abbaye; Prions en conséquence, le Cit. Godard notre Collègue de faire mettre à exécution la dite mise en liberté.

Les administrateurs au département de police.

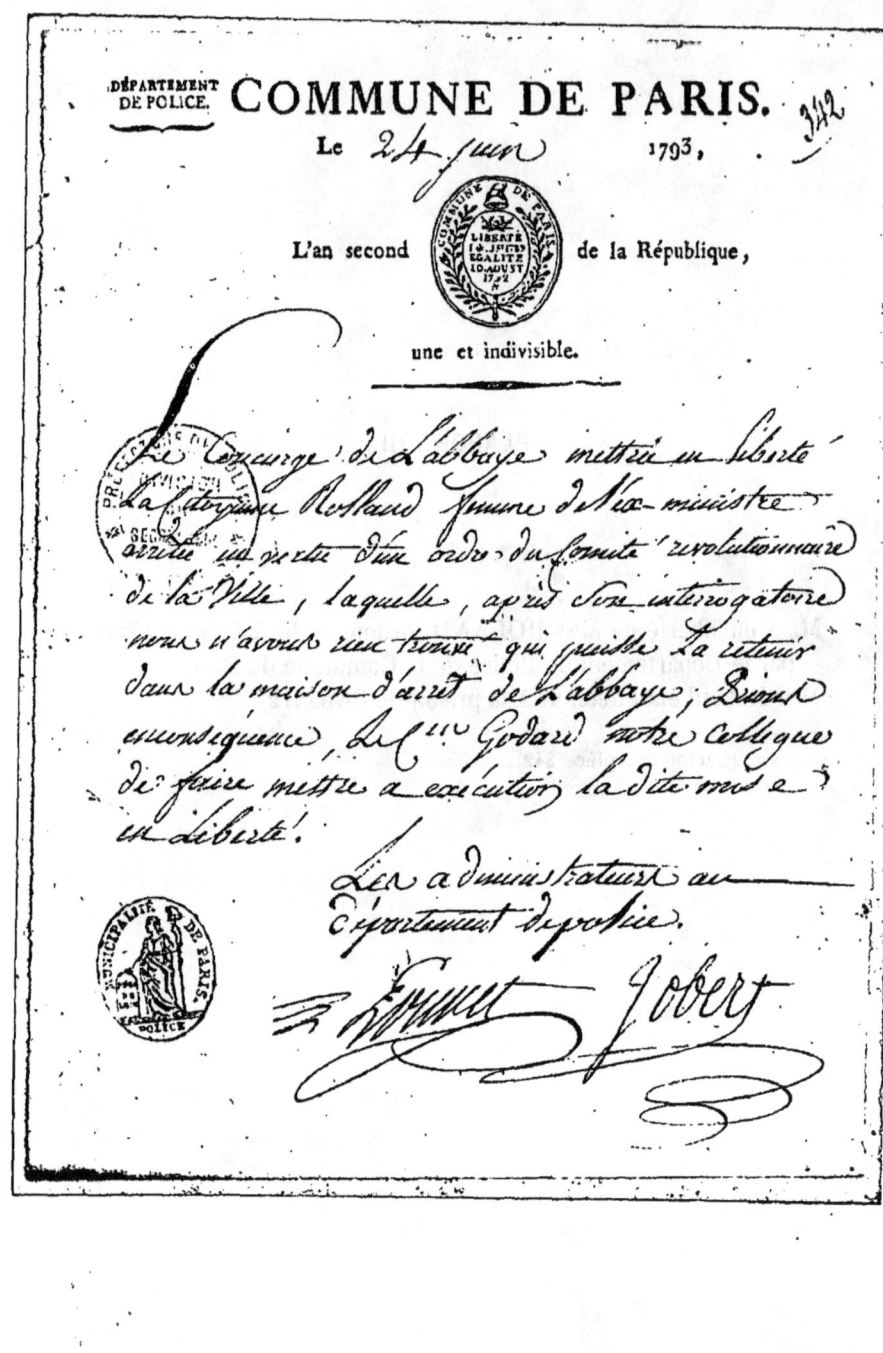

[illegible] Jobert

			de la Guerre, demeurant Rue St honoré No. 14.	[illegible] Long et Relevé, marqué de petitte verolle, front Couvert.	
Signé, Drouët, Geffroy, — Maure ainé Le Gendre et g. st Rovere secrét.	ordre du Comité de Sureté Generale et de surveillance de la Convention nationale.	Le 25. juin 1793.	Marie Jeanne Phlipon f.e Rolland ex ministre agé de 39 ans Native de Paris, demeurant Rue de la harpe no. 51.	taille de 5. p. — cheveux et sourcils Chatain foncé yeux Brun, nez Moyen, Bouche ordinaire, visage ovale, Menton Rond front Large	Entré voyez la page 87.
Signé Guyot [illegible]	ordre du Comité de [illegible]	Le 26.	françoise aubry [illegible] agé de	taille de 5. p. 9. p. cheveux et sourcils	Entré [illegible]

PLANCHES IV ET IV *bis*

Ecrou de Mme ROLAND, arrêtée en vertu d'un ordre du Comité de Sûreté Générale, inscrit sur le 88me feuillet du « Livre d'écrou » de la prison de SAINTE-PÉLAGIE.

Cet ordre d'arrestation est daté du *25 Juin 1793*, mais l'inscription de l'écrou qui figure sur le 87me feuillet porte la date de la veille, *24 Juin*.

(Ce registre commence au 25 Janvier 1793 et finit au 15 Nivôse an V, 4 Janvier 1797).

			[illegible] Ménonier.		
Ledit ordre motivé d'après la Lettre trouvée chez l'examinatrice Rolland, la fuite de son Mary, la suspicion de sa complicité avec lui et la notoriété de ses liaisons avec des conspirateurs contre la Liberté, et la clameur publique qui s'élève contre elle.	Du 10e jour du 2e mois appelé brumaire de l'an 2e de la Rép. En vertu d'un mandat d'arrêt décerné par le tribunal révolutionnaire extraordinaire établi par décret de la Convention Nationale du 10 mars 1793 en date de cejourd. Marie Jeanne Phlipon femme de Rolland ex-ministre, écrouée ci-contre a été extraite de la prison de céans et transférée à la maison de justice de la Conciergerie par moi Jacques Hervé huissier audiencier audit tribunal, demt. à Paris rue de Bretagne section de l'homme armé soussigné. Hervé				
Prévenue de vol domestique comme f. de ménage.			Mise en liberté a la charge par elle de se représenter suivant la caution que nous en avons trouvé cejourd'hui par nous commissaire de police de la section [illegible] en vertu de l'ordre des administrateurs du département de police en date		

MOTIFS de leur ARRESTATION.	TRANSFÉREMENS de la Prison d'où ils sortent à celle où ils entrent.	MORT NATURELLE ou par accident quelconque dans l'intérieur de la Prison.	SORTIE par jugement de mise en liberté, peines afflictives ou à mort.	OBSERVATIONS tendantes à informer jour par jour et sur-le-champ des évènemens qui se sont passés dans la Prison, et de la conduite des Guichetiers
[illegible] Marat député à la Convention Nationale [illegible] procès verbal de ce jour	[illegible] de 16 juillet 1793 la citoyenne Marie Anne Charlotte Corday a été extraite de la maison [illegible] pour être conduite à la Conciergerie du Palais [illegible]			
[illegible] Marie Anne Charlotte Corday [illegible] Marat [illegible]	Du 2[illegible] juillet 1793 l'an 2e de la République. Le Citoyen [illegible] et recommandé sur le présent registre, en vertu d'un décret [illegible] par le tribunal criminel révolutionnaire [illegible] par ledit tribunal [illegible] dudit tribunal soussigné, [illegible]			[illegible]

PLANCHES V ET V *bis*

Ecrous de CHARLOTTE CORDAY et de LAUZE DU PERRET, député à la Convention Nationale, arrêtés par ordre du Comité de Sûreté Générale le *13 Juillet 1793*.

En vertu de cet ordre transcrit sur le 32me feuillet du « Livre d'écrou » de l'ABBAYE, Charlotte Corday fut écrouée dans cette prison le 13 Juillet et Lauze du Perret le lendemain, 14.

(Ce registre commence au 29 Janvier 1793 et finit au 23 Ventôse an II, 13 Mars 1794).

32

NOMS des Commissaires qui ont rédigé les Procès-verbaux, ou signé les mandats d'arrêt.	LEURS SECTIONS.	DATES des Procès-verbaux ou mandats d'arrêt.	NOMS, SURNOMS, AGE, PAYS NATAL, Profession & Demeure des Prisonniers avant leur Arrestation.	SIGNALEMENS des PRISONNIERS.	DATES de l'entrée des détenus dans la prison.
D'Ecrou fait en vertu du Comité de Sûreté générale de la Convention nationale [illegible] de l'arrêté [illegible]		du 13 Jt.	Marie Anne Charlotte Corday, natif de [illegible] Département de l'Orne, âgée de vingt cinq ans		13 Juillet 1793
Ordre du Comité de Sûreté Générale de la Convention Nationale signé Guffroy, Amar, Jagot, Lavicomterie, Dumont, de la [illegible]		du 18 7bre	Lauze Duperret Député		16 7bre 1793

PLANCHE VI

Ecrou des GIRONDINS transcrit, à la date du *26 Juillet 1793*, en tête du premier feuillet du « Livre d'écrou » de la prison du LUXEMBOURG.

(Ce registre commence au 26 Juillet 1793 et finit au 11 Prairial an II, 30 mai 1794).

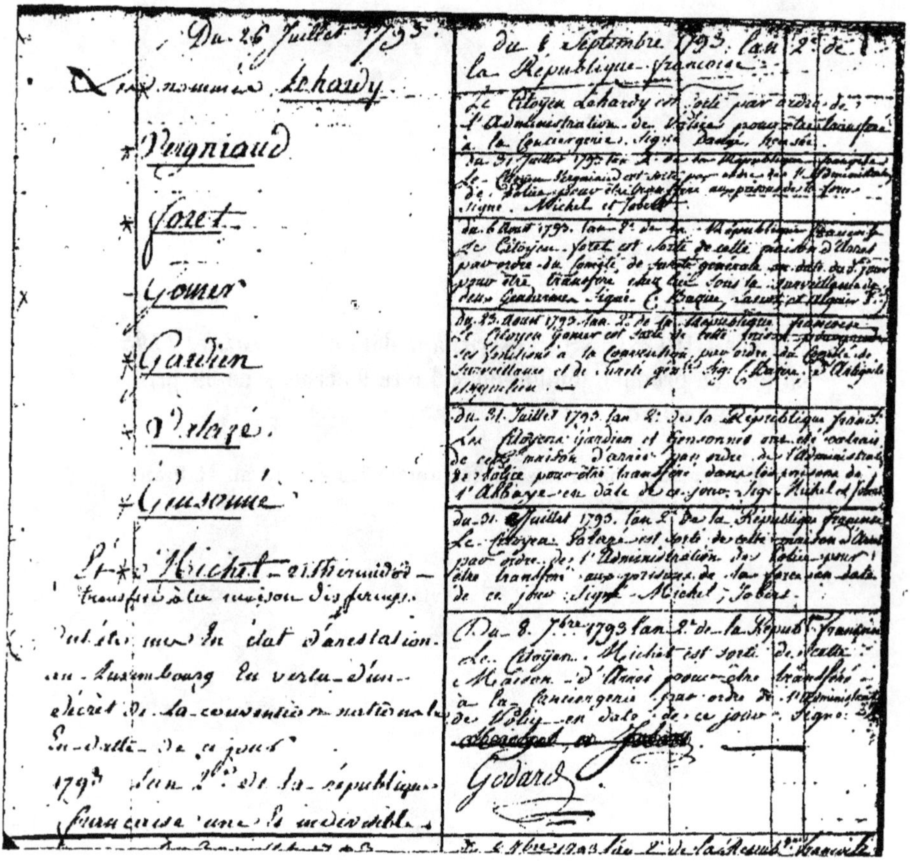

Du 26 Juillet 1793.

Les nommés Lehardy

Vergniaud

Foret

Gomer

Gardien

Delazé

Gensonné

Et Michel — 21 thermidor — transféré à la maison des fermes.

Ont été mis en état d'arrestation au Luxembourg en vertu d'un décret de la convention nationale en datte de ce jour 1793 l'an 2e de la république française une et indivisible.

du 6 Septembre 1793 l'an 2e de la République française

Le Citoyen Lehardy est sorti par ordre de l'Administration de Police pour être transféré à la Conciergerie. Signé [illegible].

du 31 Juillet 1793 l'an 2e de la République française Le Citoyen Vergniaud est sorti par ordre de l'Administration de Police pour être transféré aux prisons de la force. Signé Michel et Jobert.

du 6 Août 1793 l'an 2e de la République française Le Citoyen Foret est sorti de cette maison d'arrêt par ordre du Comité de Sûreté générale en date du d. jour pour être transféré chez lui sous la surveillance de deux Gendarmes. Signé [illegible]

du 23 Août 1793 l'an 2e de la République française Le Citoyen Gomer est sorti de cette prison [illegible] les pétitions à la Convention par ordre du Comité de Surveillance et de Sûreté génle. Sig: [illegible]

du 31 Juillet 1793 l'an 2e de la République française Les Citoyens Gardien et Gensonné ont été extraits de cette maison d'arrêt par ordre de l'Administration de Police pour être transférés dans les prisons de l'Abbaye en date de ce jour. Signé Michel et Jobert

du 31 Juillet 1793 l'an 2e de la République française Le Citoyen Delazé est sorti de cette maison d'arrêt par ordre de l'Administration de Police pour être transféré aux prisons de la force en date de ce jour. Signé Michel, Jobert.

Du 8 7bre 1793 l'an 2e de la Républ. française Le Citoyen Michel est sorti de cette Maison d'Arrêt pour être transféré à la Conciergerie par ordre de l'Administration de Police en date de ce jour. Signé: [illegible]

Godard

Du [illegible] 1793 l'an 2e de la Républ. française

PLANCHE VII

Transfèrement de VERGNIAUD de la prison du LUXEMBOURG à la prison de LA FORCE, ordonné par décret de la Convention Nationale et exécuté sur mandat décerné par les administrateurs de police, Louvet et Michonis.

La mention de ce transfèrement est inscrite, à la date du *31 Juillet 1793*, sur le 2me feuillet du « Livre d'écrou » de LA FORCE.

(Ce registre commence au 8 Septembre 1792 et finit au 27 Septembre 1793).

Suspect.

Idem	Du dit
Citoyens Louvet, et Michon, amené par les Citoyens Jeanne, et Lejeune Officiers de paix.	Pierre Vergniaud, Député à la Convention nationale en vertu d'un decret de la Convention en datte du 28. du présent et d'un mandat décerné par les Citoyens Administrateurs de police à la Mairie.
	Du dit

PLANCHE VIII

En exécution d'un ordre du Comité de Sûreté Générale du *9 Août 1793*, le Commissaire civil de la section des Tuileries fait conduire, le même jour, à la prison de Sainte-Pélagie, la citoyenne PÉTION, femme de l'ancien maire de Paris et son fils LOUIS-ÉTIENNE JÉROME, âgé de 10 ans.

(Carton 4, pièce 172).

mme Petion
tiès le 9 août

172

SECTION DES TUILERIES.

L'AN deuxième de la République Françoiſe, une & indiviſible.

le neuf avril mil Sept cent quatrevingt treize en vertu de lordre du comité general de la convention nationnal datté du neuf du même jours nous avons feson conduire en la maison de sureté ditte de Sainte pellagie la citoyenne petion et son fils par les citoyens gendarme qui etait deja chargé de sa garde qui son les nommé pichenin et Bernard et avont gardé ordre qui est signé Barin le gendre la Vicomterie jean gutlien de ton leure

commissaire
civille
Des Tuileries

PLANCHE IX

Transfèrement du girondin LEHARDY de la prison du LUXEMBOURG à la CONCIERGERIE.

Cet ordre de transfèrement, daté du *8 Septembre 1793* et signé par les administrateurs de police Heussée et Dangé, porte les noms de six autres girondins, qui ont été biffés

(Carton 16, pièce 319).

319

DÉPARTEMENT DE POLICE.

COMMUNE DE PARIS.

LE Concierge de *la Conciergerie*
~~recevra le~~ prisonnier ci-après dénommé
Savoir

~~*Vergniaud*~~ *Gensonné* ,

Lehardy, ~~*Boilleau*~~,

Valazé, ~~*Gardien*~~, ~~*et Lasource*~~

qui lui *sont* envoyé de la prison du *Luxembourg*
et il le*s* gardera jusqu'à nouvel ordre.

Fait, au Département de Police, Hôtel de la Mairie, le *8 septembre 1793* l'an *2e* de la République.

les administrateurs de police

Dangé

[illegible]

MOTIFS de leur ARRESTATION.	TRANSFÉREMENS de la Prison d'où ils sortent à celle où ils entrent.	MORT NATURELLE ou par accident quelconque dans l'intérieur de la Prison.	SORTIE par jugement de mise en liberté, peines afflictives ou à mort.	OBSERVATIONS tendantes à informer jour par jour et sur-le-champ, des événemens qui se sont passés dans la Prison, et de la conduite des Guichetiers
Le Cen Vergniaud ci à côté a été extrait de la présente maison d'arrêt [illegible]	[illegible]	[illegible] Dappress	[illegible]	[illegible]
Le Citoyen [illegible] ci à côté a été extrait de la présente maison d'arrêt [illegible]	[illegible]	[illegible]	[illegible]	[illegible]

PLANCHES X ET X *bis*

Transfèrement de VERGNIAUD de la prison de LA FORCE à la CONCIERGERIE.

La mention de ce transfèrement qui eut lieu le *6 Octobre 1793* se trouve inscrite en tête des feuillets portant le n° 315 du « Livre d'écrou » de la prison de LA FORCE.

(Ce registre commence au 25 Janvier 1793 et finit au 12 Octobre suivant).

315 Juillet 1793

NOMS des Commissaires qui ont rédigé les Procès-verbaux, ou signé les mandats d'arrêt.	LEURS SECTIONS.	DATES des Procès-verbaux ou mandats d'arret.	NOMS, SURNOMS, AGE, PAYS NATAL, Profession & Demeure des Prisonniers. avant leur Arrestation.	SIGNALEMENS des PRISONNIERS.	DATES de l'entrée des détenus dans la prison.
[illegible]	[illegible]	31 *	Vergniaud Pierre, Député à la Convention Nle		
[illegible]	[illegible]	[illegible]	[illegible]		

PLANCHE XI

Ordre de transfèrement des GIRONDINS de la CONCIERGERIE à la barre du TRIBUNAL RÉVOLUTIONNAIRE, daté du 9me jour du 2me mois de l'an IIme (*30 Octobre 1793*) et signé par Herman, président dudit tribunal.

Carton 5, pièce 334 *bis*).

3311

TRIBUNAL CRIMINEL
RÉVOLUTIONNAIRE.

Le Gardien de la Maison de Justice de la Conciergerie

remettra à la Gendarmerie les nommés Brissot, Vergniaux, Ducos, Boyer Fonfrède, Lacaze, Lehardy, Mainvielle, Duprat, Sillery, Dufriche Valazé, Gensonné, Duperret, Carra, Fauchet, Gardien, Antiboul, Boilleau, Duchastel, Lesterp-Beauvais

pour être conduit au Tribunal criminel-révolutionnaire.

Fait à Paris, ce 9me jour du 2me mois de ~~l'an~~, l'an second de la République française, une et indivisible.

Hermann
Prst

X

TABLE DES MATIÈRES

LAVAL. — IMPRIMERIE L. BARNÉOUD ET Cie.

www.ingramcontent.com/pod-product-compliance
Lightning Source LLC
Chambersburg PA
CBHW060616170426
43201CB00009B/1036
* 9 7 8 2 0 1 3 5 1 7 9 0 4 *